GÜTERSLOHER
VERLAGSHAUS

G

Gütersloher Verlagshaus. Dem Leben vertrauen

Andreas Wolfsteiner / Günter Wittmann

Nur Egoismus
kann das Klima retten

**Warum ökologisches und ökonomisches
Handeln kein Widerspruch sein muss**

Wie organisiert man in einer
Massengesellschaft verantwortliches Tun?

Gütersloher Verlagshaus

Bibliografische Information der Deutschen Nationalbibliothek
Die Deutsche Nationalbibliothek verzeichnet diese Publikation
in der Deutschen Nationalbibliografie; detaillierte bibliografische Daten
sind im Internet über http://dnb.d-nb.de abrufbar.

Verlagsgruppe Random House FSC-DEU-0100
Das für dieses Buch verwendete FSC-zertifizierte Papier
Munken Premium Cream liefert Arctic Paper Munkedals AB, Schweden.

1. Auflage
Copyright © 2011 by Gütersloher Verlagshaus, Gütersloh,
in der Verlagsgruppe Random House GmbH, München

Cover: Frans Lanting / Corbis
Satz: Satz!zeichen, Landesbergen
Druck und Einband: Těšínská tiskárna, a.s., Český Těšín
Printed in Czech Republic
ISBN 978-3-579-06688-2

www.gtvh.de

Inhaltsverzeichnis

Vorwort

Was Sie schon immer über Klimaschutz wissen wollten ...

Das Zeitfenster zum Handeln beim Klimaschutz könnte sich schnell schließen. In den nächsten Jahren sollten wir auf internationaler und nationaler Ebene die Weichen stellen, damit wir innerhalb von nur vier Jahrzehnten zu einer fast treibhausgaslosen Zukunft finden. Jedes weitere Jahr ohne eine angemessene globale Antwort auf den Klimawandel macht es unwahrscheinlicher, dass wir unseren Wohlstand in den heutigen Industrieländern einigermaßen bewahren und das Elend in der Welt begrenzen können.

Das vorliegende Buch spitzt die Frage, wie wir Klimaschutz realistischerweise betreiben können, zu. Es plädiert dafür, die gewaltige Kraft des Egoismus auf effiziente und gerechte Weise in den Dienst des Klimaschutzes zu stellen. Wie kommen die Autoren zu dieser gewagten Schlussfolgerung? Indem Sie sich einfach die alternativen Instrumente genau anschauen. Dabei wird deutlich: Mit diesen springen wir schlicht zu kurz. Ein massiver Einsatz von marktbasierten Instrumenten, wie einer CO_2-Abgabe oder einem umfassenden Emissionshandel auf nationaler und internationaler Ebene ist die freiheitsförmigste und realistischste Form, alle Akteure auf den richtigen Weg zu führen.

Fachleute sehen das ähnlich, kluge Politiker auch. Die breite Öffentlichkeit steht ökonomischen Instrumenten noch mit großem Misstrauen gegenüber. Die breitere Öffentlichkeit zu erreichen, ist also vordringlich. Auch deshalb ist das Buch kurz gefasst und allgemein verständlich gehalten.

Das Buch skizziert das in Fachkreisen bekannte Wissen zu den naturwissenschaftlichen Hintergründen des Klimawandels und zum menschlichen Einfluss auf das Klima. Es erläutert die treibenden Kräfte für den überhöhten CO_2 Ausstoß und was man zu ihrer Überwindung tun kann. Können wir es zum Beispiel über umweltbewusstes Alltagshandeln von

Bürgern und Unternehmen, über staatliche Detailregelungen, wie Auflagen und Subventionen, oder über technischen Fortschritt an sich schaffen? Nach skeptischen Antworten hierzu wendet sich das Buch den marktbasierten Instrumenten auf nationaler, EU- und internationaler Ebene zu und diskutiert dabei auch, was man national tun kann und wie es sozialverträglich geschehen kann.

Als Anhang bieten die Autoren einen sehr gelungenen Überblick über die technischen Potenziale für ein gutes Leben ohne Treibhausgase. Damit wird noch einmal deutlich: Klimaschutz muss nicht an fehlenden Technologien oder zu viel Verzicht scheitern. Er wird scheitern, wenn die Preise nicht die ökologische Wahrheit sagen. Das ist der Kern der Aussage!

Prof. Dr. Ernst Ulrich von Weizsäcker

Einleitung

Die Welt hat durch die Finanzkrise vor kurzem gelernt, wohin »ungezügelte Gier« führen kann und nun kommt dieses Buch und behauptet: Nur der Egoismus kann das Klima noch retten. Das scheint auf den ersten Blick verwirrend. Wir wollen Sie davon überzeugen, dass hinter der Rettung des Klimas und der Abwehr von weiteren Finanzkrisen die gleiche Logik steckt.

Banken und Bankmanager müssen überwiegend eigennützig agieren. Die Marktlogik zwingt sie sogar dazu, kurzfristige Gewinnmaximierung vor langfristigen Erfolg ihrer Bank und Stabilität des Finanzsystems an sich zu stellen. Banken und Bankmanager aufzufordern, sich gegen die Marktlogik zu stellen ist naiv. Deshalb hat in erster Linie die Politik versagt! Es ist ihre ureigenste Aufgabe, die Rahmenbedingungen für Märkte so zu setzen, dass egoistisches Streben gesamtgesellschaftlich trotzdem zu einem guten Ergebnis führt. Funktionierende Märkte schaffen dies übrigens ganz allein, wie es bereits Adam Smith[1] mit der »unsichtbaren Hand des Marktes« umschrieben hat. Allerdings haben viele Marktfanatiker das entscheidende Attribut »funktionierende« schlicht aus den Augen verloren. Vielleicht ist das Gute an der Finanzkrise, dass wieder stärker ins Bewusstsein rückt, dass der Staat für das Funktionieren von Märkten sorgen muss. Unter dem Strich wird aber noch viel zu viel über Banken und Bankmanager geschimpft, statt über die richtige Rahmensetzung gestritten. Wir geben hier nur ein Beispiel für eine anzustrebende Rahmensetzung: Banken müssen pleite gehen können, ohne dass ein Dominoeffekt ausgelöst wird, der auch die Realwirtschaft in den Abgrund reißt.

---

1. Wikipedia: **Adam Smith** († 17. Juli 1790) war ein schottischer Moralphilosoph und gilt als Begründer der klassischen Volkswirtschaftslehre. 1776 erschien sein berühmtes ökonomisches Hauptwerk *Wohlstand der Nationen – Eine Untersuchung seiner Natur und seiner Ursachen.*

Aus der Finanzmarktkrise müssen wir für den Klimaschutz lernen. Wir dürfen nicht die gleichen Fehler wiederholen! Auf der Grundlage eines realistischen Menschenbildes und einer realistischen Vorstellung darüber, wie Ökonomie funktioniert, müssen wir uns Gedanken machen, wie der politisch zu setzende Rahmen aussehen muss, damit wir unser Klima noch retten können. Dabei wird sich zeigen, dass wir die gewaltigen Kräfte des Marktes vor den Karren des Klimaschutzes spannen müssen, wenn wir Erfolg haben wollen.

Dieses Buch ist aus der Beobachtung heraus entstanden, dass die Klimaschutzdebatte eine erstaunliche Lücke aufweist: Auf der einen Seite werden die zu befürchtenden Klimaveränderungen ausführlich beschrieben und Reduktionsziele für Treibhausgase benannt. So weit so gut. Auf der anderen Seite wird ausführlich über die Details der *schönen neuen Welt* berichtet: Von der bäuerlichen Biogasanlage, dem ersten energieautarken Dorf in Ostfriesland, über Hybrid- und Wasserstoffautos, Solarkraftwerke in der Wüste etc., etc. Fällt Ihnen auf, was in dieser Debatte fehlt?

Es fehlt eine gründliche Debatte über die zentrale Frage, auf welchem Weg bzw. mit welchen Instrumenten der tiefgreifendste Umbau unserer Art zu leben und zu produzieren seit der industriellen Revolution eigentlich auf die Schiene gesetzt werden soll. Wenn das Thema überhaupt angeschnitten wird, dann höchstens entweder unter der Überschrift: »Klimaschutz – was jeder tun kann« oder unter der Annahme, dass der Staat im Detail die Sache schon regeln kann. Wer das Ganze beschönigen will, spricht auch gerne vom einem notwendigen »Policy-Mix«, bei dem sich schnell ein Gefühl von Beliebigkeit einstellt – alles ist irgendwie richtig. Nur keine eindeutige Position beziehen. Wir werden in diesem Buch jedoch zeigen, dass beim Klimaschutz leider nicht *viele Wege nach Rom führen*, sondern am Ende aufgrund der gigantischen Herausforderung nur einer Erfolg versprechend ist. Zu diesem Ergebnis wollen wir gemeinsam mit Ihnen kommen, indem wir uns alle zur Verfügung stehenden Wege zum Klimaschutz – auch in ihrer Kombination – genau anschauen und sie auf ihr Potenzial untersuchen, die Treibhausgase in der vorgegebenen Zeit sozial- und wirtschaftsverträglich zu reduzieren. Dabei werden wir sehen, dass sowohl der Einzelne als auch der Staat, wenn er alles im Detail regeln will, hoffnungslos überfordert ist.

Bei der Prüfung der Potenziale der Instrumente zum Klimaschutz legen wir folgende Kriterien zu Grunde:

1. Die Instrumente müssen massentauglich in dem Sinn sein, dass auch Eigennutz und Gewinnstreben zum gewünschten Klimaschutz führt.[2]
2. Die Instrumente müssen kosteneffizient sein, d. h. die Treibhausgase werden zu geringst möglichen volkswirtschaftlichen Kosten eingespart. Kosteneffizienz heißt auch, dass wir auf möglichst wenig Entfaltungsmöglichkeiten verzichten müssen.
3. Die Instrumente müssen innovationstreibend sein.

Unserer Meinung nach müssen die Instrumente alle drei Kriterien erfüllen, wenn wir erstens die Herausforderung Klimaschutz meistern, zweitens wir in den Industrieländern unseren Wohlstand so wenig wie möglich einschränken und drittens Schwellen- und Entwicklungsländern die Möglichkeit zur Weiterentwicklung geben wollen. Die letzten beiden Bedingungen müssen auch deswegen erfüllt sein, damit Klimaschutz politisch durchsetzbar ist. Erfüllen die Instrumente nicht alle drei Kriterien besteht die Gefahr, dass die Menschheit sich in ein, zwei Generationen auf einer sehr viel niedrigeren Zivilisationsstufe wieder findet. Früher hat man die »Ökos« damit beschimpft, dass sie uns in die Steinzeit zurück katapultieren. Heute begreifen immer mehr Menschen, dass dies der Fall ist, wenn wir unsere Art zu leben und zu produzieren nicht radikal ändern.

Al Gore[3] hat mit seiner »Unbequemen Wahrheit« bei sehr vielen Menschen das Bewusstsein geweckt, dass wir *da wirklich ein Problem haben*. Jetzt müssen wir uns der vielleicht noch unbequemeren Wahrheit stellen, dass es allein mit guten Worten, der Schärfung des Umweltbewusstseins und staatlichem Aktionismus nicht getan ist. Im Abspann von Al Gore's

---

2. In volkswirtschaftlicher Fachterminologie sagt man: Die Instrumente müssen anreizkompatibel sein.
3. Albert Arnold »Al« Gore Jr. (* 31. März 1948 in Washington D. C.) war Vizepräsident der USA in den 90er Jahren und hat 2007 den Friedensnobelpreis für seinen Einsatz für den Klimaschutz und insbesondere seinen Film bzw. Buch *Die unbequeme Wahrheit* erhalten.

Film ist die Rede davon, doch lieber mit dem Fahrrad zum Bäcker zu fahren und ähnlich weitführende Vorschläge. Leider müssen wir Ihnen mitteilen, dass das nicht reicht. Wir werden Instrumente brauchen, die auch weh tun. Wir wollen Sie von diesen eher unbeliebten Instrumenten überzeugen, indem wir aufzeigen, dass der »Kuschelweg« mit hoher Wahrscheinlichkeit nicht zum Erfolg führen wird und bei Nähe betrachtet gar nicht so kuschelig ist.

Wie ist dieses Buch aufgebaut?

Im ersten Kapitel tragen wir prägnant die Fakten zum Klimawandel zusammen, um die notwendigen Reduktionsziele für Treibhausgase zu begründen.

Im zweiten Kapitel fragen wir nach dem tieferen Grund dafür, dass wir zu viele Treibhausgase ausstoßen. Daraus werden sich schon erste Hinweise ergeben, wie man das Übel an der Wurzel packt.

Im dritten Kapitel widmen wir uns eingehend den möglichen Instrumenten. Sie lassen sich an den Fingern einer Hand abzählen: (1) umweltbewusstes Handeln von Konsumenten, Unternehmen und staatlichen Stellen, (2) staatliche Detailregelungen über Auflagen und Subventionen, (3) technischer Fortschritt oder der Ölpreis aus sich heraus sowie (4) marktbasierte Instrumente, wie eine CO_2-Abgabe oder ein umfassender Emissionshandel.

Nachdem wir am Ende des dritten Kapitels den optimalen Instrumentenmix beschrieben haben – bei dem marktbasierte Instrumente die Leitfunktion übernehmen müssen –, gehen wir im vierten Kapitel auf wirtschafts- und sozialpolitische Fragen ein. Wir brauchen für den notwendigen durchgreifenden ökologischen Strukturwandel eine starke Wirtschaft und soziale Balance.

Im fünften Kapitel soll konkret dargestellt werden, wie marktbasierte Instrumente auf nationaler, europäischer und weltweiter Ebene umgesetzt werden können. Dabei wird auch berücksichtigt, dass der nationale Handlungsspielraum begrenzt ist.

Thema dieses Buches sind gerade nicht konkrete technische Lösungen und klimaverträgliche Lebensstile. Die kosteneffizienten und innovativen Lösungen stellen sich von alleine ein, wenn der ökonomische Rahmen stimmt. Der Rahmen ist entscheidend! Momentan diskutieren wir viel zu viel über technische Details und moralisch motivierten Klimaschutz bei alltäglichen Konsum- und Investitionsentscheidungen. Da es aber leichter fällt, einem ambitionierten Klimaschutz und unangenehmen Instrumenten zuzustimmen, wenn man weiß, dass ein gutes Leben ohne Treibhausgase[4] möglich ist, gibt es einen Anhang 1, in dem wir technische Potenziale und ansatzweise auch Lebensstile beschreiben. Dabei wird deutlich: An der Technologie oder an übermäßigem Komfortverzicht muss der Klimaschutz nicht scheitern. Scheitern wird er, wenn er sich für den einzelnen Bürger, das einzelne Unternehmen und für Staaten nicht rechnet. Das sollte uns dazu beflügeln, die richtigen Weichen zu stellen. Wenn sich bei Ihnen irgendwann beim Lesen Zweifel an der Realisierbarkeit eines ambitionierten Klimaschutzes einstellen, empfehlen wir Ihnen daher, den Anhang 1 vorzuziehen.

Mancher Leser fragt sich jetzt vielleicht: »Ja, und wo ist das Kapitel, in dem beschrieben wird, wie sich der optimale Klimaschutz politisch durchsetzen lässt?« Nun, hier sehen wir uns in der Tradition der Aufklärung. In einer Demokratie muss am Ende das politische Handeln an der Wahlurne legitimiert werden. Wir wollen dazu beitragen, dass Erfolg versprechende Instrumente eine Mehrheit finden. An dem Spiel »Wie könnte man den Instrumentenmix konstruieren, um eine möglichst große Zustimmung zu generieren, ohne den Menschen die Wahrheit über die Kosten zu sagen« möchten wir uns nicht beteiligen. Die Herausforderung ist zu ernsthaft für solche »Spielchen«[5]. Wir brauchen weitgehend optimale Lösungen, sonst werden wir bei dieser Herausforderung scheitern.

Kleine lesetechnische Anmerkung: Lassen Sie sich durch die vielen Fußnoten nicht irritieren. Wollen Sie sich schnell einen groben Überblick verschaffen, lassen Sie sie einfach links bzw. unten liegen. Wollen Sie es genauer wissen, lohnt sich ab und zu ein Blick nach unten.

Ein weiterer Hinweis: Wir haben besonders in den Fußnoten Texte aus Wikipedia übernommen – was wir auch jeweils kenntlich machen. Trotzdem behalten wir die Verantwortung für den Inhalt.

---

4. Auch post-fossile Gesellschaft genannt.
5. Volkswirte nennen dies oft Identifizierung von Win-Win-Situationen.

1 Was sagen uns die Naturwissenschaftler – Fakten, Fakten, Fakten

1.1 Was ist passiert und was passiert, wenn nichts passiert?

> »Vorhersagen sind außerordentlich schwer,
> vor allem solche über die Zukunft.«
>
> (Niels Bohr)

Menschengemachter Klimawandel?

Natürliche Klimaschwankungen hat es immer gegeben und wird es immer geben. Ein wesentlicher Motor dieser Schwankungen ist die Beziehung zwischen Erde und Sonne, die folgenden periodischen Prozessen[6] unterliegt:

Phänomen	Zyklus in Jahren
Abstand der Erde zur Sonne	100.000
Neigung der Erdachse	40.000
Ebene der Erdumlaufbahn	21.000
Sonnenflecken	11

Abbildung 1: Natürliche Klimaschwankungen durch die Sonne
Quelle: Eigene Darstellung

---

6. Diese Prozesse werden auch *Milanković-Zyklen* genannt.

Auf Grund dieser Zyklen schwankt die Temperatur auf der Erde nach heutigem Kenntnisstand um bis zu 6 °C. Folge sind Kaltzeiten bis zu Eiszeiten und Wärmephasen. Im Rahmen dieser natürlichen Schwankungen befinden wir uns heute in einer Wärmephase; sind aber drauf und dran daraus eine Superheißphase zu machen, wie sie in den letzten Hunderttausenden von Jahren nicht mehr da war.

Neben der Sonne haben auch Vulkanausbrüche, Meteoriteneinschläge und Veränderungen von Meeresströmungen das Klima der letzten Jahrtausende stark beeinflusst. Jeder kennt wahrscheinlich die Hypothese, dass ein Meteoriteneinschlag den Dinosauriern den Garaus gemacht hat.

Was bedeutet dies für die aktuelle Klimadiskussion? Ja, natürliche Klimaschwankungen und sogar abrupte Änderungen gab es immer. Die nächste Eiszeit kommt bestimmt und der Golfstrom hat auch ohne Zutun des Menschen seine Tätigkeit schon mal eingestellt. Die entscheidende Frage ist nur: Wollen wir als Menschheit[7] wirklich an diesem Rad mitdrehen?

Der Mensch ist schon mit Eifer dabei, an diesem Rad mit zu drehen, indem er insbesondere seit der Industrialisierung zu den natürlich vorhandenen Treibhausgasen massiv selbst welche hinzufügt. Was bewirken diese Treibhausgase? Je mehr davon in der Atmosphäre sind, desto weniger kann die durch die Sonne auf der Erdoberfläche erzeugte Wärmestrahlung ins Weltall entfliehen. Auf der anderen Seite wäre es ganz ohne Treibhauseffekt mit -19 °C ziemlich kalt auf unserem Planeten – also alles eine Frage der Dosis.

Folgende Zahlen sollten uns jedoch extrem beunruhigen – wir drehen ein ziemlich großes Klimarad:

---

7. Der vom Menschen verursachte Klimawandel wird auch als anthropogener (von griechisch ánthropos »Mensch« und dem Verbalstamm gen- mit der Bedeutung »entstehen«) Klimawandel bezeichnet.

Innerhalb der natürlichen Klimaschwankungen der letzten 650.000 Jahre
betrug die Konzentration von CO_2 in der Atmosphäre zwischen
80 und 300 ppm[8].
Vor der industriellen Revolution betrug sie *280 ppm*.
2007 betrug sie *385 ppm*.
Machen wir so weiter wie bisher, werden wir wahrscheinlich 2075
840 ppm erreichen.
Wenn wir zukünftig auch noch die letzten Reserven an Öl, Gas und Kohle
verbrennen, können CO_2-Konzentrationen von
1.200 bis zu 4.000 ppm Wirklichkeit werden.

Abbildung 2: Entwicklung der CO_2-Konzentration
Quelle: Eigene Darstellung

Auch folgende Grafik verdeutlicht die dramatische Entwicklung:

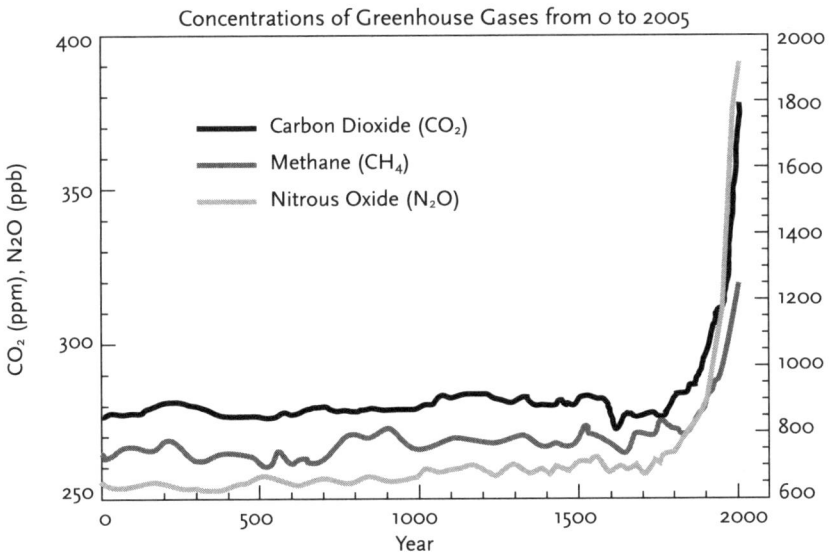

Abbildung 3: Entwicklung der Konzentration der Treibhausgase von 0 bis 2005
Quelle: Climate Change 2007: The Physical Science Basis. Working Group I Contribution to the Fourth Assessment Report of the Intergovernmental Panel on Climate Change, FAQ 2.1, Figure 1. Cambridge University Press

---

8. Der englische Ausdruck ***parts per million*** (ppm, zu deutsch »Teile von einer Million«) steht für die Zahl 10^{-6} und wird in der Wissenschaft für den millionsten Teil verwendet, so wie Prozent (%) für den hundertsten Teil steht.

Welche Folgen hat nun aber der Anstieg der CO_2-Konzentration in der Atmosphäre? Es könnte ja auch sein, dass die Auswirkungen minimal sind; nicht der Rede wert. Vielleicht sogar positiv. Auch um dies beurteilen zu können, wurde 1988 das Intergovernmental Panel on Climate Change, nachfolgend kurz das »IPCC«, durch die Vereinten Nationen gegründet. Das IPCC versucht seitdem, die weltweiten Ergebnisse zur Klimaforschung zu sammeln und zu bewerten. Dazu gibt das Gremium in regelmäßigen Abständen Sachstandsberichte[9] heraus. Der letzte Sachstandsbericht stammt aus dem Jahr 2007.

Die wichtigsten Ergebnisse IPCC-Bericht 2007[10]:

---

9. Der Bericht besteht aus drei Bänden, die von drei Arbeitsgruppen erarbeitet wurden: Der Band 1 der Arbeitsgruppe 1 befasst sich mit den physikalischen Grundlagen des Klimas, wie sie sich den Klimatologen darstellen, und enthält die eigentlichen Klimaprognosen. Der Band 2 der Arbeitsgruppe 2 befasst sich mit den Auswirkungen des Klimawandels auf Ökosysteme und Gesellschaften, die von Sozialwissenschaftlern oder Ökologen auf der Basis der eigentlichen Klimaprognosen analysiert werden. Der Band 3 der Arbeitsgruppe 3 befasst sich mit den Möglichkeiten, den Klimawandel zu begrenzen. Hier arbeiten unter anderem Ökonomen und Energieexperten mit.

10. Dieser mehrere tausend Seiten umfassende Bericht ist Anfang 2010 unter Kritik geraten, weil sich ein Fehler eingeschlichen hatte: In Band 2 wurde eine externe Prognose zitiert, aufgrund der die Himalaja-Gletscher bis zum Jahr 2035 verschwunden sein könnten. Im Band 1, wo die eigentlichen Klimaprognosen auch zu Gletschern stehen, ist davon nicht die Rede. Der Fehler liegt also darin, dass die Arbeitsgruppe 2, in der keine Klimatologen arbeiten, sich nicht der Prognosen der Arbeitsgruppe 1 bedient hat. Im nächsten IPCC-Bericht ist vorgesehen, dass der Band 2 durch die Mitglieder der Arbeitsgruppe 1 gegengelesen wird. An den Grundaussagen des IPCC-Berichts 2007 hat sich nichts geändert. Angesichts der politischen Angriffe der vergangenen Monate auf die wissenschaftliche Arbeit, insbesondere zum Klimawandel, haben 255 US-Wissenschaftler, unter ihnen 11 Nobelpreisträger, einen Offenen Brief in der führenden wissenschaftlichen Fachzeitschrift Science veröffentlicht, den wir als Anhang 2 ab S. 229 diesem Buch beifügen.

➪ Seit 1850 hat sich die Welt bereits um 0,75 °C erwärmt.

➪ Die Hauptursache für diesen Klimawandel ist mit über 90 % Wahrscheinlichkeit der Mensch durch seine Emissionen von Treibhausgasen, allen voran CO_2, gefolgt von anderen Gasen wie Methan, Distickstoffoxid (Lachgas), perfluorierten Fluorkohlenwasserstoffen und Schwefelhexafluorid.

➪ Machen wir so weiter wie bisher, kommt es im schlimmsten Fall bis 2100 zu einer vom Menschen zusätzlich verursachten Erderwärmung von bis zu 6,4 °C. Im besten Fall steigt die Temperatur nur um 1,1 °C. Am wahrscheinlichsten ist ein Anstieg zwischen 1,7 und 4 °C.

Abbildung 4: Zentrale Ergebnisse IPCC-Bericht 2007
Quelle: Eigene Darstellung

Eine Schwäche des IPPC-Reports ist jedoch, dass nur Szenarien bis 2100 veröffentlicht wurden. Aber was sind schon gute 90 Jahre in der Geschichte der Menschheit[11]? Ist es uns wirklich egal, wie es unseren Enkeln, Urenkeln und deren Kindern ergeht? Das Dumme ist nämlich, dass zwischen 2 und 4 °C mit relativ hoher Wahrscheinlichkeit **Kipp-Punkte** liegen. Das heißt, an diesen Punkten kann das ganze Klimasystem völlig aus dem Ruder laufen, weil über **positive Rückkopplungseffekte** das System Erde plötzlich selbst massiv Treibhausgase frei setzt. Dann kann sich das Klima ziemlich schnell ändern. Positiv heißt hier also nicht gut, sondern schlecht: Ab einem bestimmten Punkt der globalen Erwärmung – an welchem weiß niemand genau – tauen die Permafrostböden in Sibirien und Alaska auf. In den dauerhaft gefrorenen Böden liegt in großen Mengen gebundener Kohlenstoff als Biomasse vor, der nach dem Abtauen und Abbau der Biomasse als Treibhausgas Kohlendioxid an die Atmosphäre entlassen wird. Des Weiteren entstehen aus den heutigen Permafrostböden dann Sümpfe, aus denen Methan in die Atmosphäre entweicht. Dieser Vorgang bedeutet eine massive Verstärkung der Erderwärmung, da das Treibhauspotenzial von Methan etwa 25 mal so groß ist wie das von CO_2. Das gleiche könnte für derzeit in großen Mengen als Gashydrat am Meeresgrund gebundenes Methan gelten. Doch damit nicht genug: Je wärmer das Wasser, desto weniger CO_2 kann es speichern. Heute nehmen die Ozeane einen Teil des CO_2 auf, das wir

---

11. Die Steinzeit begann vor etwa 2,6 Millionen Jahren (Wikipedia).

ausstoßen. Sie fungieren als so genannte **Senken**. Dies kehrt sich ab einem gewissen Kipp-Punkt um: Die Ozeane tragen dann zum Treibhauseffekt bei. Zudem wird weniger Sonnenlicht reflektiert, wenn am Nord- und Südpol weniger Eis auf dem Wasser schwimmt. Dadurch kann das Sonnenlicht die Meere noch mehr aufheizen. Alle diese Effekte verstärken sich selbst, so dass ein Teufelskreis in Gang kommt, den niemand mehr aufhalten kann.

Als **negativer Rückkopplungseffekt** schlägt zu Buche, dass bei steigenden Temperaturen mehr Wasser verdunstet, was zu vermehrter Wolkenbildung führt und die Erde abkühlt. Nur dummerweise gehört Wasserdampf auch zu den Treibhausgasen, die verhindern, dass Wärme in das Weltall abstrahlen kann. Nach derzeitigem Wissen sind die positiven Rückkopplungspotenziale wesentlich größer als die negativen. Wenn man Pech hat, dann aber richtig.

Für unsere Enkel und Urenkel und deren Kinder kann man also Temperaturanstiege weit über 6 °C nicht ausschließen. Wir wollen allerdings eines sehr deutlich sagen: Wir sind hier bei der Frage, wie die Zukunft aussehen könnte und das bei einem System, das wir bei weitem noch nicht vollständig verstanden haben. Aus dieser Situation gibt es kein Entrinnen – es gibt keine 100 %ige Sicherheit über die Entscheidungsgrundlagen. Wir müssen heute entscheiden, was wir tun, obwohl wir nicht genau wissen, was passiert, wenn wir nichts tun. Die Frage ist nur, mit wie viel Kugeln wir Russisches Roulette spielen wollen. Die Naturwissenschaftler sind in ihrer weit überwiegenden Mehrheit der Meinung, dass fünf von sechs Kammern geladen sind. Wollen wir uns wirklich auf die eine leere Kammer im Revolver verlassen?

Negative Folgen des Klimawandels

Was hat ein globaler Temperaturanstieg für Folgen – endlich schönes Wetter in Deutschland? Nicht nur:

1 Was sagen uns die Naturwissenschaftler – Fakten, Fakten, Fakten

Meeresspiegelanstieg

Wenn Kontinentaleis[12] schmilzt, steigt der Meeresspiegel. Besonders große Mengen an Kontinentaleis befinden sich auf Grönland, im Himalaya und in der Antarktis.

Das Grönlandeis ist bis zu 3 Kilometer dick und hat ein Volumen von bis zu 2,85 Millionen Kubikmeter. Schmilzt dieses vollständig, was nach 2100 passieren kann, wenn wir alle Öl- und Gasvorkommen und den Großteil der Kohlevorkommen verbrennen, steigt der Meeresspiegel um 7 Meter.

Das antarktische Eisschild scheint aufgrund seiner schieren Masse und Ausdehnung nicht von einem völligen Abschmelzen bedroht. Bei einem teilweisen Abschmelzen gehen die Wissenschaftler von einem Meeresspiegelanstieg von gut einem Meter in unserem Jahrhundert aus.

Der Vollständigkeit halber: Würde alles Kontinentaleis auf der Erde schmelzen, käme es zu einem Meeresspiegelanstieg von 70 Metern. Leider kann auch dieses Szenario für das 22. Jahrhundert nicht ausgeschlossen werden.

Bis 2100 geht der IPCC von einem Meeresspiegelanstieg von 19–57 Zentimeter aus. Aber, wie gesagt: Gerade um 2100 könnte das Klima eine Eigendynamik aufgrund positiver Rückkopplungen entwickeln, die sich niemand ausmalen will. In 2009 wurden zudem Studien veröffentlicht, die ein schnelleres Abschmelzen des Grönlandeises beobachten, als im IPCC-Bericht zu Grunde gelegt wurde. Bestätigen sich neueste Zahlen, wäre auch ein Anstieg um 1,90 Meter bis 2100 möglich.

Meerwasserversauerung

Erhöht sich die Konzentration von CO_2 in der Luft, nehmen die Ozeane mehr CO_2 auf. Das ist auf der einen Seite ein willkommener Puffer (eine willkommene Senke) für unser industriell produziertes CO_2. Auf der anderen Seite versauern die Meere dadurch und Kalziumkarbonat, das Koral-

---

12. Schmilzt hingegen auf dem Meer schwimmendes Eis, bleibt der Meeresspiegel konstant, da Eis genauso viel Wasser verdrängt wie es Wasser enthält.

len, andere schalenbildende Organismen und bestimmte Planktongruppen brauchen, wird abgebaut. Das Ökosystem Ozean würde mit unabsehbaren Folgen – nicht zuletzt auch für die Nahrungsmittelgrundlage des Menschen – völlig auf den Kopf gestellt.

Veränderte ozeanische Strömungen

Der Golf-Strom (in Richtung Europa wird er zum Nordatlantikstrom) ist bekannterweise die Heizung für Westeuropa und die Ostküste von Nordamerika. Durch Veränderung des Salzgehaltes aufgrund von schmelzendem Eis und der allgemeinen Erwärmung könnte der Nordatlantikstrom abreißen. Dann würde es zu einer deutlichen Abkühlung kommen mit unvorstellbaren Verwerfungen.

Zunahme von Wetterextremen

Stärkere Verdunstung führt in Trockengebieten zu noch mehr Trockenheit und in feuchteren Gebieten zu mehr und kräftigeren Regenfällen und damit Überschwemmungen.

Hurrikans brauchen für ihre Entstehung eine Oberflächentemperatur des Ozeans von mindestens 26 °C und eine Abkühlung der oberen Atmosphärenschichten. Beides wird durch Treibhausgase gefördert: Die Meere werden wärmer und die oberen Schichten der Atmosphäre kälter, weil die unteren Schichten mehr Wärme absorbieren. Hurrikans werden daher sehr wahrscheinlich stärker und häufiger werden. Ob heute schon eine Häufung aufgrund des menschengemachten Klimawandels auftritt, lässt sich noch nicht mit ausreichender wissenschaftlicher Sicherheit sagen. Wenn die absolute wissenschaftliche Sicherheit vorliegt, ist es allerdings zu spät zum Handeln.

Wasserversorgung

Schmelzen die Gletscher im Himalaya, steigt nicht nur der Meeresspiegel; auch die Wasserversorgung von mehreren hundert Millionen Menschen in China, Indien, Nepal, Pakistan und Bhutan wäre hochgradig gefährdet.

Mediterrane Länder, wie Italien oder Spanien, werden unter extremer Wasserknappheit leiden.

Veränderung in Flora und Fauna

Es ist mit mehr Schädlingsbefall zu rechnen, da weniger Schädlinge im Winter erfrieren. Viele Pflanzen- und Tierarten werden aussterben, weil sich ihre Lebensumstände zu schnell verändern, als dass sie sich anpassen können. Vegetationszonen verschieben sich: Wüsten in Italien und oft *mediterranes* Klima in Bayern – allerdings mit auch immer wieder auftretender Extremkälte. Der IPCC befürchtet einen Verlust von 20–30 % der Tier- und Pflanzenarten. Schon heute werden vermehrt mediterrane Weinsorten in Bayern angebaut. Aber Wüstensorten für Italien wird es wohl nicht geben. Man geht davon aus, dass eine Erhöhung der mittleren Temperatur um 1 °C zu 10 % geringeren Ernten weltweit führt.

Mehr Armut in der Welt – mehr Klimaflüchtlinge

Der Klimawandel wird auf jeden Fall auch zu mehr Armut in der Welt führen, weil arme Länder nicht über die finanziellen Mittel verfügen, sich gegen die Folgen des Klimawandels zu schützen – hunderte Millionen von Menschen werden sich auf den Weg machen in Gegenden mit größeren Überlebenschancen.

In manchen Regionen wird es mehr Waldbrände, mehr Hitzetote, unbekannte Infektionskrankheiten, etc. geben. Das Klima und die Auswirkungen seiner Veränderung sind so komplex, dass wir heute unmöglich alle Folgen abschätzen können.

> Die möglichen Folgen des ungebremsten Klimawandels
> sind für die Menschheit nicht mehr beherrschbar.
> Kriege und Massenverelendung sind die voraussichtlichen Folgen.

Gefahr Kommunikations-GAU

Nun können wir wahrscheinlich auch schon heute Folgen des Klimawandels beobachten. Das öffentliche Interesse am Klimawandel ist eigentlich erst angesprungen als immer mehr aktuelle Wetterereignisse darauf zurückgeführt wurden. Darin sehen wir aber auch eine große Gefahr: Jedes einzelne heutige Wetterereignis[13], ob Überschwemmung, warmer Sommer oder Hurrikan, ist auch ohne vom Menschen gemachten Klimawandel grundsätzlich möglich. Deshalb kann an einem einzelnen Wetterereignis genau genommen nicht der Klimawandel »schuld« sein. Es könnte zu einem Kommunikations-GAU kommen: Ja, der April 2009 war der wärmste seit Beginn der Wetteraufzeichnungen seit 1890. Ja, die Häufung von warmen Jahren ist auffällig.

Trotzdem können auch wieder eine Reihe normaler Sommer und kälterer Winter kommen. Dann besteht die Gefahr, dass die Menschen sagen, eure Voraussagen waren alle falsch. Wahr ist auch, dass ein Teil des Rückzugs der Gletscher, der eben sehr mediengerecht ist, darauf zurück zu führen ist, dass wir uns in einer natürlichen Wärmephase befinden. Diesen Rückzug hat es in den letzten Hunderttausenden von Jahren schon öfter gegeben.

Heute für morgen handeln

Wichtig ist Folgendes: Die wirklich haarigen Veränderungen liegen in der Zukunft. Das heißt aber nicht, dass wir unser Handeln auch in die Zukunft verlagern können. Das Klima ist, bis es zu Kipp-Punkten kommt, ein relativ träges System. Die heute bereits feststellbare globale Erwärmung ist zum Beispiel im Wesentlichen eine Folge der CO_2-Emissionen unserer Eltern und Großeltern. Das heißt, dass, selbst wenn wir von heute auf morgen keine Treibhausgase mehr in die Luft blasen würden, sich das Klima ändern würde. Das Klima hat eine gewaltige Bremsspur. Eines müssen wir uns da-

---

13. Genau genommen unterscheidet man zwischen Klima (Betrachtung mehrerer Jahrzehnte), Witterung (Betrachtung einer etwas längeren Zeit; zum Beispiel: ein Monat, eine Jahreszeit) und Wetter (Zeitpunkt).

her klar machen: Wenn wir die wirklich dramatischen Änderungen schon spüren, dann ist es definitiv zu spät.

> Die Menschheit muss zum ersten Mal als Ganzes handeln, bevor das Kind in den Brunnen gefallen ist, bevor es wirklich Weh tut.

CO$_2$ concentration, temperature, and sea level continue to rise long after emissions are reduced

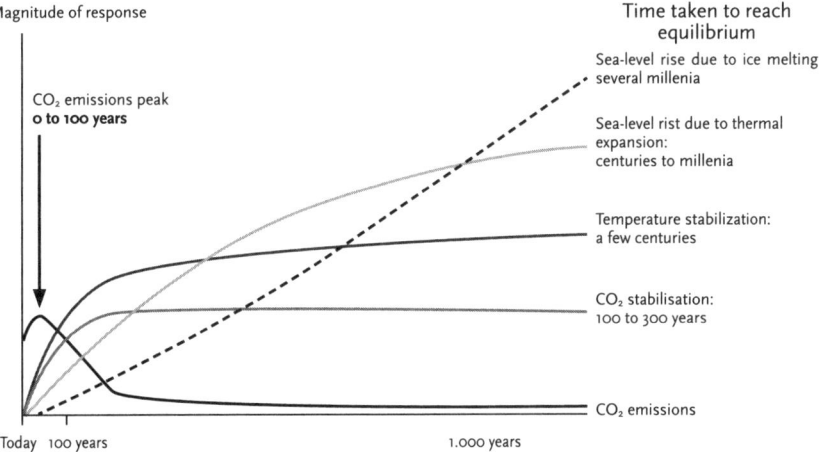

Abbildung 5: Der lange Bremsweg des Klimas

Quelle: Climate Change 2001: Synthesis Report. A Contribution of Working Groups I, II and III to the Third Assessment Report of the Intergovernmental Panel on Climate Change, Figure 5-2. Cambridge University Press

Die Abbildung 5 zeigt: Auch wenn die vom Menschen verursachten Emissionen an CO$_2$ während der nächsten einhundert Jahre ihren Höchststand überschreiten und schließlich auf fast Null fallen und die CO$_2$-Konzentration in der Atmosphäre sich daraufhin stabilisiert, wird die Temperatur für ein weiteres Jahrhundert oder mehr leicht ansteigen. Die Ausdehnung der Ozeane setzt sich noch lange fort, nachdem die CO$_2$-Emissionen reduziert wurden, und das Abschmelzen der Eisgebiete wird auf Jahrtausende hinaus zum Anstieg des Meeresspiegels beitragen.

Neueste Forschungsergebnisse[14] deuten darauf hin, dass die globale Durchschnittstemperatur und der durchschnittliche Meeresspiegel in den vergangenen Jahren schneller gestiegen sind als vom IPCC angenommen. Vermutet wird, dass die Ozeane ihre Funktion als Senke schneller verlieren als gedacht.

1.2 Was muss passieren? Das Zwei-Grad-Ziel.

Der Wissenschaftliche Beirat der Bundesregierung Globale Umweltveränderungen (WBGU) schreibt[15] hierzu:

»Die schlimmsten Folgen des Klimawandels könnten vermieden werden, wenn durch umfassenden Klimaschutz die Erwärmung insgesamt 2 °C[16] nicht übersteigt. Über 100 Staaten haben die Bedeutung der 2 °C-Leitplanke anerkannt. Sie ist eine wissenschaftliche Messlatte für Klimaschutz, aber keinesfalls ein Garant für folgenlosen Klimawandel. Selbst eine Erwärmung von 2 °C wird sich dauerhaft auf das Klima auswirken.

Zur Begrenzung der Erderwärmung auf 2 °C muss die Menge an weltweit ausgestoßenem CO_2 aus fossilen Brennstoffen limitiert werden. Der WBGU schlägt deshalb eine verbindliche Obergrenze in Form eines CO_2-Budgets vor, das global bis 2050 emittiert werden darf. Je höher die Wahrscheinlichkeit sein soll, die Erwärmung auf 2 °C zu beschränken, desto kleiner ist das globale Budget. Der WBGU schlägt für den Zeitraum 2010–2050 ein Globalbudget von 750 Mrd. t CO_2 vor. Damit ließe sich die Klimaerwärmung mit einer Wahrscheinlichkeit von zwei Dritteln auf 2 °C begrenzen.«

Vor der Diskussion dieses Budgetansatzes hat man oftmals allein Reduktionsziele für die jährlichen Emissionen erwogen. Dabei wurde zum Beispiel eine Halbierung der Emissionen bis 2050 gegenüber den Emissionen in

---

14. http://climatecongress.ku.dk/pdf/synthesisreport/
15. Factsheet Nr. 3/2009
16. Dazu müsste die Konzentration aller Treibhausgase langfristig so niedrig gehalten werden, dass ihre Wirkung die von 450 ppm Kohlendioxid nicht übersteigt.

1990 gefordert. Dabei wurde aber übersehen, dass es nicht ausreicht, bis 2040 fast nichts zu tun, um dann zu versuchen, auf der Zielgeraden die Halbierung noch zu schaffen. Entscheidend für die Konzentration der Treibhausgase in der Atmosphäre ist, was wir insgesamt in den nächsten Jahren den bereits dort gebunkerten Treibhausgasen hinzufügen. Durch die neuesten naturwissenschaftlichen Erkenntnisse, die eher von einem schnelleren Klimawandel ausgehen, und dem Budgetansatz wird immer mehr Konsens, dass wir unsere jährlichen Emissionen an CO_2 wohl um 80 % bis 2050 reduzieren müssen. Dies wird auch in unserem Kapitel 5.3.1 Rahmen für ein Weltklimaabkommen, S. 161, deutlich, wo wir versuchen, realistische Reduktionspfade zu beschreiben. Dort werden wir sehen, dass uns das Emissionsbudget zwingt, die jährlichen Emissionen bis 2050 um mindestens 80 % gegenüber 1990 zu senken. Der Grund: Wir halten es ist nicht für realistisch, dass wir im nächsten Jahrzehnt eine Vollbremsung hinlegen können. Für einen geordneten Strukturwandel brauchen wir Zeit, um in die neuen Strukturen investieren zu können. Wenn wir am Anfang der verbleibenden Jahre bis 2050 aber relativ wenig reduzieren können, bedeutet dies, dass wir am Schluss eine stärkere Reduzierung brauchen. Andersherum: Man kann weiterhin lediglich am Halbierungsziel festhalten, muss dann aber diese Halbierung relativ schnell bewerkstelligen – ungefähr bereits 2040 –, um das Budget von 750 Mrd. t einzuhalten. Wenn wir des Weiteren davon ausgehen, dass in den nächsten Jahren bei den globalen Emissionen noch kein radikaler Rückgang möglich ist, werden die notwendigen dramatischen Reduzierungen in den späteren Jahren nur möglich sein, wenn wir heute die entsprechenden Weichen stellen. Jedes weitere Jahr ohne ein global funktionierendes Treibhausgasmanagement knabbert an unserem Budget und macht eine erfolgreiche Begrenzung des Klimawandels unwahrscheinlicher.

Nach 2050 müssen wir die Emission von Treibhausgasen so gut wie auf Null[17] zurückfahren, damit sich deren Konzentration in der Atmosphäre stabilisieren kann.

---

17. Bei dem einen oder anderen läuten hier vielleicht die Alarmglocken und sie sagen sich: Auf Null zurückfahren, das geht doch sowieso nicht. In Anhang 1 beschreiben wir, dass dies technisch und bei tragbaren Einschränkungen möglich ist.

Das Zwei-Grad-Ziel ist deshalb so wichtig, weil man davon ausgeht, dass die oben beschriebenen Kipp-Punkte, die relativ schnell wirkende positive Rückkopplungen in Gang setzen können, hoffentlich noch nicht erreicht werden. Auch die direkten Folgen, wie zum Beispiel Meeresspiegelanstieg und Wasserknappheit könnten wahrscheinlich mit großen Anstrengungen noch bewältigt werden.

Es ist allerhöchste Zeit zum Handeln!

1.3 Wer produziert wo wie viele Treibhausgase; wer muss wie viel reduzieren?

80 % Reduktion der Treibhausgase bis 2050 und Einhaltung des Budgets von 750 Mrd. t hört sich schon sehr ambitioniert an. Aber für uns wird es noch härter:

Das 80 %-Reduktionsziel bezieht sich auf die Emissionen in 1990 (21.600 Millionen t). *2007*[18] haben wir aber schon *43 % mehr CO_2 (30.900 Millionen t)*[19] *ausgestoßen als 1990.* Wenn wir also das Reduktionsziel von 80 % bis 2050 gegenüber 1990 erreichen wollen, müssen wir die heutigen Emissionen bereits um über 86 % senken. Wenn sich die Rahmenbedingungen nicht ändern, wird der globale Energieverbrauch in der Zukunft aber noch weiter ansteigen. Besonders Schwellenländer wie China und Indien haben diesen Anstieg in den letzten Jahren angeheizt. 1,3 Milliarden Chinesen und eine Milliarde Inder, Tendenz steigend, wollen unseren Lebensstandard erreichen. Wenn sie das mit unserem Energieverbrauch und insbesondere Ausstoß an Treibhausgasen pro Kopf tun, wird es uns nicht einmal gelingen, das heutige Niveau an Treibhausgasemissionen zu halten.

---

18. Aufgrund der weltweiten Finanz- und Wirtschaftskrise sind die Emissionen 2009 gesunken.
19. Sie werden in verschiedenen Publikationen leicht unterschiedliche Zahlen finden, da es unterschiedliche Ermittlungsmethoden gibt.

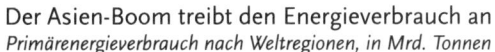

Der Asien-Boom treibt den Energieverbrauch an
Primärenergieverbrauch nach Weltregionen, in Mrd. Tonnen

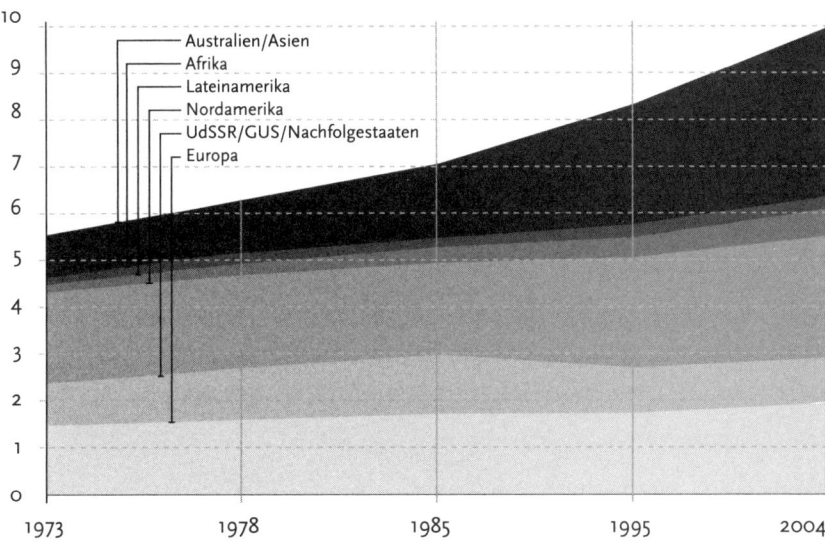

Der weltweite Energiebedarf steigt stetig. Den größten Anstieg verzeichnet dabei seit den siebziger Jahren die Region Asien/Australien, die mittlerweile mehr als ein Drittel des gesamten Verbrauchs beansprucht. Absolut gesehen, wuchs der Bedarf in Europa nur noch leicht, in Deutschland lag er 2004 sogar unter dem Niveau von 1973. Nordamerika verbraucht stetig mehr, die Nachfolgestaaten der ehemaligen Sowjetunion hingegen weniger als noch in den achtziger Jahren.

Abbildung 6: Asien-Boom treibt den Energieverbrauch an
Quelle: ZEIT-Grafik, Dieter Duneka/Quelle: BP

Das IPCC hat Szenarien entwickelt, welche die Treibhausgasemissionen und die Treibhausgaskonzentrationen in der Atmosphäre bis 2100 prognostizieren. Dabei bedient sich das IPCC verschiedener Szenarienfamilien, die unterschiedliche Annahmen über Wirtschaftswachstum, Preisentwicklung des Öls oder ökologische Orientierung der Politik beinhalten – jedoch keine verstärkte ausdrückliche Klimaschutzpolitik. Bei einem nicht unwahrscheinlichen Szenario mit weiterem weltweitem ökonomischen Wachstum und weiter verstärktem Einsatz fossiler Brennstoffe nehmen die Treibhausgasemissionen bis 2050 um das 2,7fache gegenüber heute zu (s. Abb. 7 A1FI-Szenario). Wir müssen also Maßnahmen ergreifen, die nicht nur die heutigen CO_2-Emissionen um 86 % verringern, sondern zudem verhindern, dass die heutigen noch um 170 % steigen. Dies macht die gewaltige Dramatik der Herausforderung klar. Stellen wir heute die falschen Weichen, lässt sich der Zug bald nicht mehr in die richtige Richtung lenken.

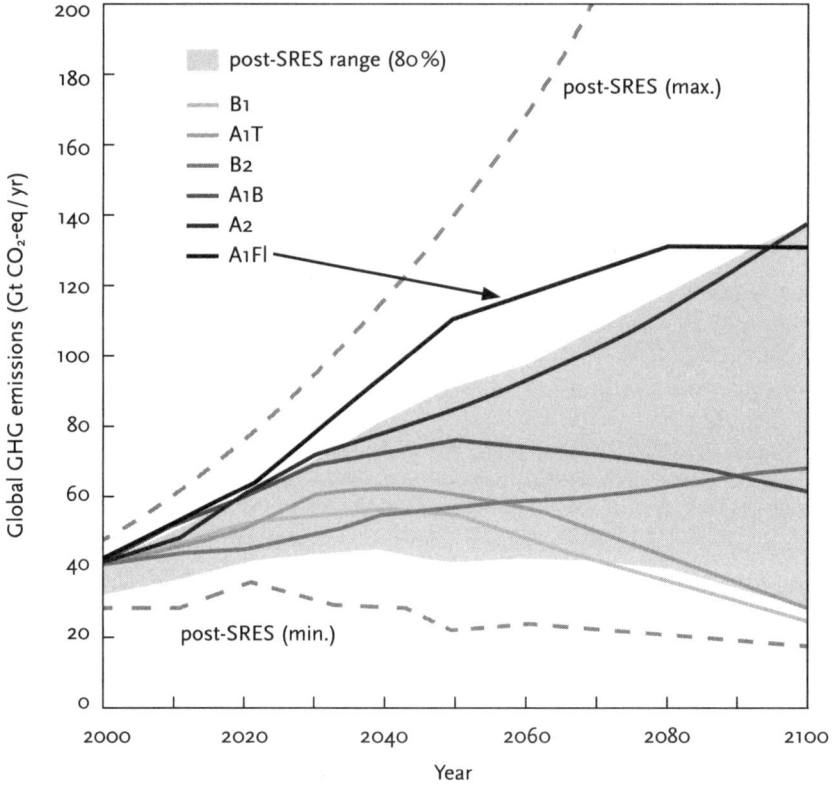

Abbildung 7: Szenarien des IPCC Ausstoß Treibhausgase
Quelle: Climate Change 2007: Synthesis Report. Contribution of Working Groups I, II and III to the Fourth Assessment Report of the Intergovernmental
Panel on Climate Change, Figure 3.1. IPCC, Geneva, Switzerland

1 Was sagen uns die Naturwissenschaftler – Fakten, Fakten, Fakten

Die Abbildung 6 hat schon gezeigt, dass die Emissionen Asiens immer mehr an Gewicht erhalten. China hat bei den absoluten CO_2-Emissionen die USA 2008 bereits überholt. Trotzdem sieht die Sache bei den Pro-Kopf-Emissionen immer noch anders aus:

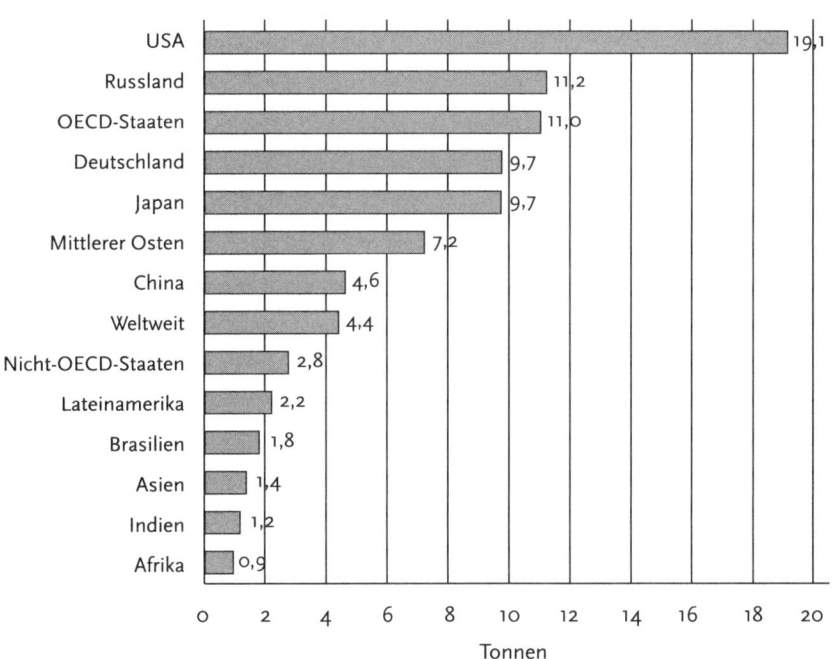

Abbildung 8: CO₂-Ausstoß pro Kopf ausgewählter Länder
Quelle: Eigene Darstellung

Hier liegt China genau im weltweiten Durchschnitt und auch die vorbildlichen Deutschen emittieren pro Kopf wesentlich mehr.

Wie sieht die Lage innerhalb der EU aus:

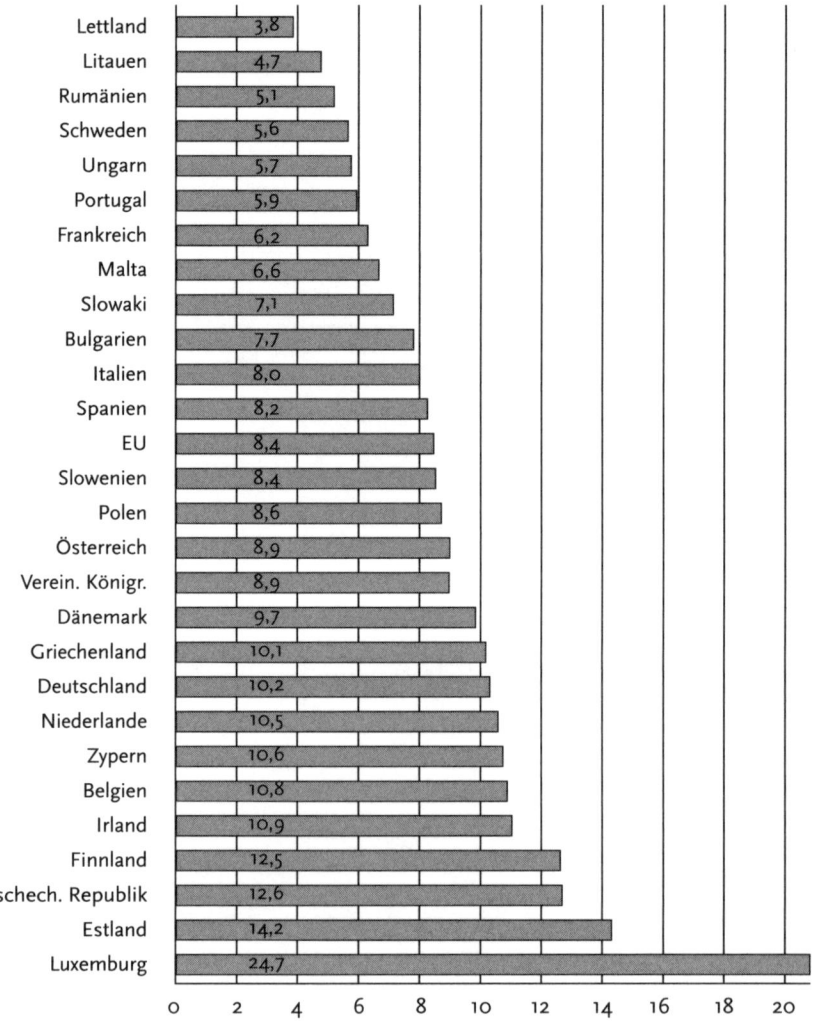

CO₂-Ausstoß pro Kopf
in der EU in Tonnen 2007

Lettland	3,8
Litauen	4,7
Rumänien	5,1
Schweden	5,6
Ungarn	5,7
Portugal	5,9
Frankreich	6,2
Malta	6,6
Slowaki	7,1
Bulgarien	7,7
Italien	8,0
Spanien	8,2
EU	8,4
Slowenien	8,4
Polen	8,6
Österreich	8,9
Verein. Königr.	8,9
Dänemark	9,7
Griechenland	10,1
Deutschland	10,2
Niederlande	10,5
Zypern	10,6
Belgien	10,8
Irland	10,9
Finnland	12,5
Tschech. Republik	12,6
Estland	14,2
Luxemburg	24,7

Abbildung 9: CO₂-Ausstoß pro Kopf EU
Quelle: Eigene Darstellung

Der deutsche Anteil an den gesamten Treibhausgasemissionen der EU beläuft sich auf ca. 20 %.

Sehen wir uns einmal die Hitliste der 20 größten CO_2-Emittenten im Jahr 2005 an (in 2008 hat China die USA bereits überholt):

Nr.	Land	Emissionen in 2005	Veränderung gegenüber 1990	Reduktionsver- pflichtung laut Kyoto-Protokoll gegenüber 1990
		Mio. t	%	%
1	USA	5,987	20	−7*
2	China	4,770	108	––
3	Russland	1,559	−23	0
4	Japan	1,294	14	−8
5	Indien	1,123	88	––
6	Deutschland	865	−16	−21
7	Kanada	598	30	−7
8	Großbritannien	565	−4	−12,5
9	Italien	490	13	−6,5
10	Südkorea	473	109	––
11	Frankreich	418	6	0
12	Mexiko	393	34	––
13	Australien	385	38	8
14	Spanien	369	62	15
15	Polen	318	−17	−6
16	Ukraine	314	−56	0
17	Türkei	259	85	––
18	Niederlande	184	16	−6
19	Belgien	130	9	−7,5
20	Tschechien	128	−22	−8

* Die USA haben das Kyoto-Protokoll nicht ratifiziert.

Abbildung 10: TOP 20 der CO_2-Emittenten
Quelle: Eigene Darstellung

Interessant ist, dass China seine CO_2-Emissionen zwar mehr als verdoppelt, sein Bruttosozialprodukt aber fast vervierfacht hat. Die CO_2-Emissionen pro einer Einheit des Bruttosozialprodukts haben sich damit sogar halbiert.

Um das Bild zu vervollständigen, schauen wir uns noch die Entwicklung in Deutschland an:

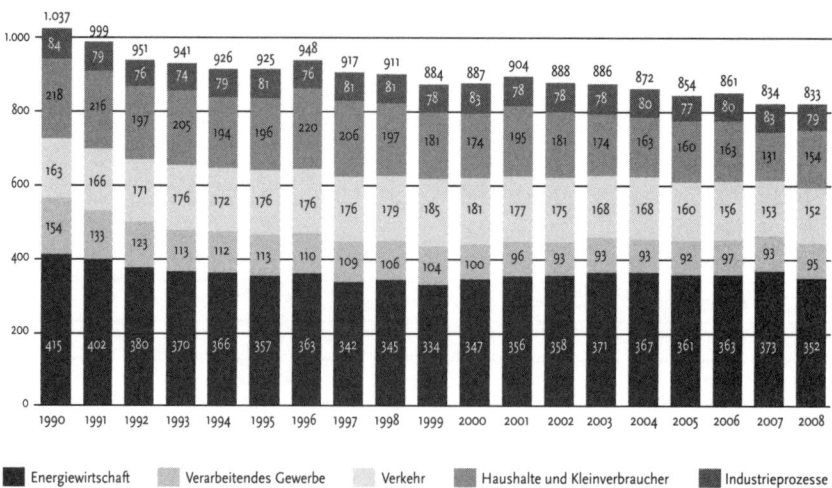

CO₂-Emissionen nach Quellkategorien in Deutschland

■ Energiewirtschaft　■ Verarbeitendes Gewerbe　■ Verkehr　■ Haushalte und Kleinverbraucher　■ Industrieprozesse

Abbildung 11: CO₂-Emissionen nach Quellkategorien in Deutschland
Quelle: Eigene Darstellung. Datenquelle: Umweltbundesamt, Nationale Trendtabellen für die deutsche Berichterstattung atmosphärischer Emissionen (Version: EU-Submission 15.01.2010).

In Deutschland sind demnach die CO_2-Emissionen seit 1990 um ca. 20 % gesunken. In den alten 15 EU-Ländern ist insgesamt der CO_2-Ausstoß dagegen seit 1990 um gute 2 % gestiegen. In den Beitrittsländern des früheren Ostblocks sind die Emissionen seit 1990 ebenfalls gesunken und zwar um 24 %. Damit wird auch klar, warum Deutschland relativ gut dasteht. Der Beitrag der Deindustrialisierung, Schließung von maroden Kohlekraftwerken und der allgemeinen Modernisierung in den neuen Bundesländer wird auf bis zu 18 %-Punkte geschätzt. Damit relativiert sich die oft beschworene Vorreiterrolle Deutschlands.

Aus der Abbildung 11[20] ist auch ersichtlich, wie hoch ungefähr der Anteil der einzelnen Sektoren in einem typischen Industrieland an den CO_2-Emissionen ist. Für 2008 ergeben sich folgende Zahlen: Energiewirtschaft 352 Mio. t. entspricht 42 %, Verarbeitendes Gewerbe 95 Mio. t. entspricht 11 %, Verkehr 152 Mio. t. entspricht 18 %, Haushalte und Kleinverbraucher 154 Mio. t. entspricht 18 % und Industrieprozesse 79 Mio. t. entspricht 9 %. Allerdings muss man sich klar machen, dass am Ende alle Emissionen durch die Endverbraucher verursacht werden.

Damit sind wir bei der spannenden Frage, welches Land bzw. welcher Sektor wie viel reduzieren sollte. Ein Ergebnis der späteren Kapitel wird sein, dass man diese Entscheidung im Detail lieber Marktmechanismen überlassen sollte. Aber eines ergibt sich zwangsläufig: Falls die Schwellenländer sich wirtschaftlich gesehen weiterhin positiv entwickeln und hoffentlich auch viele Entwicklungsländer aufschließen können und die existenzielle Armut dort besiegt wird, werden die absoluten Emissionen in diesen Ländern unweigerlich noch zunehmen. Damit ist eine globale Absenkung der CO_2-Emissionen um 80 % bis 2050 nur realistisch, wenn die heutigen Industriestaaten – also wir – ihre Emissionen gegenüber heute weit über 90 %[21] senken. Die heutigen und zukünftigen Schwellenländer

---

20. Die Abbildung 11 enthält keine CO_2-Emissionen aus Landnutzung, Landnutzungsänderung und Forstwirtschaft. Verkehr versteht sich ohne land- und forstwirtschaftlichen Verkehr. Haushalte und Kleinverbraucher verstehen sich mit land- und forstwirtschaftlichem Verkehr sowie Militär. Lösemittel und andere Produktverwendungen (ca. 2–3 Mio. t) können in der Abbildung nicht dargestellt werden.
21. Herleitung: Eine Reduzierung der CO_2-Emissionen von 21.600 Millionen Tonnen in 1990 um 80 % auf 4.320 Millionen Tonnen in 2050 bedeutet bei einem Anstieg der Weltbevölkerung auf 9 Milliarden bis 2050 einen Pro-Kopf-Verbrauch von 0,48 Tonnen. Geht man bei den Industrieländern von einer stabilen Bevölkerung aus, ergeben sich folgende Zahlen: Die USA verbrauchen heute 19 Tonnen pro Kopf. Die USA müssen also um 97 % reduzieren. Deutschland hat einen Pro-Kopf-Verbrauch von 10 Tonnen. Daraus ergibt sich eine Reduzierung um 95 %. Allerdings werden wir am Ende dieses Buches sehen, wenn es darum geht die weltweite Reduktion der CO_2-Emissionen zu organisieren, dass die tatsächlichen Emissionen in Deutschland unter Umständen nicht um 95 % sinken müssen, wenn wir entsprechende Rechte von anderen Ländern kaufen. Dies ändert aber nichts an der Herausforderung, da wir diese Rechte teuer bezahlen müssen.

müssen auf der anderen Seite den heutigen Stand der Industrieländer was Energieeffizienz betrifft schlicht überspringen.

Wir bitten Sie, die Aussage des letzten Absatzes wirklich auf sich wirken zu lassen:

> Voraussetzungen für die Erreichung des Zwei-Grad-Ziels:
> Weltweit muss bis 2050 der jährliche Ausstoß von CO_2 gegenüber 1990 um mindestens 80 % sinken, damit das verbleibende CO_2-Budget eingehalten werden kann.
> Die Industrieländer müssen bis 2050 ihre Treibhausgasemissionen fast vollständig vermeiden.

Wir müssen uns sehr genau überlegen, mit welchen Instrumenten wir diese Herausforderung angehen. Mit ein wenig »Wohlfühlklimaschutz« ist es nicht getan. Machen wir entscheidende Fehler, ist das Ziel nicht zu erreichen. Der entscheidende Fehler wäre, nicht auf maximale Kosteneffizienz und Innovationen zu setzen. Das heißt, die Instrumente müssen dafür sorgen, dass dort CO_2 eingespart wird, wo dies am kostengünstigsten möglich ist. Und die Instrumente müssen so gestrickt sein, dass sie einen maximalen Anreiz bieten, nach innovativen Lösungen zu suchen.

Auf welchem Weg ist diese Herkulesaufgabe zu schaffen? Das ist eine der wichtigsten Fragen unserer Zeit! Eine befriedigende Antwort wird es nur geben, wenn die bedeutendsten Staaten dieser Welt – am besten alle – an einem Strang ziehen. Ob sie dazu fähig sind, ist offen. Vielleicht hilft es jedoch, wenn immer mehr Menschen verstehen, warum wir zu viele Treibhausgase produzieren und wie dieses Problem kosteneffizient und innovativ gelöst werden kann. Darum geht es im nächsten Kapitel.

Haben Sie an dieser Stelle noch grundsätzliche Zweifel, ob solch ambitionierte Klimaschutzziele technisch überhaupt erreichbar sind, sollten Sie vielleicht erst den Anhang 1 »Ein gutes Leben ohne Treibhausgase ist möglich« lesen.

2 Eine gar nicht so einfache Frage: Warum produzieren wir eigentlich zu viele Treibhausgase?

> Der Sozialismus ging daran zu Grunde, dass er es nicht zuließ,
> dass die Preise die ökonomische Wahrheit sagen. Der Kapitalismus
> könnte daran zu Grunde gehen, dass er nicht dafür sorgt,
> dass die Preise die ökologische Wahrheit sagen.
>
> (Ernst Ulrich v. Weizsäcker)

Eigentlich eine einfache Frage – könnte man meinen. Wenn man der Sache aber genauer auf den Grund geht, kommt man doch zu überraschenden Einsichten.

Dass wir zu viele Treibhausgase ausstoßen, ist das Ergebnis von Milliarden von einzelnen Investitions- und Konsumentscheidungen – von Bürgern, Unternehmen und von staatlichen Stellen[22]. Um das Problem vom Grund her zu verstehen, wollen wir erst einmal annehmen der Staat würde keine explizite Klimapolitik betreiben.

---

22. Der Staat tritt dabei auf als Investor, Konsument, Subventionsgeber und Rahmensetzer.

2.1 Der egoistische Hans und der umweltbewusste Martin

Nehmen wir uns zuerst eine Konsumentscheidung vor. Der Konsument Hans hat gewisse Präferenzen, was Mobilität betrifft: Er fährt gerne Auto. Er genießt das Gefühl von Freiheit und *selbstbestimmter* Mobilität. Er steht lieber in den *eigenen vier Wänden* im Stau als in einem – vielleicht auch noch verspäteten – überfüllten Zug in Tuchfühlung mit unbekannten Menschen. Für ihn ist es wichtig, von Haus zu Haus fahren zu können. Von der Klimakatastrophe hat er schon gehört, fühlt sich aber persönlich nicht angesprochen. »Nach mir die Sintflut«, denkt er. Oder: »Das sollen die da oben lösen«. Vielleicht liegt es daran, dass er keine Kinder hat. Dieser Hans steht nun vor der Entscheidung mit dem Auto oder mit dem Zug zu seiner Freundin zu fahren. Nun wird jeder gleich sagen, die Sache ist ja klar: Der gute Mann fährt mit dem Auto.

Ganz so einfach ist es nun doch nicht. Die Präferenzen sind das eine. Was das kostet, was man sich wünscht, ist das andere. Hans wird also vergleichen: Was kostet ihn diese eine Autofahrt und welcher zusätzliche Nutzen ist für ihn damit verbunden? Und wie würde das bei einer Bahnfahrt aussehen. Die Ökonomen sprechen in diesem Zusammenhang von Grenzkosten und Grenznutzen[23]. Nun haben wir ja schon gesagt, dass der Grenznutzen dieser Autofahrt bei Hans relativ hoch sein wird. Trotzdem wird er nicht um jeden Preis mit dem Auto fahren. Denn nun kommen die Grenzkosten ins Spiel. Ist der Preis der Autofahrt höher – vielleicht aufgrund eines aktuellen Ölpreisschocks – , dann treffen wir Hans doch im Zug zu seiner Freundin.

---

23. Für Volkswirte: Aus der Haushaltstheorie ist ja bekannt, dass im Optimum gilt: Grenzrate der Substitution (Grenznutzen Gut 1 / Grenznutzen Gut 2) = negatives Preisverhältnis (- Preis Gut 1 / Preis Gut 2). Daraus ergibt sich nicht zwangsläufig, dass bei einer konkreten Nutzenfunktion (mit der man in der Neoklassik nur zu Übungszwecken arbeitet) sich tatsächlich Preis = Grenznutzen ergibt. Die Neoklassik geht nämlich von ordinalen Nutzenfunktionen aus. Das heißt, der Nutzenabstand zwischen zwei Güterbündeln ist nicht relevant. Daher lässt sich durch eine positive monotone Transformation der Nutzenfunktion doch zeigen (λ des Lagrangeansatzes wird dadurch 1), dass im Optimum gilt: Preis = Grenznutzen. Nimmt man die Unternehmenstheorie hinzu, ergibt sich zusätzlich: Preis = Grenzkosten.

Auf einem funktionierenden Markt spiegeln Marktpreise alle Kosten über alle Wertschöpfungsstufen wider, die mit der Produktion eines Gutes verbunden sind. Bei der Autofahrt sind dies beispielhaft die Entwicklungskosten des Autos, die Förderkosten des Eisenerzes in Bolivien, dessen Transportkosten nach Europa und dessen Kosten der Verhüttung, die Kosten der unzähligen Zulieferer des Autoherstellers, die Kosten der Endmontage, die Transportkosten des fertigen Autos zum Händler und die Kosten des Autohändlers. Damit aber nicht genug: Auch die Tatsache, dass durch die Produktion eines Autos für andere Dinge weniger Ressourcen zur Verfügung stehen, spiegelt sich in Marktpreisen wider. Im Benzinpreis wiederum spiegeln sich die Gewinnungskosten für Rohöl, die Kosten der Raffinierung und die Verteilung über Tankstellen[24] wider. Besonders beim Benzin wird auch deutlich, dass sich in Marktpreisen auch die Knappheit eines Gutes nieder schlägt. Verbraucht China aufgrund seines Wirtschaftsaufschwungs mehr Rohöl, steigt der Rohölpreis[25]. Was durchaus sinnvoll ist, damit es nicht verschwendet wird, für zukünftige Generationen noch etwas übrig bleibt und dort eingesetzt wird, wo es am meisten Nutzen stiftet.[26]

Hans wird also seine Präferenzen abgleichen mit den Preisen der Alternativen und seinem Geldbeutel. Volkswirtschaftlich kann sich das Ergebnis sehen lassen: Hans hat seinen Nutzen maximiert und trägt dabei gleichzeitig die Kosten, die mit seiner Entscheidung anfallen. Die Ressourcen wandern durch den Preismechanismus von Angebot und Nachfrage zu ihrer effizientesten Verwendung. Falls der Ölpreisschock wieder vorbei ist, spricht allerdings vieles dafür, dass wir Hans neben uns im Stau wieder treffen.

---

24. Natürlich ist der Endpreis des Benzins kein reiner Marktpreis, weil der Staat hier mit der Energiesteuer (früher Mineralölsteuer) kräftig eingreift. Die Mineralölsteuer deckt aber ungefähr die Straßenbaukosten ab.
25. Der Rohölpreis steigt natürlich auch, wenn der Markt zum Beispiel durch Kartellbildung nicht funktioniert. Dies war insbesondere in den 70ern und Anfang der 80er-Jahre der Fall, als die OPEC noch als Kartell funktionierte.
26. Auf das Problem, dass Reichere sich damit auch mehr von diesem Gut leisten können, gehen wir im Kapitel 4.1 Sind marktbasierte Instrumente unsozial? Ist Klimaschutz unsozial? ab S. 131 näher ein.

Aber halt! Haben wir gesagt: Hans trägt die Kosten seiner Entscheidung? Das stimmt leider nicht ganz. Es gibt nämlich Kosten, die sich in einer Marktwirtschaft nicht automatisch im Preis wieder finden. Ökonomen nennen diese **externe Kosten**. Warum sind manche Kosten intern und andere extern? Extern sind Kosten dann, wenn ich Ressourcen nutze, die niemandem gehören und ich daher keine Rechnung erhalte. Das Klima ist ein Paradebeispiel dafür. Der *liebe Gott schickt mir keine Rechnung* für die Nutzung des knappen Gutes Absorptionsfähigkeit[27] der Umwelt[28], wenn ich mit dem Auto CO_2 in die Luft puste – direkt beim Fahren und indirekt durch den CO_2-Ausstoß bei der Herstellung des Autos oder des Baus der Verkehrsinfrastruktur. Dies verursacht aber gewaltige volkswirtschaftliche Kosten, die irgendwann bei mir oder meinen Kindern und Kindeskindern wieder auflaufen werden. Nur dummerweise verteile ich diese externen Kosten, die ich durch eine einzelne Fahrt verursache, auf die ganze Menschheit, so dass von dieser Autofahrt bei mir selbst davon eigentlich nichts mehr ankommt – die Kosten werden extrem verdünnt und der Zusammenhang mit der konkreten *Tat* geht verloren. Da wir aber alle so handeln, kommen insgesamt auf mich zwar doch gewaltige Kosten zu (insbesondere in der Zukunft), die ich aber durch meine individuelle Entscheidung nicht beeinflussen kann. Es sind, wie immer, die anderen schuld.

Der Grund, warum Hans also zu viel CO_2 bei seinen Konsum- und Investitionsentscheidungen produziert ist, dass er die Kosten, die er dabei verursacht nicht selbst tragen muss, sondern sozialisieren (der Volkswirt sagt: externalisieren) kann. Aber es geht ja nicht nur ums Autofahren. Alle unsere alltäglichen Konsum- und Investitionsentscheidungen treffen wir, ohne die volle Verantwortung für die Folgen übernehmen zu müssen. Ob wir uns einen Rasenmäher oder einen DVD-Rekorder kaufen, ein Haus bauen, wo wir Urlaub machen, ob wir Alpinski oder Langlauf machen, welches Toilettenpapier wir benutzen, welchen Strom wir beziehen, wie viel

---

27. Das ist die Menge an menschengemachten CO_2-Emissionen, die die Umwelt aufnehmen kann, ohne dass dadurch für den Menschen wesentliche negative Folgen entstehen. Die Absorptionsfähigkeit wird wesentlich bestimmt durch Senken.
28. Ökonomen bezeichnen ein solches Gut als ***Öffentliches Gut***.

Fleisch wir essen, ob wir lange oder kurz Duschen oder Baden, ob wir mit dem Auto auf den Großmarkt auf der Grünen Wiese oder ins Outlet-Center fahren oder mit dem Bus in die Innenstadt, die Beispiele könnte man endlos fortsetzen. Das kennzeichnet das CO_2-Problem: Es geht nicht um ganz bestimmte Dinge, die man einfach tun oder lassen kann, die man einfach verbieten kann. Nein, alles was wir tun, ist mit CO_2-Emissionen verbunden. Darum versagen an diesem Problem auch die traditionellen Instrumente in der Umweltpolitik – aber davon später.

Vor der gleichen Situation steht auch ein Unternehmen, das ein Gut mit mehr oder weniger CO_2-Emissionen produzieren kann bzw. das ein Produkt so konstruieren kann, dass mehr oder weniger CO_2 entsteht, wenn es benutzt oder entsorgt wird. Kostet die CO_2-ärmere Variante mehr Geld oder bietet im Gebrauch weniger Komfort, was leider meist der Fall ist, zwingt der Wettbewerb das Unternehmen zur CO_2-reicheren Variante. Die Kosten werden dabei wieder sozialisiert (externalisiert) und den Vorteil kann das Unternehmen privatisieren. Volkseigene Betriebe wären nur auf den ersten Blick eine Lösung; beim zweiten Blick sollten wir diese aufgrund massiver anderer (auch ökologischer) Nachteile schnell wieder vergessen. Viele Umweltschützer wollen Unternehmen vorrechnen, dass sie durch die eine oder andere Klimaschutzmaßnahme sogar Kosten sparen könnten. Die Umweltschützer vergessen dabei, dass auch Managementkapazität ein knappes Gut ist. Unternehmen setzen dieses Gut in der Regel dort ein, wo dies am meisten zur Gewinnmaximierung beiträgt. Leider ist dies nicht in einem ausreichenden Maße beim Klimaschutz der Fall, wenn CO_2 nichts kostet.

> Wir emittieren also zu viel CO_2, weil wir die Folgekosten sozialisieren und den Nutzen privatisieren können.
> Der Markt alleine versagt[29] an dieser Stelle eklatant.

---

29. Wir wollen an dieser Stelle in aller Kürze die volkswirtschaftliche bzw. neoklassische Analysemethode darlegen: Referenzpunkt ist eine Situation, in der ein allwissender wohlmeinender Planer darüber entscheiden würde, was produziert wird. Er kennt alle Produktionsmöglichkeiten (Produktionsfunktionen, optimale Technologien), vorhandene Ressourcen und die Präferenzen der Menschen. Bei gegebener Ausgangsverteilung

Nun kann man natürlich sagen, der Hans ist ein schlechtes Beispiel. Nehmen wir doch lieber den Martin, der erfolgreich seit über 30 Jahren von der Umweltschutzbewegung bearbeitet wurde, was dazu geführt hat, dass er durchaus Präferenzen für den Klimaschutz entwickelt hat und sich persönlich verantwortlich fühlt. Für ihn bedeutet es also einen Nutzengewinn, wenn er das Klima schützen kann. Außerdem hat er das mit der Sozialisierung der Kosten verstanden und ist aus moralischen Gründen bereit, mehr Geld zu bezahlen, wenn's dem Klima nützt. Auf der anderen Seite muss er aber auch auf seinen Geldbeutel achten und schätzt auch dann und wann die Vorteile individueller Mobilität – er ist also weder ein Masochist noch ein Sich-Selbst-Schön-Redner.

Leider müssen wir an dieser Stelle für Klimaschützer aus der historisch gewachsenen Umweltszene eine bittere Wahrheit überbringen: Ihr jahrzehntelanges Bemühen, das Umweltbewusstsein zu erhöhen, kann in Bezug auf umweltbewusstes Handeln nur begrenzt Erfolg haben. Es ist nämlich selbst für Martin nicht ohne weiteres klar (der Ökonom würde sagen: individuell rational), dass er ausreichend CO_2 einspart. Nehmen wir einmal an, Martin würde genau die Kosten kennen, die er bei einer Autofahrt sozialisiert und wüsste genau, welche Alternative besser wäre[30], dann hat er trotzdem das Problem, dass er ja auch weiß, wenn ich jetzt auf diese eine Autofahrt verzichte, dann geht die positive Auswirkung für das Gesamtklima gegen Null – ist einfach nicht messbar. Erst, wenn sich (fast) alle –

kann man so bestimmen, welche Güter in welcher Menge produziert werden sollten und wie diese auf die Bürger zu verteilen sind, bis es nicht mehr möglich ist, jemanden besser zu stellen, ohne dass sich jemand anderes verschlechtert. Das Ergebnis ist pareto-effizient. Dann schaut man, wie man ohne einen unrealistischen allwissenden und wohlmeinenden Planer zum gleichen Ergebnis kommt. Das Ergebnis: Funktionierende Märkte schaffen das auch – obwohl sich alle eigennützig verhalten, jeder nur seine Präferenzen und keiner wirklich die optimalen Technologien kennt. Das ist schon ein große Leistung! Aber das funktioniert nur, wenn Preise ihre Signalfunktion über Präferenzen und Technologien (und damit verbundenen Kosten) erfüllen können. Liegen externe Effekte vor (positive oder negative), geht diese Signalfunktion leider verloren und der Markt versagt.

30. Besser auch in dem Sinne, dass das CO_2 mit der kostengünstigsten Alternative und minimalen Einschränkungen bei Entfaltungsmöglichkeiten und Komfort eingespart wird.

insbesondere auch sein Freund, der Hans und sein Kumpel aus den USA –
genauso verhalten würden, würde es für das Klima etwas bringen. Da hat
dann selbst unser Martin so seine Zweifel ... .

2.2 Das soziale Dilemma

Ökonomen nennen diese missliche Situation ein *Soziales Dilemma*. Dilemma deshalb, weil individuelle und kollektive Rationalität[31] auseinander
fallen. Zwar würden sich alle Beteiligten besser stellen, wenn sie kooperier-
ten (sich dazu verpflichteten, weniger CO_2 zu verbrauchen). Wenn man
aber nur alleine kooperiert (seine CO_2-Emissionen im Alleingang reduziert), ist man der Dumme. Man kann diese Situation auch folgendermaßen
beschreiben:

---

31. Definition *individuelle Rationalität* in der Volkswirtschaftslehre: In ökonomischen
    Modellen geht man davon aus, dass der Einzelne eigennützig handelt. Man sagt auch,
    der Einzelne handelt rational. Ein Individuum, das streng individuell rational handelt,
    wird auch als *Homo oekonomicus* bezeichnet. Dabei heißt rational nicht, dass er immer
    mit der Großhirnrinde entscheidet. Er darf auch seinem »Bauchgefühl« (emotionale
    Intelligenz) folgen. Auch darf man rational nicht mit vernünftig übersetzen. Der Homo
    oekonomicus maximiert seinen Nutzen. Ob dies vernünftige Entscheidungen aus der
    Warte eines objektiven Dritten für ihn selbst sind, steht auf einem anderen Blatt. Da
    will sich die Volkswirtschaftslehre und insbesondere die Neoklassik heraus halten.
    Diesen Homo oekonomicus gibt es in der Realität jedoch – Gott sei Dank – nicht in
    Reinnatur. Eine vereinfachende Modellannahme ist nach dem Philosophen und Wis-
    senschaftstheoretikers Karl Popper in einem wissenschaftlichen Modell jedoch zuläs-
    sig bzw. sogar geboten, wenn die Prognosen aufgrund des Modells die Realität noch
    ausreichend erklären. Man kann sich das so vorstellen: Das Auge liefert auch nur ein
    sehr vereinfachendes Modell der Realität. Obwohl es nur einen winzigen Ausschnitt
    der Realität tatsächlich darstellt, reicht dieses Modell in der Regel aus, damit wir uns
    einigermaßen zurechtfinden. Die Modellannahme des »Homo oekonomicus« in der
    Main-Stream-Volkswirtschaftslehre wird von vielen verteufelt. Wahrscheinlich beruht
    dies auf dem Missverständnis, dass diese Modellannahme eine Aufforderung sei, sich
    im Alltag entsprechend zu verhalten.

Das soziale Dilemma

⇨ wenn der Hans oder der Martin im Interesse der Gesamtheit handeln würde, wie das eigentlich wünschenswert wäre, so hätte das für ihn ganz unmittelbare Nachteile zur Folge;

⇨ orientieren sie sich aber am Eigeninteresse, so können sie statt dessen unmittelbare Vorteile für sich verbuchen; sie schaden jedoch zugleich der Gesamtheit und damit letztlich wiederum sich selbst;

⇨ auch wenn der Martin aus besserer Einsicht sein unmittelbares Eigeninteresse in den Wind schlüge und trotz unmittelbarer Nachteile für sich selbst zum Wohle der Gesamtheit handelte, würde das der Gesamtheit wenig nützen, weil sein isolierter Beitrag zu wenig ins Gewicht fällt;

⇨ nur wenn sich alle zugleich entgegen ihrem unmittelbaren Vorteil für das Gemeinwohl einsetzen, könnte das Dilemma behoben werden; aber da jeder dem anderen *misstraut*, kann es in einer Massengesellschaft dazu nicht kommen.

Abbildung 12: Das soziale Dilemma[32]
Quelle: Eigene Darstellung

Für Unternehmen ist auf einem Wettbewerbsmarkt der Spielraum, moralisch zu handeln, noch geringer, da es nicht um vage Nutzenvorstellungen geht, sondern am Schluss der Preis eines Gutes in Euro und Cent zählt und Unternehmen, die auf wesentliche Gewinnmöglichkeiten verzichten, langfristig vom Markt verschwinden.

Und es kommt noch schlimmer: Auch Staaten stecken in diesem Handlungsdilemma. Ein Staat, der weniger Klimaschutz betreibt, kann kurzfristig ökonomische Vorteile verbuchen und die Folgekosten auf die ganze Menschheit verteilen. Der Grenznutzen ist also auch für einen Staat größer als die Grenzkosten. Dass ein Staat trotzdem bis zu einem gewissen Grad Klimaschutz betreiben kann, werden wir in Kapitel 4.2 Ökonomie und Ökologie – ein Widerspruch? ab S. 138 behandeln.

Halten wir also fest: Rational handelnde Konsumenten, Unternehmen, staatliche Stellen und ganze Staaten stoßen zu viele Treibhausgase aus, weil

---

32. In Anlehnung an: Bonus, Holger: Umwelt und Soziale Marktwirtschaft. Über Gefährdungen und klare Chancen: Umweltschutz und öffentliche Güter, Köln 1980, S. 17.

die Folgekosten nicht in den individuellen Kalkülen auftauchen, sondern sozialisiert bzw. externalisiert werden können. Auch ein hohes Umweltbewusstsein löst das Problem nicht.

Am Ende dieses Kapitels ist man fast froh, auch *irrationale*[33] Menschen zu kennen. Vielleicht sogar die eine oder andere *irrationale* Unternehmerpersönlichkeit oder Staaten, die sich trotzdem als Vorreiter betätigen. Dieses *irrationale* Handeln gehört auch zum Menschsein dazu. Wer könnte noch jeden morgen in den Spiegel schauen, wenn er sich ständig rational wie der homo oeconumicus – dem Modellmenschen in der volkswirtschaftlichen Theorie – verhalten würde? Aber Tatsache ist auch, dass wir zu viel CO_2 produzieren. Und dies ist darauf zurück zu führen, dass wir uns in wesentlichen Teilen unseres Lebens doch rational verhalten. In Kapitel 3.1 Umweltbewusstes Handeln ab S. 54 werden wir noch genauer darauf eingehen, inwieweit wir auf *irrationales* Verhalten von Individuen zu Gunsten der Allgemeinheit bauen können.

2.3 Das Übel an der Wurzel packen: CO_2-Abgabe oder umfassender Emissionshandel

Die entscheidende Frage ist: Sollen wir uns beim radikalen Umbau unserer Industriegesellschaft – unserer Art zu leben – wirklich auf Irrationalität verlassen? Uns wäre eindeutig wohler, wenn über rationale Entscheidungen an der Wahlurne[34] und durch internationale Vereinbarungen ein Rahmen

---

33. In der Ökonomie übersetzt man rationales Handeln mit eigennützigem Handeln. Es ist also nicht vernünftiges Handeln gemeint.
34. An der Wahlurne lässt sich das soziale Dilemma überwinden, da sich an gesetzliche Regelungen alle halten müssen. Allerdings setzen wir hier voraus, dass die Mehrheit an ernsthaftem Klimaschutz interessiert ist und auch bereit ist, unvermeidliche Einschränkungen in Kauf zu nehmen. Ist dies nicht der Fall, liegt gar kein soziales Dilemma vor, sondern die Menschen wollen einfach keinen wirksamen Klimaschutz. Auch dafür kann sich die Menschheit entscheiden.

geschaffen wird, in dem Rationalität oder sogar der blanke Egoismus zum gewünschten Ergebnis führen. Dies wird erreicht, wenn man CO_2 einfach einen Preis gibt – entweder über eine Emissionsabgabe[35] oder einen Emissionshandel[36]. Die Emissionsabgabe muss dabei so hoch sein, dass nur noch die angestrebte CO_2-Menge emittiert wird. Beim Emissionshandel gibt man gleich nur die gewünschte Menge an Zertifikaten aus.[37] Jeder Bürger, jedes Unternehmen und jede staatliche Stelle muss dann bei all seinen Konsum- und Investitionsentscheidungen abwägen, ob das, was man tun will, die damit verbundenen CO_2-Emissionen wert ist oder ob es nicht Alternativen gibt, die zwar mehr kosten oder weniger Komfort bieten, aber immer noch günstiger sind als der Preis für CO_2. Die Wirkung wäre phantastisch: Millionen von Akteuren überlegen sich plötzlich völlig eigennützig, wie sie möglichst kostengünstig und innovativ CO_2 einsparen könnten. Die Preise würden auch beim Klimaschutz ihre Funktion erfüllen, da sie allen Akteuren signalisieren, welche Kosten und Knappheiten mit dem Produkt verbunden sind. Ergebnis wäre kosteneffizienter und innovativer Klimaschutz.

Ein kleiner Einschub zur **Kosteneffizienz**:
Wir werden immer wieder darauf zurückkommen, dass Klimaschutz mit marktbasierten Instrumenten kosteneffizient ist. Was ist damit gemeint? Wir wollen versuchen, es an einem kleinen Beispiel zu verdeutlichen.
Nehmen wir an, es gäbe auf der ganzen Welt nur zwei Autofahrer. Autofahrer A emittiert während der Lebenszeit seines Autos 10.000 kg CO_2 und Autofahrer B 30.000 kg.

---

35. Die Grundidee externe Effekte durch Steuern zu internalisieren stammt von Arthur Pigou (1887 bis 1959), der sie bereits 1912 erstmals vorstellte. Man spricht auch von einer *Pigou-Steuer*.
36. Die Idee externe Effekte durch die Schaffung von Einkommensrechten zu internalisieren wurde von Ronald Coase (*Coase-Thereom*) bereits 1960 formuliert.
37. Im Kapitel 3.4 Marktbasierte Instrumente: massentauglicher, kosteneffizienter und innovativer Klimaschutz ab S. 90 werden wir die beiden Instrumente noch genauer erklären.

Weiter wollen wir annehmen, dass es zwei Technologien gibt, um die Effizienz von Autos zu erhöhen. Eine kostet 100 € und bringt eine CO_2-Einsparung von 7,5 % und eine andere kostet 150 € und bringt eine Einsparung von 10 %.

Wenn der Staat eine Reduktion der CO_2-Emissionen um 7,5 % anstrebt, könnte er einfach vorschreiben, dass jedes Auto die 7,5 %-Technologie einbauen muss. Damit würden in unserem Beispiel 200 € an volkswirtschaftlichen Kosten entstehen. Würde statt dessen der Staat eine CO_2-Abgabe in Höhe von 0,10 € pro Kilogramm CO_2 einführen, würde der Autofahrer A lieber die CO_2-Abgabe zahlen (potenzielle Einsparung 750 kg * 0,10 € = 75 € bei der CO_2-Abgabe ist geringer als der Preis der 7,5 %-Technologie in Höhe von 100 €) und der Autofahrer B lieber die 10 %-Technologie einbauen (potenzielle Einsparung 3.000 kg * 0,10 € = 300 € bei der CO_2-Abgabe ist höher als der Preis der 10 %-Technologie in Höhe von 150 €). Die volkswirtschaftlichen Vermeidungskosten belaufen sich bei einer CO_2-Abgabe daher auf 150 € statt auf 200 € wie bei der Auflage. Kostengünstiger kann das 7,5 %-Ziel in dieser Welt nicht erreicht werden. Damit liegt Kosteneffizienz vor. Nun werden Sie vielleicht sagen: Zusätzlich zu den 150 € Vermeidungskosten kommt doch noch die CO_2-Abgabe, die die Autofahrer zahlen müssen. Hier gehen wir davon aus, dass andere Steuern oder Abgaben entsprechend gesenkt bzw. nicht erhöht werden müssen oder die Einnahmen über ein Energiegeld pro Kopf an die Bevölkerung zurückgeben werden. Damit entsteht durch die CO_2-Abgabe insgesamt keine zusätzliche Belastung.

Das ist natürlich ein sehr vereinfachtes Beispiel. Es soll nur das Grundprinzip verdeutlichen. In der Realität gibt es viele andere Einflussfaktoren. So müsste man weitere Alternativen, wie weniger Auto fahren, Bus fahren, Umziehen, Fahrweise ändern, wieder mehr Einkaufsmöglichkeiten in der Nähe oder die Freude am Autofahren miteinbeziehen. Das schöne ist, dass gerade marktbasierte Instrumente dieser Komplexität gerecht werden, da sie nicht von zentralen staatlichen Entscheidung darüber, was zu tun ist, ausgehen, sondern von dezentralen Entscheidungen von Millionen von Konsumenten und Investoren.

Eigentlich könnten wir uns an dieser Stelle zurücklehnen und das Buch beenden. Aber leider sind Emissionshandel und besonders Emissionsabgaben nicht sonderlich beliebt – wahrscheinlich, weil sie so gut wirken. Darum möchten wir uns der Mühe unterziehen, die Alternativen abzuklopfen, ob es nicht doch einen anderen Weg gibt, der Politikern nicht gleich bei der nächsten Wahl die Macht kostet. So viel vorne weg: Wir werden mutige Politiker und aufgeklärte Bürger brauchen, sonst wird es mit hoher Wahrscheinlichkeit nichts mit einem erfolgreichen Klimaschutz.

Besonders aufmerksame Leser werden jetzt vielleicht einwenden: Brauchen wir nicht sogar irrationale Politiker? Befinden sich diese nicht auch in einem sozialen Dilemma? Ja, auch Politiker und Parteien befinden sich in diesem Dilemma. Der Politiker oder die Partei, welche(r) zuerst den Finger hebt und eine CO_2-Abgabe fordert, wird einen Sturm der populistischen Entrüstung seiner Berufskollegen oder der anderen Parteien (oft wider besseren Wissens) ernten. Der Versuchung, kurzfristig beim Wahlvolk zu punkten, kann man in der Politik nur schwer widerstehen. Der Unterschied zum Otto-Normalverbraucher ist nur der: Es ist die ureigenste Aufgabe der Politik, soziale Dilemmata zu überwinden. Dafür brauchen wir die Politik und Staatlichkeit. Daher können wir die Politik nicht aus ihrer Verantwortung entlassen. Ja, wir brauchen irrationale Politiker. Man kann auch sagen, wir brauchen Politiker mit Rückgrat, die auch mal Unpopuläres sagen, die mit Beharrlichkeit sich für das einsetzen, was sie für richtig und wichtig halten, und dies dem Wahlvolk glaubwürdig erklären. Dies heißt nicht, dass man dem Wähler auch mal auf den Mund schauen kann. Hinter dem, was Populisten gerne für sich nutzen, stehen meist berechtigte Ängste und Sorgen, die jeder Politiker ernst nehmen und versuchen muss, Antworten darauf zu finden. Populisten nutzen diese Ängste und Sorgen lediglich für eigene Interessen. Unter dem Strich wollen wir hier eine Lanze für die Demokratien brechen. Die Überwindung sozialer Dilemmata gelingt in ihnen einigermaßen, wenn auch nicht optimal. Beim Klimaschutz muss die Politik jedoch über sich hinaus wachsen.

Dem Wähler steht übrigens die Ausrede »ich bin in einem sozialen Dilemma« nicht zur Verfügung. Wenn ich an der Wahlurne eine bestimmte Politik legitimiere, dann gelten die daraus folgenden Regeln für alle. Damit ist das soziale Dilemma überwunden. Allerdings werden Parteien und Politiker erst dann dem Wähler vorher sagen, was sie konkret machen wollen, wenn sie keine Angst haben müssen, dafür abgestraft zu werden. Der eigentliche Engpass für eine rationale Klimaschutzpolitik ist daher der Wähler – sind wir. Wenn wir wirklich wirksamen Klimaschutz wollen, müssen wir dies an der Wahlurne auch zeigen.

Damit marktbasierter Klimaschutz bei Wahlen Mehrheiten erhalten kann, muss neben ihrer Wirkungsweise auch die *Moral* hinter einer CO_2-Abgabe oder einem Emissionshandel vermittelt werden:

Es hat einfach etwas mit Anstand zu tun, dass man für sein Tun die Verantwortung übernimmt, indem man für die entstehenden Kosten aufkommt.

Wie wir sehen werden, geht dies beim Klimaschutz am besten über marktbasierte Instrumente.

Niemand verlangt, dass der Gastwirt sein Essen umsonst zur Verfügung stellt. Niemand geht davon aus, dass es Benzin umsonst an der Tankstelle gibt oder dass Kohlekraftwerke nichts für die Kohle bezahlen.

Warum gehen wir nur davon aus, dass wir Treibhausgase umsonst nutzen können?

3 Führen viele Wege nach Rom?

In diesem Kapitel werden wir Ihnen die vier möglichen Wege (Instrumente) zum Klimaschutz

- umweltbewusstes Handeln (Kap. 3.1),
- staatliche Detaillenkung (Kap. 3.2),
- löst sich das Problem von allein aufgrund steigender Weltmarktpreise für fossile Brennstoffe oder technischen Fortschritts (Kap. 3.3) und
- marktbasierte Instrumente (Kap. 3.4)

vorstellen und auf ihr Potenzial abklopfen, die Treibhausgase in der vorgegebenen Zeit zu reduzieren. Wie in der Einleitung bereits erwähnt, legen wir dabei folgende Prüfkriterien zu Grunde:

1. Massentauglichkeit in dem Sinn, dass auch Eigennutz und Gewinnmaximierung (rationales Handeln) zu den gewünschten Reduktionen der Treibhausgase führen[38].
2. Volkswirtschaftliche Kosteneffizienz, d. h. die gewünschten Reduktionen der Treibhausgase werden zu geringst möglichen volkswirtschaftlichen Kosten erreicht.
3. Die Instrumente müssen innovationstreibend sein.

Im Kapitel 3.5 werden wir die spezifischen Aufgaben der einzelnen Instrumente aufgrund ihrer Stärken und Schwächen im Klimaschutz aufzeigen. Ergebnis wird sein, dass marktbasierten Instrumenten die Hauptverantwortung für einen erfolgreichen Klimaschutz zukommen muss; die anderen Instrumente werden weiterhin ihre spezifischen Aufgaben haben.

---

38. Nach volkswirtschaftlichem Sprachgebrauch: Die Instrumente müssen anreizkompatibel sein.

Im Kapitel 3.6 zeigen wir, wie »geschickt« sich die Politik um die oft selbst für richtig erkannte Politik herummogelt.

An die Arbeit!

3.1 Umweltbewusstes Handeln

3.1.1 Eine kleine Geschichte der Moral

Bevor wir uns später tiefergehend Gedanken darüber machen, wie weit moralisches Handeln beim Klimaschutz tragen kann, ist es sinnvoll, sich erst einmal darüber klar zu werden, was moralisches Handeln eigentlich ist.

Prinzip Eigennutz in der Evolution

Moral kam erst in die Welt, als sich Gemeinschaften von Individuen bildeten. Damit Gemeinschaften überleben können, müssen bestimmte »Tugenden«, wie kooperatives Verhalten, Zuverlässigkeit, Pflichterfüllung, Wahrhaftigkeit, etc. bei den Individuen vorhanden sein.

Diese *Tugenden* haben sich durch Mutationen gebildet und sind selektiert worden. Dabei haben sich die Tugenden durchgesetzt, die erstens dazu führen, dass die eigenen Gene mit einer höheren Wahrscheinlichkeit weiter gegeben werden und zweitens die Gesamtfitness[39] einer Art garantiert ist. Die Evolution folgt also streng dem Prinzip Eigennutz[40]. Maximiert wird die Verbreitung der eigenen Gene. Daraus folgt auch, dass kooperatives

---

39. Interessant ist in diesem Zusammenhang: Es haben sich nicht die Eigenschaften durchgesetzt, die für die Gesamtfitness optimal sind, weil der Maßstab der Evolution nicht der maximale Erfolg einer Art, sondern die maximale Verbreitung der Gene ist. Das soziale Dilemma können also auch Tiere nicht ganz überwinden.

40. Literaturempfehlung: Wickler/Seibt, Das Prinzip Eigennutz, Zur Evolution sozialen Verhaltens, Serie Piper, 1991.

Verhalten zwischen Tieren umso wahrscheinlicher ist, je höher der Verwandtschaftsgrad ist (nepotistischer Altruismus). Das führt so weit, dass Arbeiterbienen sogar auf eigene Nachkommen verzichten, da sie aufgrund der speziellen Fortpflanzungsmethode von Bienen[41] mit ihren Schwestern zu 75 % verwandt sind. Der normale Verwandtschaftsgrad zwischen Tochter und Mutter beträgt dagegen bekannterweise nur 50 %. Aber auch Grausames lässt sich darauf zurückführen: Übernimmt ein Löwe ein Rudel, tötet er die Jungen seines Vorgängers. Arterhaltung und Kooperation sind nur Abfallprodukte des Eigennutzes.

Neben dem Verwandtschaftsgrad ist eine weitere Quelle für altruistisches Verhalten zwischen Individuen das Prinzip »Ein Hand wäscht die andere« (**reziproker Altruismus**)[42]. Erleben Individuen, dass ihnen geholfen wird, sind auch sie zur Hilfe bereit, bei der sie kurzfristig auf ihren maximalen Vorteil verzichten. Am Ende ist damit aber auch dieses Verhalten *egoistisch* motiviert. Manche Soziobiologen gehen so weit zu sagen, dass nur ein rationaler Egoist ein Altruist sein kann. Damit beim reziproken Altruismus nicht Trittbrettfahrer die Oberhand gewinnen, die sich selbst gerne helfen lassen, aber sich selber verweigern, müssen kognitive Fähigkeiten vorhanden sein, die es erlauben, sein Gegenüber zu erkennen und sich zu erinnern, wer einem zuletzt geholfen hat und wer nicht. Daher wird diese Art von Altruismus vor allem bei Primaten einschließlich dem Menschen beobachtet.

Festzuhalten bleibt: Tiergesellschaften überwinden das soziale Dilemma teilweise. Wenn Tiere sich in diesem Rahmen *kooperativ* verhalten, kann man jedoch eigentlich nicht von moralischem Handeln im engeren Sinne sprechen – sie haben ja nicht die Freiheit, anders zu handeln.

---

41. http://homepage.univie.ac.at/Franz.Embacher/Lehre/aussermathAnw/Verwandtschaft1.html.
42. Für Volkswirte: *Tit-for-Tat-Strategie*.

Kann der Mensch mehr?

Da der Mensch nun die Freiheit hat, unmoralisch zu handeln, musste auch die »echte« Moral *erfunden werden*[43]. Wir sind so programmiert – durch die Evolution, Gott oder beide –, dass altruistisches Handeln[44], also »etwas Gutes tun«, bei uns – mehr oder weniger ausgeprägt –, Glücksgefühle auslöst. Und wenn jemand leidet, leiden wir mit. Wir können mitfühlen – uns in andere hineinversetzen. Wir haben ein Grundgefühl für Fairness. Diese Fähigkeiten waren evolutorisch unbedingt notwendig, damit der Mensch nicht durch kurzfristiges Eigennutzdenken die langfristigen Potenziale kooperativen Handelns in der Gruppe aufs Spiel setzt, womit er die Maximierung der Weitergabe der eigenen Gene verfehlen würde. Auf der anderen Seite war es nicht Ziel der Evolution, dass jeder sich nur noch für den Anderen aufopfert. Damit würde man die Weitergabe der eigenen Gene sicher auch nicht maximieren. Daher hat das Mitgefühl als Gegenspieler den Selbstbehauptungstrieb. Und jetzt wird es spannend: Wer gewinnt, wenn es um Klimaschutz geht? Wir sagen: Je konkreter die Folgen einer Handlung, je überschaubarer eine Gruppe ist und je weniger Kosten für den Einzelnen tatsächlich entste-

---

43. Da wir also – im Gegensatz zu Tieren – auch unmoralisch handeln können besteht die Moral des Menschen »zu einem wichtigen Teil darin, die Tugenden der Gesamtfitness – trotz anderer Möglichkeiten – aufrechtzuerhalten. Es ist daher auch kein Wunder, dass im Dekalog (in den Zehn Geboten, d. A.) oder im Koran im Wesentlichen dieselben Gebote stehen, nämlich diejenigen, die für die Gesamtfitness unbedingt notwendig sind. Was in der evolutionären Entwicklung von Sozietäten (Gemeinschaften, d. A.) sich als unbedingt notwendig erwiesen hat und damit selektiert wurde, muss dem Menschen, der auch anders handeln kann, vorgeschrieben werden. Er darf nicht töten, er darf nicht lügen, (...) er darf sich keine ungerechten Vorteile verschaffen usw. (...).« Cube/Alshuth, Fordern statt Verwöhnen, Serie Piper, München 1989, S. 317.

44. Bei Wikipedia ist Altruismus folgendermaßen definiert: »eine Verhaltensweise, die einem Individuum mehr Kosten als Nutzen einbringt zugunsten eines anderen Individuums. (...) Altruismus ist nicht zwingend willentlich, moralisch, idealistisch oder normativ begründet, sondern kann auch Bestandteil des angeborenen Verhaltens eines Individuums sein.« Im volkswirtschaftlichen Kontext, kann man auch sagen, dass bei altruistischem Handeln ein Nutzengewinn eines anderen bei mir selbst positiv zu Buche schlägt – man kann es auch als Mitmenschlichkeit bezeichnen. Interessant ist, dass bei höher entwickelten Tierarten, wie Affen und Elefanten, Ansätze von Altruismus beobachtet werden können.

3 Führen viele Wege nach Rom?

hen, desto wahrscheinlicher ist kooperatives Verhalten, desto eher siegt das »gute Gefühl«. Zu viele Treibhausgase verursachen wir aber in der Regel als anonyme Konsumenten, als Unternehmen und Unternehmer, die Gewinn machen müssen. In diesem Umfeld wird das »gute Gefühl« in der Regel nur in sogenannten Low-Cost-Situationen siegen. Wenn ich etwas Gutes tun kann, ohne dass dies mich zu sehr beeinträchtigt, nehme ich das gute Gefühl gerne mit. Wenn es aber an das Eingemachte geht, wird das oben beschriebene soziale Dilemma übermächtig.

Die gute Nachricht ist jedoch: Menschengesellschaften haben das Potenzial, erfolgreicher zu sein als Tiergesellschaften, da sich der Mensch aufgrund seines Bewusstseins sogar an der Gesamtfitness seiner Art orientieren kann. Die schlechte Nachricht: Im Gegensatz zu Tieren hat der Mensch auch die Freiheit die Gesamtfitness seiner Art aufs Spiel zu setzen.

Bei unseren Vorfahren wurden die Tugenden, die notwendig für die Arterhaltung sind, durch soziale Kontrolle innerhalb kleiner Gruppen bzw. durch Religionen aufrecht erhalten. Heute, in pluralistischen Massengesellschaften, versucht dies vor allem der Rechtsstaat – in Zeiten der Glaubens- und Religionsfreiheit und Individualisierung ist das auch gut so. Religionen hängen außerdem angesichts der sich schnell verändernden Rahmenbedingungen, wie dies heute der Fall ist, bei der Modernisierung der Tugenden manchmal etwas hinterher.

Halten wir also fest: Der Mensch ist zu weitreichendem altruistischen Verhalten fähig. Könnte vielleicht eine Lösung darin liegen, das Bewusstsein der Menschen für die katastrophalen Folgen des Klimawandels so zu schärfen, dass er auch beim Klimaschutz altruistisch handelt?

Leider ist dies nicht sehr aussichtsreich. Du sollst nicht töten! Du sollst nicht lügen! Du sollst nicht begehren deines Nachbarn Weib! Das sind klare Ansagen. Die Regel »Du sollst möglichst wenig CO_2 verursachen« ist in einer Welt, in der alle Strukturen darauf ausgerichtet sind, CO_2 zu verbrauchen, sehr viel schwammiger. Wo soll ich Prioritäten setzen? Was bringt am meisten? Welche Reduktion ist kostengünstiger? Wo stecken wie viele CO_2-Emissionen überhaupt drin? Und nicht zu vergessen: Was bringt mein isoliertes Handeln? Bin ich am Ende doch der Dumme?

Unsere These: Wirklich wirksames moralisches Alltagshandeln überfordert den Menschen beim Thema Klimaschutz vollkommen. Unser zivilisatorischer Fortschritt besteht ja gerade auch darin, dass aus altruistischen Motiven, um die Gesamtfitness zu erhöhen, wir uns über staatliches Handeln Regeln vorgeben können, die uns helfen, soziale Dilemmata zu überwinden. Es scheint aber so zu sein, dass wir beim Auftreten neuer Probleme erst einmal tief in die Mottenkiste unserer Lösungsstrategien greifen. In kleinen Stammesgesellschaften, mit hohem Verwandtschaftsgrad der Beteiligten, konnten soziale Dilemmata noch überwunden werden, indem man sich so lange zusammensetzte und *palaverte*, bis alle sich geeinigt hatten. Soziale Kontrolle war in einer überschaubaren Sippe gang und gäbe. Wir müssen erkennen, dass dieser Lösungsweg unserer Vorfahren in einer pluralistischen Massengesellschaft für Probleme wie den Klimaschutz verbaut ist. Unsere besonderen Fähigkeiten zum Altruismus, der aufgrund unseres Bewusstseins auch die Arterhaltung umfassen kann, müssen wir für vernünftige Rahmensetzung einsetzen; nicht zur Überforderung von Menschen und Unternehmen im Alltag.

Angabe in %	stimme voll und ganz zu	stimme eher zu	stimme eher nicht zu	stimme überhaupt nicht zu
Die Bürgerinnen und Bürger können durch ein umweltbewusstes Alltagsverhalten wesentlich zum Klimaschutz beitragen.	33	53	12	2
Der Druck von Bürgerinnen und Bürger auf die Politik kann wirksame Maßnahmen zum Klimaschutz herbeiführen.	27	48	22	4
Bürgerinnen und Bürger können durch ihr Engagement in Umwelt- und Naturschutzverbänden wesentlich zum Klimaschutz beitragen.	23	52	21	4

Abbildung 13: Umfrage umweltbewusstes Handeln
Quelle: BMU, Umweltbewusstsein 2008

Ganz anders wird dieses Thema in der Bevölkerung wahrgenommen. Laut einer Studie für das Bundesumweltministerium in 2008 sind 86 % der Bürger der Meinung, dass sie durch umweltbewusstes Alltagsverhalten wesentlich zum Klimaschutz beitragen könnten. Widerspricht dieses Ergebnis unserer These? Nein, es ist nur ein Beleg dafür, wie weit Wunsch und Wirklichkeit auseinander klaffen können. Die tatsächlich beobachtbaren Auswirkungen umweltbewussten Alltagshandelns auf unseren CO_2-Ausstoß sind minimal. Hat der Verkehr spürbar wegen umweltgerechten Verhaltens abgenommen? Verbrauchen wir weniger Strom, weil wir unser Alltagshandeln wirklich geändert haben? Diese verquere Wahrnehmung der Realität ist ein gewichtiger Hemmschuh für wirklich nachhaltigen Klimaschutz. Leider hat die Umweltschutzbewegung mit Kampagnen wie »Klimaschutz, was jeder tun kann« zu dieser Verklärung beigetragen. Man könnte den Verdacht haben, dass es interessierte Kreise ganz gerne sehen, wenn der Klimaschutz in der »Moralisierungsecke« stecken bleibt. Dann ändert sich nicht viel und sie können weiter *ihr Ding machen*.

Bitte kein Missverständnis: Es geht nicht darum zu sagen, wir bräuchten in unserer Gesellschaft kein moralisches Handeln. Ohne moralisches Handeln ist keine Gesellschaft lebensfähig. Man muss sich nur ganz genau anschauen, wo moralisches Alltagshandeln funktioniert und wo wir Institutionen (staatlich gesetzte Regeln) brauchen, die letztendlich auch auf moralischen Motiven – man könnte auch sagen Solidarität – fußen. Moralisches Alltagshandeln funktioniert besonders gut im zwischenmenschlichen Bereich. Innerhalb der Familie, im Freundeskreis, innerhalb einer überschaubaren Gruppe, wie einem Verein oder einer Bürgerinitiative. Wenn ich mich zum Beispiel bei einem der vielen Tafeln[45] engagiere, kann ich die Früchte meiner Tat sofort sehen. Ich kann konkret Menschen helfen. Helfe ich einer alten Dame über die Straße, bekomme ich sofort ein aufrichtiges Dankeschön. Beteilige ich mich an einer Froschumsetzaktion, der Anlage eines Biotops oder bei der Freiwilligen Feuerwehr habe ich eine dingliche Vorstellung von dem, was ich geleistet habe. Sie merken es vielleicht: Das oben beschriebene soziale Dilemma tritt bei diesen Beispielen in den Hintergrund. Hier kann moralisches Alltagshandeln funktionieren. Natürlich gibt es auch Menschen, die sich für eher abstrakte Dinge engagieren, wie bei attac, German Watch oder in einer Partei. Aber erstens wird dies immer nur eine verschwindende Minderheit sein und zweitens befin-

---

45. Allerdings besteht auch die Gefahr, dass sich der Staat aufgrund solcher Initiativen aus der Verantwortung stiehlt.

den wir uns hier auch auf einer anderen Ebene. Dann geht es eben nicht mehr in erster Linie um moralisches Alltagshandeln, sondern um die Beeinflussung der Rahmensetzung. Institutionen brauchen wir immer, wenn soziale Dilemmata zu mächtig werden, wenn kooperatives Verhalten in einer nicht mehr überschaubaren Gruppe[46] gefragt ist, wenn für den Einzelnen die Grenzkosten wesentlich größer sind als der Grenznutzen. Wie absurd das Herumreiten auf dem Slogan »Klimaschutz, was jeder tun kann« ist, kann man sich auch am Beispiel »Inflation« klar machen. Niemand käme auf die absurde Idee zu sagen, man solle die Zentralbanken abschaffen, weil man an Konsumenten und Unternehmen appellieren kann, keine höheren Preise zu bezahlen bzw. zu verlangen. Jedem ist klar, dass das nicht funktionieren kann. Niemand würde auch auf die Idee kommen – außer vielleicht in den USA – Krankheitskosten der individuellen Solidarität der Mitbürger zu überlassen. Dass beim Klimaschutz moralisches Alltagshandeln so in den Mittelpunkt gerückt wird, kommt daher, dass Umweltschutz noch ein relativ junges Problemfeld ist. Es wird aber höchste Zeit, dass Klimaschutz

---

46. Für Volkswirte: Eine *Tit-for-Tat-Strategie* ist nicht mehr möglich. Wikipedia: »Tit for Tat« wurde als erfolgreiche Strategie im wiederholten Gefangenendilemma bekannt. Dabei stehen zwei Angeklagte vor einer schweren Entscheidung, denn das Urteil über ihre Schuld oder Unschuld wird nach strengen Regeln gefällt. Verrät nur einer der beiden den anderen, so wandert der Verratene für fünf Jahre hinter Gitter. Der Verräter jedoch wird freigesprochen und erhält zusätzlich noch eine Belohnung. Verraten sich beide gegenseitig, müssen beide für drei Jahre in den Knast. Und verrät keiner den anderen, werden beide freigesprochen. Allerdings bekommt dann keiner von ihnen eine Belohnung. Wenn man nur eine einzelne dieser Entscheidungen betrachtet, wäre die Sache einfach: Jeder Angeklagte würde annehmen, dass der andere den größtmöglichen Gewinn wählt: die Freiheit und das Geld. Das Resultat wäre damit klar: Beide würden sich verraten und wanderten ins Gefängnis. Werden die beiden Gefangenen wiederholt vor diese Entscheidung gestellt und ist beiden die jeweils vorherige Entscheidung des anderen bekannt, gibt es verschiedene Strategien, um das Spiel erfolgreich zu durchlaufen. »Tit for Tat« ist dabei eine der erfolgreichsten. In diesem Beispiel bedeutet das, dass einer der Gefangenen generell kooperativ in das Spiel geht und dem anderen Teilnehmer hilft, indem er schweigt. Sollte der andere Gefangene nun nicht schweigen, so rächt sich der »Tit-for-Tat«-Spielende in der folgenden Runde, indem er auch nicht schweigt. Allerdings ist er bereit, sofort zu vergessen, wenn sich der Mitspieler bessert und wieder kooperativ spielt. In der nächsten Runde wird er auch wieder kooperativ spielen.

3 Führen viele Wege nach Rom?

auf der richtigen Ebene angegangen wird. Der Stab muss von den sozialen Vorreitern weitergegeben werden.

Gehen wir den Hindernissen für moralisches Handeln beim Klimaschutz noch einmal im Einzelnen auf den Grund:

3.1.2 Individuell nicht rational

Wir haben in Kapitel 2 schon gesehen, dass klimafreundliches Handeln *individuell nicht rational* ist – auch, wenn wir ein gewisses Umweltbewusstsein unterstellen.

Nun werden Sie sagen: Aber ich kenne doch viele Menschen, die freiwillig etwas für den Klimaschutz tun und dafür auch Nachteile in Kauf nehmen. Handeln die wirklich alle irrational? Nein, nicht alle. Die im Folgenden beschriebenen zwei Effekte können klimafreundliches Verhalten für den Einzelnen rational machen. Darüber hinaus gibt es zum Glück auch immer eine gewisse Anzahl von Menschen, die aus tiefer Überzeugung irrational (nicht streng eigennützig) handeln:

Low-Cost-Situationen

Schauen wir noch einmal genauer hin. Im letzten Kapitel haben wir gesehen, dass bei den meisten Menschen ein Wunsch zum kooperativen Handeln angelegt ist, dass dieser allerdings in anonymen Massengesellschaften im Alltagshandeln nicht ausreicht, um so weitgehende Ziele wie ausreichenden Klimaschutz zu erreichen. In Low-Cost-Situationen, also Situationen, in denen man etwas für die Gemeinschaft sinnvolles tun kann, ohne dass damit wirklich handfeste Nachteile verbunden sind, reicht der grundsätzlich vorhandene Hang zu kooperativem Handeln zuweilen aus. In Deutschland kann man das zum Beispiel bei der häuslichen Mülltrennung beobachten, die relativ gut funktioniert. Aber seien wir einmal ehrlich: Wenn es wirklich an das Eingemachte geht, gibt es beim Klimaschutz sehr schnell Grenzen.

Identitätsstiftend

Einen weiteren Effekt sollte man nicht unterschätzen, der auch zu klimafreundlichen Verhalten führen kann. Soziologen haben herausgefunden, dass ein gewisser Anteil der Menschen Präferenzen dafür haben, sich von der Masse abzugrenzen. Neben grünen Haaren kann eine Möglichkeit auch darin bestehen, sich moralisch über die anderen zu stellen. Auch solche Präferenzen führen dazu, dass man klimafreundlich handelt, weil Nachteile oder die Tatsache, dass keine messbare Wirkung damit verbunden ist, aufgewogen werden durch Identitätsstiftung. Besonders wirksam werden diese Nachteile aufgewogen, wenn man sich innerhalb einer Gruppe gegenseitig dafür anerkennt. Der Haken ist nur, wenn der Anteil der Menschen, die sich entsprechend verhalten, über einen gewissen Schwellenwert steigt, kippt das System. Der Anreiz ist plötzlich weg. Also auch dieser Weg ist nicht verallgemeinerbar bzw. nicht nachhaltig.

Bio-Boom

Nun könnte man sagen, der Boom bei Bioprodukten widerspricht doch diesen Thesen. Aber warum kaufen Menschen Bioprodukte? Der Klimaschutz spielt hier wohl nur eine untergeordnete Rolle. Viel wichtiger ist, dass die Konsumenten glauben, sich damit gesünder zu ernähren und hochwertigere und geschmackvollere Produkte zu erwerben. Auch Tierschutz spielt eine große Rolle. Dabei besteht zwischen dem konkreten Ei und dem leidenden Huhn ein engerer Zusammenhang als zwischen einer einzelnen Autofahrt und der Klimakatastrophe. Es wird sich zeigen, welchen Marktanteil Bioprodukte wirklich erlangen können. Bio hat derzeit einen Marktanteil an den Ausgaben für Lebensmittel und Getränke von lediglich 3 %. Auch wird sich zeigen, ob die Menschen, wenn es wirtschaftlich schlechter geht, nicht doch wieder zu den billigeren Produkten greifen. Unserer Meinung nach sind derartige Trends nicht nachhaltig. Es wäre grob fahrlässig, sich beim Klimaschutz auf Modeerscheinungen zu verlassen. Dies zeigen auch Untersuchungen des Trendforschers Peter Wippermann: In den 80er-Jahren haben die Jugendlichen ihre Eltern zu ethischem Konsum (Bio-,

Fair- und Regioprodukte) gedrängt. Heute hingegen interessiert sich die Gruppe der 16- bis 27-Jährigen nur noch mäßig für den ethischen Konsum. Sie delegiert die Verantwortung an Politik und Unternehmen, ohne diese durch ihr eigenes Verhalten beziehungsweise ein entsprechendes Kaufverhalten zu unterstützen.[47]

Uns wäre bei einem politischen Rahmen sehr viel wohler, in dem individuell rationales Verhalten zum (von der Mehrheit auch) gewünschten Ergebnis führt. Im Übrigen gibt es keinen Automatismus, wonach Bio-, Fair- und Regioprodukte stets weniger Treibhausgase verursachen.

Damit wir nicht falsch verstanden werden: Wir rufen nun nicht dazu auf, gewissenlos so viel CO_2 wie möglich zu verursachen, da Klimaschutz ja individuell nicht rational ist. So lange ein rationaler Rahmen fehlt, ist jeder dazu aufgerufen, sich möglichst viel vernünftige Irrationalität zu leisten. Dieser Weg reicht nur nicht aus, um das Problem wirklich zu lösen.

3.1.3 Zu hohe Informationskosten

Selbst wenn wir für einen Moment annehmen wollen, dass umweltbewusstes Alltagshandeln die Lösung sein könnte, gibt es noch weitere Probleme. Insbesondere in der Abwägung mit anderen Instrumenten muss man festhalten, dass der Einzelne oft daran scheitert, wirklich zu entscheiden, was nun gesamtgesellschaftlich die bessere Konsum- oder Investitionsentscheidung ist. Immer eine umfassende Ökobilanz zur Hand? Sind Ökobilanzen und Ökolabels wirklich aussagekräftig? Was verbraucht unter dem Strich nun weniger CO_2 zu geringst möglichen volkswirtschaftlichen Kosten? Die Glasmehrwegflasche, die Einwegflasche (mit oder ohne Rückgabe) oder der Tetrapack? Das selbstgebackene Brot oder das Brot aus der 100 km entfernten Großbäckerei? Sind Südfrüchte tatsächlich eine Klimasünde oder fallen die CO_2-Emissionen durch den Transport per Schiff gar nicht ins Gewicht? Sind die Zutaten bei einem Joghurt von einem regionalen Hersteller tatsächlich weniger gereist? Nun, es gibt teilweise tatsächlich aufwändige Ökobilanzen über die man sich informieren kann, wenn man die Muße

---

47. http://www.trendbuero.de/index.php?f_categoryId=166.

dazu hat. Die Informationskosten sind für den einzelnen aber extrem hoch. Die Ergebnisse haben sich zudem in den letzten Jahren immer wieder mal geändert. Zum Beispiel Mehrwerg: Glas ist schwer und verbraucht daher beim Transport viel Energie – insbesondere auch beim Rücktransport zur Abfüllanlage. Tetrapack und Plastikeinwegflaschen sind leicht und lassen sich nach dem Gebrauch im Volumen deutlich reduzieren. Die Reinigung von Mehrweggebinden schlägt natürlich auch zu Buche. Zur Zeit liegen Tetrapack und Glasmehrwegflaschen bei Ökobilanzen ungefähr gleich auf. Sie können sich vielleicht aber noch an Zeiten erinnern, in denen man in der Umweltszene im Ansehen schwer gefallen ist, wenn man mit einem Tetrapack erwischt wurde. Zum Beispiel ist dies dem Kanzlerkandidaten Scharping passiert: Auf einem Wahlplakat, das ihn am Frühstückstisch mit seiner Familie zeigte, stand ein Tetrapack ... Pfandeinwegflaschen werden in einem immer größeren Ausmaß zur Textilherstellung verwendet. Vielleicht verbessert sich damit ihre Ökobilanz. Das sind aber noch relativ einfache Beispiele. Wie sollen wir aber bei den Tausenden und Abertausenden von Konsumprodukten und Investitionsmöglichkeiten entscheiden, welche Alternative klimafreundlicher in der Produktion, beim Transport, im Gebrauch und bei der Entsorgung ist? Und das noch zu geringst möglichen volkswirtschaftlichen Kosten? Ein unmögliches Unterfangen!

Wenn man von externen Effekten absieht, löst dieses Informationsproblem sonst der Marktpreis. Er teilt mir mit, welche Kosten mit der Produktion und dem Gebrauch verbunden sind, und ich kann dann aufgrund meiner Präferenzen und meines Geldbeutels entscheiden, ob mir das ein bestimmtes Produkt wert ist oder nicht. Marktpreise sind geronnene Information! Ein staatlicher Planer wäre und war hoffnungslos damit überfordert, diese Informationsflut zu bewältigen. Die Frage wird sein: Können wir uns beim Klimaschutz nicht auch dieses enormen Informationsverarbeitungspotenzials von Marktpreisen bedienen? Ja, wir können – dazu ausführlich später.

3.1.4 Widerspricht freiheitlicher pluralistischer Gesellschaft

Ein weiterer Punkt spricht dagegen, sich bei der Lösung des Klimaproblems auf die Alltagsmoral zu verlassen. Die Einhaltung von Konventionen lebt davon, dass der *Nachbar* darauf achtet, dass ich mich *anständig* verhalte. Die Soziologen nennen das soziale Kontrolle. Wollen wir wirklich in einer Gesellschaft leben, in der jeder jeden beobachtet, ob jemand nicht irgendetwas macht, was zu viel CO_2 verbraucht? Jeder kennt vielleicht diese unerquickliche Situation, wenn ein umweltbewegter Freund einen fragt, warum man nicht mit dem Bus gekommen ist oder warum man da oder dort keine Energiesparlampen verwendet? Da fast alle Alltagshandlungen und Investitionsentscheidungen mit CO_2-Emissionen zusammen hängen, könnte soziale Kontrolle unter dem Motto »Klimaschutz, was jeder tun kann« als eine Art *Ökoterror* wahr genommen werden, der am Ende zur Ablehnung von Klimaschutz führt. Auf der anderen Seite ist Freiheit nur mit Verantwortung denkbar. Freie Entscheidungen: ja. Aber damit muss verbunden sein, dass ich auch die Verantwortung für die Folgen übernehme. Wir werden sehen, dass dies beim Klimaschutz am besten durch eine CO_2-Abgabe oder einen umfassenden Emissionshandel gewährleistet ist.

Freiheit und Verantwortung sind zwei Seiten einer Medaille.

3.1.5 Die Vorreiterrolle sozialer Bewegungen

> Wir alle können etwas bewegen. Denn egal ob groß oder klein:
> Viele kleine Schritte ergeben einen großen Schritt. Ich bin dabei!
> (Ein Motto des ökomenischen Kirchentages in München 2010)

Das Potenzial moralischen Alltagshandelns beim Lösen des Klimaproblems kommt in diesem Buch nicht gut weg. Trotzdem: Soziale Bewegungen, wie es auch die Umweltbewegung ist, sind die Voraussetzung dafür, dass Probleme gesellschaftlich wahr genommen werden. Ohne dass sich Menschen für etwas einsetzen, sei es im sozialen, gesellschaftlichen oder ökologischen Bereich, wären wichtige zivilisatorische Fortschritte nicht möglich gewesen. Die Umweltbewegung gehört in die Reihe der sozialen Bewegungen, die als Motor des Wandels gewirkt haben, wie die großen bürgerlichen Revolutionen in Europa und in den USA, die Arbeiterbewegung, Frauenbewegung und Bürgerrechtsbewegung in der ehemaligen DDR. Dabei war die Umweltbewegung in Deutschland relativ erfolgreich: Das Umweltbewusstsein ist hoch. Auf der anderen Seite ist umweltbewusstes Handeln aber bei weitem nicht ausreichend vorhanden. Beim konkreten Handeln schlägt das soziale Dilemma doch voll durch. Hinzu kommen horrende Informationskosten für den Einzelnen. Leider ist auch in der Umweltschutzbewegung noch zu wenig erkannt worden, dass es beim umweltbewussten Handeln Grenzen gibt, die ausreichenden Klimaschutz verhindern. Das Thema »Klimaschutz, was jeder tun kann« wird viel zu ausführlich behandelt gegenüber dem Thema »Veränderung der Rahmenbedingungen«. Es besteht jedoch auch eine große Nachfrage nach Umweltschutztipps: Menschen, die ein hohes Umweltbewusstsein haben, wollen konkret etwas tun und merken dabei nicht, dass sie im Wesentlichen in symbolischen Handlungen stecken bleiben. Ihr Gewissen ist jedoch beruhigt.

Thomas L. Friedman, ein äußerst renommierter Korrespondent und Kommentator der New York Times, schreibt in seinem neuen Buch »Was zu tun ist« zu diesem Thema:

»Die Menge an Zeit, Energie und Worten, die darauf verwendet wird, das ›Bewusstsein‹ der Menschen für die Energie und das Klima zu schärfen und sie zu symbolischen Handlungen aufzurufen, die ihre Aufmerksamkeit darauf lenken sollen, steht in keinem Verhältnis zu der Menge an Zeit, Energie und Worten, die auf die Entwicklung einer neuen systemischen Lösung verwendet wird. (...) Vom symbolischen zum Substantiellen zu überzeugen ist nicht einfach.«

Wenn auch zu wenig, wird von der Umweltschutzbewegung natürlich auch die Veränderung der Rahmenbedingungen propagiert. Dabei ist man wenig wählerisch: Das ganze Spektrum der Möglichkeiten wird gefordert. Da konnte es auch nicht ausbleiben, dass die Verteuerung der Umweltnutzung thematisiert wurde. In breiten Kreisen der Umweltschutzbewegung fehlt allerdings bis heute ein tieferes Verständnis von Marktmechanismen. Dies ist auch aus der pauschalen Forderung der Grünen 1995 nach 5 DM je Liter Benzin oder der rot-grünen Ökosteuer aus 1998, die nicht an den spezifischen Umweltwirkungen anknüpft, zu erkennen. Paradoxerweise hat die Forderung nach höheren Preisen für Umweltnutzung aus dem eher linken politischem Spektrum dazu geführt, dass das rechte politische Spektrum, das eigentlich Marktmechanismen positiv gegenüber stehen müsste, in einem parteipolitisch motivierten Reflex das Thema populistisch für kurzfristige Stimmenmaximierung missbraucht hat. Damit hat sich aber das rechte Spektrum selbst gefesselt. In den 90er Jahren gab es im rechten Lager durchaus Bestrebungen, Klimaschutz mit Marktmechanismen anzugehen. Protagonisten waren Wolfgang Schäuble, Alois Glück und Angela Merkel. Nach ihren populistischen Kampagnen gegen die rot-grüne Ökosteuer wissen sie jedoch nicht, wie sie wieder auf den Pfad der Tugend zurück gelangen sollen. Vielleicht findet irgendwann insbesondere die FDP ihre marktwirtschaftlichen und ordnungspolitischen Wurzeln wieder.

3.2 Staatliche Detaillenkung

3.2.1 Detaillenkung durch Auflagen

Auflagen waren in den 70er- und 80er-Jahren die am weitesten verbreitete Methode, Umweltproblemen Herr zu werden. Wenn aus dem Auspuff zu viel Dreck heraus kam, dann machte der Staat eben die Auflage, dass ein Katalysator eingebaut werden muss. Das gleiche gilt für Schornsteine, die zu viel Schwefeldioxid ausstoßen. Auf Grund der Reduzierung der Stickoxide in den Autoabgasen und der Entschwefelung der Abgase der Kohlekraftwerke konnte das Waldsterben tatsächlich gestoppt bzw. verlangsamt werden. Auf Grund strenger Auflagen für Abwässer, sind unsere Flüsse sehr viel sauberer geworden. Wo liegt also das Problem? Diese Politik war doch erfolgreich. Warum sollte sie es beim Klimaschutz nicht sein?

Das Problem ist, dass wir beim Klimaschutz maximale Kosteneffizienz und Innovationen brauchen, um diese Herkulesaufgabe zu stemmen. Mit Auflagen wird das angestrebte Klimaschutzniveau aber nicht mit den volkswirtschaftlich geringst möglichen Kosten und der einfallsreichsten Technologie erreicht.

Das hat fünf Gründe:

(1) Nicht kosteneffizient

Der Staat macht bei dieser Politik jedem Emittenten im Prinzip die gleiche Auflage. In der Praxis unterscheiden sich die Kosten je Tonne reduziertem CO_2 jedoch von Emittenten zu Emittenten. Bei gleichem Umwelterfolg ist es daher volkswirtschaftlich kostengünstiger, wenn der mit geringeren Reduktionskosten mehr reduziert als der mit höheren Kosten. Da der Staat aber nie die wahren Reduktionskosten bei jedem Einzelnen erfahren wird (die mit den geringeren Kosten, werden einen Teufel tun und das dem Staat verraten), kann er keine effiziente Auflage gestalten. In den USA wurde bereits in den 70er Jahren erfolgreich stattdessen eine Art Emissionshandel eingeführt: Es wurde ein so genannter Bubble für Schwefeldioxid (Gesamtausstoß) über ein Gebiet festgelegt und die Emissionen der einzelnen Emittenten zertifiziert. Über den Handel der Emissionszertifikate entstand ein Preis für eine Tonne Schwefeldioxid und es wurde dort am meisten reduziert, wo die Reduktionskosten am geringsten waren.

(2) »Schweigekartell der Oberingenieure«

Der Staat orientiert sich bei dieser Politik an Technologien, die ihm bekannt sind. Falls aus dem Schornstein nicht Dinge heraus kommen, die direkt gesundheitsschädlich sind, wird er zu Auflagen tendieren, die mit bekannten Technologien zu verhältnismäßigen Kosten umsetzbar sind. In den Ausführungsverordnungen (z. B. TA-Luft) ist daher regelmäßig vom »Stand der Technik« und der Verhältnismäßigkeit der Kosten die Rede. Bei der Genehmigung von Emissionsquellen müssen staatliche Stellen also beurteilen, was technisch möglich und finanziell zumutbar ist. An dieser Frage sind bis jetzt alle Planwirtschaften gescheitert. In diesem Zusammenhang hat der Umweltökonom Holger Bonus den Begriff vom »Schweigekartell der Oberingenieure« geprägt. Welches Interesse soll die Industrie haben in Technologien zu investieren, die mehr Geld kosten, und dann, wenn der Staat davon erfährt, auch noch zur Auflage gemacht werden? Klimaschutz mit Auflagen bietet keine Innovationsanreize.

(3) Kein integrierter Klimaschutz

Bei Auflagen handelt es sich in der Regel um sogenannte »End-of-Pipe-Technologien«. Erst wenn das Kind schon in den Brunnen gefallen ist – der Schadstoff also schon entstanden ist – greift der Staat ein und macht eine Auflage, dass bestimmte Technologien eingesetzt werden müssen, um den Schadstoff wieder zu entfernen und zu entsorgen. Integrierte Lösungen – veränderte Prozessabläufe, ein anderes Produktdesign, ein verändertes Verbraucherverhalten – kann der Staat durch Auflagen aufgrund der Komplexität nur schwer in den Griff bekommen. Beim Klimaschutz wird zum Beispiel aktuell die Speicherung von CO_2 aus den Kohlekraftwerken (CCS-Technologie) als »End-of-Pipe-Technologie« diskutiert. Ob diese kosteneffizient ist, kann man bezweifeln.

(4) Politisches statt ökonomisches Kalkül

Der Staat entscheidet bei Auflagen indirekt, wie viel in welchem Bereich reduziert werden soll. Wie viel soll der Verkehr bringen und wie viel die Stromerzeuger zum Beispiel. Um dies kosteneffizient entscheiden zu können, müsste er jedoch die lang- und kurzfristigen Grenzvermeidungskosten für CO_2 der einzelnen Bereiche kennen. Es wird zwar immer wieder versucht, diese Grenzvermeidungskosten zu ermitteln. Letztendlich wäre der Marktmechanismus hier aber viel erfolgreicher. Außerdem tendiert die Politik dazu sich doch nicht an den Grenzvermeidungskosten zu orientieren, sondern daran welche Politik am wenigsten Wähler vergrault, weil die Belastungen dem Wähler zum Beispiel weniger auffallen – siehe Einspeise-vergütungen für erneuerbare Energien, die versteckt über den Strompreis finanziert werden.

(5) Kein Daueranreiz zur Emissionsminderung

Ist die Auflage erfüllt, besteht kein Anreiz mehr, die Restemissionen mit innovativen Ideen weiter zu verringern.

Bei der Entschwefelung der Großkraftwerke und der Entstickung der Autoabgase konnte der Staat trotzdem erfolgreich mit Auflagen arbeiten, da es sich dabei noch um gut eingrenzbare Probleme mit relativ offensicht-lichen technologischen Lösungen handelte. Außerdem verkraftet eine Marktwirtschaft auch ein wenig Ineffizienz. Beim CO_2 liegt der Fall ganz anders. Alle unsere Lebensbereiche sind betroffen. Wollen wir unseren CO_2-Ausstoß um über 90 % reduzieren, bleibt kein Stein mehr auf dem anderen. Wollte dies der Staat vor allem durch Auflagen versuchen, würden wir uns sehr schnell in einer ineffizienten Planwirtschaft wiederfinden.

Welche Probleme auftauchen, wenn der Staat mit Auflagen arbeitet, zei-gen folgende Beispiele:

Der Staat meinte es gut und glaubte durch den Beimischungszwang von biogenen Kraftstoffen zum normalen Treibstoff (E 10) etwas Gutes zu tun. Aber erstens hatte er von der Technologie eben doch nicht soviel Ahnung – was man von einer Bürokratie auch nicht erwarten sollte – und zweitens, woher soll der Staat wirklich wissen, was den CO_2-Ausstoß des Verkehrs effizient senkt? Wird für den Biosprit der Regenwald gerodet oder Getreide verwendet, ist die CO_2-Bilanz nicht unbedingt rosig. Wären andere Moto-renkonzepte nicht vielleicht sinnvoller: Hybrid, Brennstoffzellen, Wasser-stoff, Elektroautos? Wie viel CO_2-Einsparung im Verkehr soll einfach durch weniger Fahren (Urlaub in der Nähe statt in der Ferne, Videokonferenz statt Dienstreise) eingespart werden? Durch bessere Reifen und Aerodynamik? Durch Wechsel des Verkehrsmittels? Will der Staat dies alles durch detail-lierte Auflagen regeln?

Ein weiteres Beispiel: die 120-Gramm-Obergrenze der EU für Neuwagen. Emittiert ein Auto ab 2012 mehr, muss der Hersteller eine Strafe je verkauftem Fahrzeug zahlen. Klingt eigentlich gut. Klingt sogar irgendwie nach Emissionsabgabe. Aber wer einen Ford Ka kauft und 100.000 km im Jahr fährt, wird nicht belastet. Wer einen Porsche kauft und 10.000 km im Jahr fährt wird belastet, obwohl der Ford-Ka-Fahrer wesentlich mehr CO_2 in die Luft pustet.

Eine weitere Idee der EU ist das Verbot von Glühbirnen. Aber wo führt das hin? Soll der Staat wirklich in alle Lebensbereiche hinein detaillierte Auflagen machen? Wenn jemand am Bett aus Angst vor Elektrosmog lieber eine traditionelle Glühbirne hat, muss er sich diese in Zukunft auf dem Schwarzmarkt besorgen? Übrigens wird durch den Wegfall der Glühbirnen der Anreiz für die Hersteller von alternativen Leuchten vermindert, die Lichtqualität – den Wohlfühlfaktor – zu verbessern. Müssen in Zukunft alle Haushaltsgeräte durch eine Art EU-Zensur?

Ja, die Bürokratie ist drauf und dran alles im Detail zu bestimmen. Auf europäischer Ebene gibt es die sogenannte Ökodesign-Richtlinie, die sich zur Aufgabe gemacht hat, die Umweltbelastung energiebetriebener Produkte zu verringern. Für folgende Produktgruppen gibt es bereits entsprechende Verordnungen: Kessel und Kombiboiler, Warmwasserbereiter, PCs (Desktops und Laptops) und Computermonitore, bildgebende Geräte, Fernsehgeräte, Batterieladegeräte und externe Stromversorgungseinheiten, Bürobeleuchtung, Straßenbeleuchtung, Klimatechnik, Elektromotoren, gewerbliche Kühl- und Tiefkühlgeräte, Haushaltskühl- und Gefriergeräte, Kühl- und Tiefkühlgeräte (alle anderen), Haushaltsgeschirrspül- und Waschmaschinen, kleine Anlagen zur Verbrennung fester Brennstoffe, Wäschetrockner, Staubsauger, komplexe Set-Top-Boxen, Beleuchtung in privaten Haushalten, einfache Set-Top-Boxen. Das Ministerium für Planung aus der ehemaligen DDR erlebt eine Wiederauferstehung.

Wir wollen hier der EU-Kommission gar keinen Vorwurf machen. Die EU-Kommission hat bereits Anfang der 90er-Jahre versucht, eine EU-weite CO_2-Abgabe einzuführen. Diese war damals politisch aber nicht durchsetzbar.

Beim Bau von Gebäuden schreibt der Gesetzgeber relativ detailliert vor, was in Hinblick auf den Energieverbrauch einzuhalten ist. Basierend auf dem Gesetz zur Einsparung von Energie in Gebäuden (Energieeinsparungsgesetz – EnEG) wurde eine Energieeinsparverordnung (EnEV) erlassen.

Die EnEV 2007 hatte noch 45 Seiten, die EnEV 2009 hat bereits 76. Zusätzlich gibt es in jedem Bundesland noch Durchführungsverordnungen. Die EnEV stützt sich weiterhin auf eine Vielzahl von DIN-Normen. Außerdem macht der Verordnungsgeber noch weitere »Regeln der Technik« bekannt. Zusätzlich muss das neue Erneuerbare-Energien-Wärmegesetz (EEWärmeG 2008) beachtet werden. Mit dem Energiekonzept der schwarz-gelben Koalition vom September 2010, das bis 2050 einen nahezu klimaneutralen Gebäudebestand anstrebt, werden das nicht die letzten Verordnungen gewesen sein.

Mit einer CO_2-Emissionsabgabe oder einem umfassenden Emissionshandel könnte man sich einen Großteil der Vorschriften sparen und das gleiche Ergebnis könnte mit geringeren volkswirtschaftlichen Kosten und innovativer erreicht werden. Das Entscheidende ist: Betreibt man kosteneffizienten Klimaschutz, ist dies mit weniger Wohlstandsverzicht verbunden und wir können uns mehr Klimaschutz in kürzerer Zeit leisten. Dabei kann der Staat den Markt durchaus unterstützen, die kosteneffiziente Variante schneller zu finden. Hilfreich sind Vorschriften, die die Transparenz erhöhen, wie der Energieausweis für Gebäude oder die verpflichtende Angabe eines normierten Spritverbrauchs bei Autos.

3.2.2 Detaillenkung mit Subventionen

Politisch leichter durchsetzbar

Besonders bei erneuerbaren Energien haben Subventionen sich einen breiten Raum erobert. Auf den ersten Blick auch einleuchtend. Wenn es schon politisch nicht durchsetzbar ist, dass der Nutzer von CO_2 bezahlen muss, soll wenigstens der Nichtnutzer einen ökonomischen Vorteil haben. Gegen Subventionen ist kein Aufstand zu erwarten, wie wir ihn an den Tankstellen im Rahmen der rot-grünen Ökosteuer erlebt haben. Nur dumm, dass die Subventionen ja auch finanziert werden müssen – also wir alle dafür zahlen. Bei der Ökosteuer wurde der Großteil der Einnahmen tatsächlich für die Erhöhung des Steuerzuschusses an die Rentenversicherung verwendet. Unterm Strich stieg also die Abgabenbelastung nicht. Die Einspeisevergütungen für die erneuerbaren Energien werden jedoch auf den Strompreis umgelegt. Die Belastung der Bürger ist also durch die Einspeisevergütungen gestiegen. **Die EEG-Umlage für nicht privilegierten Letztverbraucher (also uns) beträgt für das Jahr 2011 3,53 ct/kWh.** Auch die verbilligten Kredite und Zuschüsse der Kreditanstalt für Wiederaufbau (KfW) für Photovoltaikanlagen und Energieeinsparungen bei Gebäuden muss letztendlich der Steuerzahler finanzieren.

Zur Klarstellung: Das System der staatlich garantierten Einspeisevergütungen für erneuerbare Energien hat dafür gesorgt, dass deren Anteil an der Stromproduktion von knapp 5 % in 1998 auf über 16 % in 2009 gestiegen ist. Wer eine Abschaffung des Gesetzes für den Vorrang erneuerbarer Energien (EEG) ohne eine sinnvolle Alternative fordert, kann sich nicht auf dieses Buch berufen. Lieber in einem gewissen Rahmen ineffizienten als gar keinen Klimaschutz. Wir wollen nur die Frage stellen, ob das EEG ein Modell sein kann für den radikalen Umbau unserer gesamten Stromerzeugung? Diese Probleme sehen wir:

Nicht kosteneffizient

Wir haben wieder das Problem, dass der Staat über die Technologien und das Ausmaß ihres Einsatzes entscheidet. So legt der Staat differenzierte Einspeisevergütungen je nach Technologie fest.[48] Woher hat er aber das Wissen, welcher jeweilige Anteil an Sonne, Wind, nachwachsenden Rohstoffen, Biogas, Kraft-Wärme-Koppelung, Effizienzsteigerung bei Kohlekraftwerken, Anteil von Gaskraftwerken, mögliche CO_2-Abscheidung, etc.

---

48. Für Volkswirte: In der Umweltökonomie werden mitunter Subventionen mit einer Abgabenlösung gleichgestellt. In einem vereinfachten Modell trifft dies auch zu. Dort ist es volkswirtschaftlich äquivalent, ob dem Emittent einer Tonne CO_2 eine Pigou-Steuer auferlegt oder dem, der eine Tonne CO_2 vermeidet, eine entsprechende Subvention gezahlt wird. In der Praxis lässt sich aber eine Subvention je vermiedener Tonne CO_2 nicht umsetzen. Subventionen setzen daher an der Förderung bestimmter Technologien an und sind damit nicht technologieneutral. Also, liebe Volkswirte, aufpassen: Modelle sind zwar ein geniales Instrument, um die Grundstrukturen von Problemen zu erkennen. Bei der Übertragung auf die Praxis ist jedoch Vorsicht geboten.

kosteneffizient ist? Wollen wir wirklich, dass in Zukunft die gesamte Stromerzeugung durch staatlich festgelegte Einspeisevergütungen gelenkt wird? Dass der Staat den Strom-Mix festlegt? Und wie viel soll über Komfortverzicht, Zurückschrauben der Ansprüche, effizientere Prozesse und Geräte geschehen? Soll dies auch der Staat im Detail festlegen, obwohl er nicht wissen kann, welche Art zu leben und zu produzieren in der Zukunft die CO_2-Emissionen zu geringst möglichen volkswirtschaftlichen Kosten senkt? Eines sollten wir aus der Geschichte gelernt haben: Der Staat kann das nicht. Der Staat muss die ökologischen Leitplanken vorgeben. Die Details kann er dem Markt überlassen, der dezentral – über Milliarden von Einzelentscheidungen – die Sache effizient und innovativ regeln kann.

Man muss es sich auf der Zunge zergehen lassen: Die Höhe der unterschiedlichen Einspeisevergütungen richten sich nach den jeweiligen Produktionskosten. Für Photovoltaik, bei der die Kilowattstunde relativ teuer produziert wird, liegt die Einspeisevergütung wesentlich höher als zum Beispiel bei Windkraft.[49] Würden Sie für das gleiche Produkt (Reduzierung von CO_2) freiwillig mehr zahlen, nur weil der Hersteller die teuerste Produktionstechnologie anwendet – ohne zusätzlichen Umweltnutzen?

Das Rheinisch-Westfälische Institut für Wirtschaftsforschung (RWI) hat Mitte 2009 ausgerechnet, dass die **Zusatzkosten**[50] durch **Photovoltaikanlagen**, die bis einschließlich 2013 in Deutschland voraussichtlich errichtet werden, uns in den nächsten Jahren inflationsbereinigt[51] **77 Milliarden**

---

49. Beispiele: Photovoltaik bis 30 kW auf einem Gebäude ab 1. Januar 2010 39,14 Ct/kWh; Windkraft Festland 9,2 Ct/kWh (nur die ersten fünf Jahre, danach nur 5,02 Ct/ kWh).

50. Zusatzkosten bedeutet, dass die ansonsten anfallenden Stromerzeugungskosten abgesetzt wurden. Dabei wurde für die Zukunft von steigenden Stromerzeugungskosten ausgegangen. Die Zusatzkosten aufgrund aller Einspeisevergütungen beliefen sich 2008 auf 5 Milliarden EUR.

51. Die zukünftigen Kosten wurden auf heute herunter gerechnet (aufgrund einer geschätzten Inflationsrate abdiskontiert) und die vergangenen Kosten auf heute hochgerechnet (mit der Inflationsrate aufdiskontiert). Es wäre falsch die Zusatzkosten in 2020 einfach mit den Zusatzkosten 2009 zu addieren, da aufgrund der Inflation der Betrag in 2020 wesentlich weniger »wert« ist.

3 Führen viele Wege nach Rom?

Euro kosten. 2008 hatte Photovoltaik einen Anteil an der Stromproduktion in Deutschland von lediglich 0,65 %[52]. Photovoltaik macht nur 9 % des erneuerbaren Stroms aus, erhält aber 40 % der Subventionen. Hätten die Bürger die 77 Milliarden EUR in ihrem Portmonee, könnten sie es eher verschmerzen, für effizientere Geräte oder CO_2-ärmer produzierte Produkte mehr auszugeben. Oder man hätte stattdessen mit dem gleichen Geld ein Vielfaches an Windstrom erzeugen können. Man kann einen Euro nur einmal ausgeben. Warum damit nicht ein Maximum an Klimaschutz erreichen durch eine CO_2-Abgabe oder einen umfassende Emissionshandel?

Dabei haben Subventionen auch noch andere Effekte: Die Einspeisevergütungen für Photovoltaikanlagen (Solarzellen) hatten dazu geführt, dass die Preise für Solarzellenmodule über Jahre hinweg relativ hoch geblieben sind, da die Nachfrage aufgrund der Subventionen weniger preissensibel war. Die Preise der Module waren 2006 höher als 1999 bei der Einführung des EEG. Die Ausweitung des Angebots führte nicht zu Preissenkungen, da aufgrund der unbegrenzten Subventionierung des eingespeisten Stroms jede Produktionskapazitätsausweitung durch eine entsprechende Nachfrage aufgesogen wurde. Damit konnte die Solarbranche Extragewinne generieren und der Effizienzdruck war eher gering. Im Jahr 2009 hat sich die Lage plötzlich geändert. Aus Angst vor einer Kostenexplosion hatte Spanien die Förderung der Photovoltaik stark eingeschränkt. Zusätzlich wurde der Markt mit kostengünstigeren Modulen aus Asien überschwemmt. Damit entstanden plötzlich Überkapazitäten, die zu einem Preisverfall von bis zu 35 % bei den Solarmodulen führten. Jetzt musste die Politik reagieren. Anderenfalls hätte der deutsche Markt die Überkapazitäten auf den Weltmärkten wieder aufgesogen mit dem Effekt steigender Modulpreise, eines sehr teuer bezahlten Solarstroms und von mit deutschen Steuergeldern subventionierten Arbeitsplätzen in China. Zum 01.01.2010 wurden die Einspeisevergütung turnusgemäß für Dachanlagen lediglich von 43,01 ct/kWh auf 39,14 ct/kWh[53] gesenkt. Der Umweltminister Röttgen wollte bereits zum

---

52. 2010 dürfte der Anteil bei fast 2 % liegen, da sich die Einspeisung verdreifacht hat; damit aber auch die absolute Höhe der Subventionen.

53. Die Kilowattstunde aus einem Steinkohlekraftwerken kostet ca. 3,35 Cent und darin ist noch ein schöner Extragewinn aufgrund fehlenden Wettbewerbs enthalten.

01.04.2010 außerplanmäßig die Einspeisevergütung weiter stark absenken. Für Dachanlagen zum Beispiel um weitere 16 %. Aber die Solarbranche schrie auf. Jetzt zeigt sich der Fluch der guten Tat. Durch die Subventionierung der Solarbranche wurden Kapazitäten und Arbeitsplätze geschaffen. Nun wurde deutlich, dass diese unter Umständen auf tönernen Füßen stehen. Ist dies eine nachhaltige Politik? Wäre es nicht besser, die Wirtschaft investierte in Technologien, weil sich diese nachhaltig am Markt rechnen, anstatt dass sie abhängig ist von der gerade aktuellen Subventionspolitik? Letztendlich wurde eine zusätzliche Absenkung zum 01.07.2010 beschlossen. Sie beträgt für Dachanlagen zum Beispiel 13 % (auf 34,05 ct/kWh); zum 01.10.2010 folgte eine weitere Absenkung auf 33,03 ct/kWh. Einen Deckel für den jährlichen Zubau gibt es aber weiterhin nicht. Allerdings steigt die zukünftige turnusmäßige Absenkung, wenn der festgelegte Zubaukorridor (2.500–3.500 Megawatt) überschritten wird. Trotz Absenkung der Einspeisevergütungen für Photovoltaik bleibt sie die teuerste erneuerbare Stromquelle.

Ein weiteres Beispiel ist Biogas. In der 80er Jahren kam man darauf, dass man aus Gülle Biogas machen könnte. Diese ist aufgrund unseres immensen Fleisch- und Milchkonsums im Überschuss vorhanden. Biogas aus Gülle ist auch aus Klimasicht eine sinnvolle Sache (allerdings könnte eine Reduzierung des Fleisch- und Milchkonsums noch sinnvoller sein), da das enthaltene Methan dann wenigstens der Energieerzeugung dient. Wird aus Biogas Strom erzeugt, gibt es jedoch eine Einspeisevergütung nach dem EEG. Deswegen sind Biogasanlagen wie Pilze aus der Erde geschossen, die auch Mais und Getreide verarbeiten. Damit wird dem Ackerbau für die Nahrungsversorgung plötzlich mit für 20 Jahre garantierten Vergütungen für Energiepflanzen Konkurrenz gemacht. Ob der Staat wirklich weiß, in welchem Ausmaß dies sinnvoll ist? Die Einspeisevergütungen sind derzeit so hoch, dass sich die Verstromung sogar lohnt, ohne die entstehende Wärme wirklich zu nutzen. Ganz zu schweigen davon, dass zum Beispiel der vermehrte Maisanbau auch negative ökologische Folgen[54] hat: Erosion bei Anbau in Hanglagen (der Boden ist beim Maisanbau ungeschützt), ho-

---

54. In der Fachliteratur *ökologische Binnenkonflikte* genannt. Zur Zeit wird getestet, ob großwüchsige Wildstauden – einmal angepflanzt, können sie über mehrere Jahre geerntet werden – eine ökologische Alternative zum Mais darstellen.

her Düngemittel- und Pestizideinsatz (Düngemittel werden relativ energieintensiv hergestellt), teilweise wird der Mais von weit her herangekarrt.
Biogas ist nicht automatisch ausreichend klimaneutral.

Anschubfinanzierung

Subventionen werden oft damit begründet, dass alternative Technologien
eine Anschubfinanzierung brauchen, damit sie über die Lernkurve und Massenproduktion billiger und damit konkurrenzfähig werden. Aber: Warum
brauchen Millionen andere Güter – vom DVD-Rekorder bis zu einem neuen
Automodell – diese staatliche Anschubfinanzierung nicht? Die Alternativen
brauchen derzeit nur deshalb eine staatliche Kofinanzierung, weil sich die
Politik nicht traut, tatsächlich das Verursacherprinzip durchzusetzen und
die Kosten des CO_2-Ausstoßes dem Emittenten bzw. dem Nutzer der entsprechenden Endprodukte aufzuerlegen. In vielen Fällen reicht zudem eine
Anschubfinanzierung nicht aus, da die Alternativen schlicht dauerhaft – bzw.
zu lange – teurer sind als die Nutzung fossiler Brennstoffe. Nur wenn die
Preise die ökologische Wahrheit sagen, setzen sich die Alternativen nachhaltig durch, die CO_2 zu geringst möglichen volkswirtschaftlichen Kosten
vermeiden – haben wir dies schon einmal erwähnt?

Forschungsförderung

Der Staat gibt jedes Jahr Milliarden an Forschungszuwendungen an Unternehmen, die an konkreten Entwicklungen zur Energieeffizienz oder CO_2-
Einsparung arbeiten. Wieder puscht der Staat damit indirekt bestimmte
Innovationen und lässt andere links liegen. Sagen die Preise die ökologische
Wahrheit, sind solche Subventionen grundsätzlich verzichtbar, da sich die
sinnvollen Forschungen von selbst rechnen. Anders sieht es mit der Grundlagenforschung[55] aus. Deren Finanzierung ist eine originäre staatliche Auf-

---

55. *Grundlagenforschung* ist im Gegensatz zur angewandten Forschung noch nicht auf be-
    stimmte Produkte ausgerichtet. Es geht um das grundlegende Verständnis von Vorgängen.

gabe. Im Zusammenhang mit Treibhausgasen haben wir oben von negativen externen Effekten gesprochen. Grundlagenforschung verursacht dem gegenüber positive externe Effekte (in diesem Zusammenhang ist auch von Spillover-Effekten die Rede). Unternehmen investieren volkswirtschaftlich gesehen zu wenig in Grundlagenforschung, weil der gesamtwirtschaftliche Vorteil meist größer ist als der individuelle Vorteil. Die Ergebnisse der Grundlagenforschung befruchten meist eine Vielzahl von anwendungsorientierten Entwicklungen – lassen sich im Gegensatz dazu aber oft nicht patentieren.

Allerdings gibt es auch eine rationale Begründung für anwendungsorientierte Forschungsförderung: Wenn andere Länder diese gewähren, muss man selbst bis zu einem gewissen Grad mitziehen, um Wettbewerbsnachteile zu vermeiden. Das soziale Dilemma gibt es also nicht nur beim Klimaschutz.

Nullsummenspiel

Eine weitere Wirkung von Subventionen ist besonders bitter: Hätscheln wir durch viel Geld bestimmte Technologien, die in bestimmten Bereichen zu weniger CO_2-Emissionen führen, senken wir damit den Druck auf die Öl- und Gaspreise, weil unsere Nachfrage danach sinkt. Der sinkende Preis führt dazu, dass in anderen Ländern mit weniger stringentem Klimaschutz oder auch bei uns in anderen Bereichen wieder mehr Öl und Gas verbraucht wird. Unterm Strich bleiben die CO_2-Emissionen trotz Milliarden an Subventionen gleich. Vor diesem Dilemma steht natürlich jede isolierte nationale Klimaschutzpolitik. Aber besonders bitter ist es, wenn dieser Klimaschutz teuer erkauft und damit nicht nachhaltig ist.

- Wie Umweltsubventionen zu kurz greifen können, zeigt auch die Umweltprämie (Volksmund: Abwrackprämie) des Konjunkturpaketes II[56] der Großen Koalition. Etwa 25 % der Energie, die ein Auto in seinem Lebenszyklus beansprucht, wird bei dessen Herstellung verbraucht. Daher ist es wenig sinnvoll, noch funktionstüchtige Altautos zu verschrotten. Dass das Neufahrzeug mindestens die »Euro 4« Abgasnorm erfüllen musste, sagt gar nichts. Die heutigen Fahrzeuge sind in der Regel schwerer, stärker motorisiert und bieten mehr »Schnick-Schnack«. Der CO_2-Ausstoß sinkt also oft gar nicht.
- Im August 2009 hat sich die Große Koalition noch zu einer neuen Subvention durchgerungen. 500 Millionen EUR sollen in die Förderung von Elektroautos fließen. Wieder maßt sich die Politik an, über Technologien zu entscheiden statt dem Markt den richtigen Rahmen zu setzen.

3.2.3 Appelle und Aufklärung

Individuell nicht rational

An wie vielen Infoständen haben wir selbst gestanden, um über die Gefahren des Klimawandels aufzuklären. Natürlich gab es auch immer ein Plakat oder einen Flyer mit dem Thema »Klimaschutz – was jeder tun kann«. Viele Informationskampagnen werden sogar vom Staat selbst durchgeführt oder zumindest unterstützt. Und der Erfolg kann sich durchaus sehen lassen: Das Umweltbewusstsein ist insbesondere in Deutschland relativ hoch. Aber viele klagen darüber, dass zwischen Bewusstsein und Handeln eine Lücke klafft. Für uns, die wir uns darüber Gedanken gemacht haben, warum wir eigentlich zu viel CO_2 emittieren, ist das keine Überraschung mehr: Umweltbewusstes Handeln ist, wenn es wirklich an das Eingemachte geht, in-

---

56. Ob Konjunkturpakete in der konkreten Situation erforderlich waren, soll hier nicht in Frage gestellt werden. Die Finanzkrise war wohl aufgrund des plötzlichen und kräftigen Nachfrageeinbruchs ein wirklicher »Keynes-Fall«.

dividuell nicht rational. Appelle an klimafreundliches Verhalten von Bürgern und Unternehmen sind gut gemeint, können aber langfristig nur eine symbolische Wirkung haben. Auf einem anderen Blatt steht, dass Aufklärung über die Gefahren des Klimawandels dringend notwendig ist. Nur so können politische Mehrheiten für eine sinnvolle Rahmensetzung durch den Staat entstehen.

Appelle als Politik-Ersatz

Aber was ist davon zu halten, wenn Parteien, die einen wirksamen und ökonomisch sinnvollen Klimaschutz verhindern, Klimaschutzwochen durchführen, wo sie den Menschen sagen, jeder könne etwas tun?

Die bayerische Staatsregierung führte 2009 zum zweiten Mal eine Klimaschutzwoche durch und warb dafür zum Beispiel mit folgendem Text: »Klimaschutz ist eine der größten Aufgaben des 21. Jahrhunderts geworden. Politik und Wirtschaft treffen auf wissenschaftlicher Grundlage weitreichende Entscheidungen. Will man im Klimaschutz wirklich Erfolge erzielen, so bedarf es auch eines breiten gesellschaftlichen Konsenses, d. h. wir alle sollten uns im Alltag umweltbewusst und noch ›klimafreundlicher‹ verhalten – dabei wollen wir Sie unterstützen.«

Ist das nicht nett: Die bayerische Staatsregierung will uns dabei unterstützen, uns irrational zu verhalten. Das ist so, als würde man sagen: Ja, wir brauchen einen breiten gesellschaftlichen Konsens, dass man keine Banken überfallen sollte. Aber eine Polizei brauchen wir nicht, da sich bei einem breiten gesellschaftlichen Konsens jeder im Alltag gesetzeskonform verhält. Die Politik drückt sich vor ihrer Verantwortung. Politik machen heißt nicht nur, den Menschen nach dem Munde zu reden, sondern auch, für das Notwendige um Mehrheiten zu kämpfen. Wir dürfen es der Politik nicht durchgehen lassen, die Verantwortung auf den Einzelnen abzuwälzen, der damit hoffnungslos überfordert ist, zu teuren Klimaschutz zu subventionieren, weil der sich leichter durchsetzen lässt oder nur Symbolpolitik zu betreiben. Geben wir auf der anderen Seite aber auch Politikern das Signal, dass sie mit der richtigen Politik an der Wahlurne auch Erfolg haben können. Wir haben die Politiker, die wir verdienen. In fast allen Parteien gibt es vernünftige Leute, die durchaus wissen, worauf es ankommt – auch in der CSU: Das Buch des CSU-Bundestagsabgeordneten Josef Göppel »Konjunktur durch Natur – Wege zu mehr Beschäftigung mit marktwirtschaftlicher Umweltvorsorge« ist ein Beispiel dafür. Auch Herr Schäuble[57] und Frau Merkel[58] haben sich in den 90er Jahren sehr progressiv zu Marktmechanismen im Klimaschutz geäußert. Leider haben sie den Mut verloren, dafür auch zu kämpfen. Oder sie konnten der Versuchung nicht widerstehen, kurzfristiges Kapital aus Kampagnen gegen Schritte in die richtige Richtung, wie die rot-grüne Ökosteuer, zu schlagen.

3.2.4 Selbstverpflichtungen der Wirtschaft

Besonders in Deutschland wurde und wird das Instrument der Selbstverpflichtung der Wirtschaft angewandt. Das Geschäft läuft so: Die Wirtschaft verpflichtest sich, bestimmte ökologische Ziele zu erreichen und die Politik verzichten dann auf eine gesetzliche Regelung, wie Auflagen, Umweltabgaben, etc.

Der Grundgedanke ist durchaus vernünftig: Die einzelnen Unternehmen wissen viel besser, wo sie am besten Umweltschutz betreiben könnten. Die Wirtschaft kann theoretisch kosteneffizienter und flexibler handeln als der Staat durch Gesetze und Verordnungen.

---

57. Vor dem CSU-Umweltarbeitskreis führte Schäuble im September 1997 z. B. aus: »Den Grundgedanken einer ökologischen Steuerreform halte ich nach wie vor für richtig. (…) Es führt kein Weg daran vorbei: Der Straßenverkehr, und zwar der Güterverkehr ebenso wie der Personenverkehr, ist zu billig zu haben, die Preise spiegeln nicht die wahren Kosten wider. (…) Dieses doppelte Ungleichgewicht müssen wir wieder stärker ins Lot bringen, wenn wir unseren beiden Hauptzielen, mehr Beschäftigung und weniger Umweltbelastung, näher kommen wollen.« (Nürnberger Nachrichten, 10.01.2000)
58. 1995 plädierte Angela Merkel für ein schrittweises Anheben der Energiepreise: »Als Umweltministerin halte ich es für erforderlich, die Energiepreise schrittweise anzuheben und so ein eindeutiges Signal zum Energiesparen zu geben.« (FAZ, 28.03.1995)

Scheingeschäft

Aber die Sache hat einen Konstruktionsfehler: Die Vereinbarungen werden zwischen dem Staat und Branchenverbänden geschlossen. Der Verband steht aber prinzipiell vor dem gleichen Problem wie der Staat. Auch er kennt nicht die kosteneffizienteste Technologie für jedes Unternehmen und die Unternehmen haben keinen Grund, diese Information an den Verband zu geben. Das, was volkswirtschaftlich effizient ist, ist nicht gleichzeitig die Wunschlösung für jedes Unternehmen. Unternehmen, die relativ kostengünstig Umweltschutz betreiben könnten, werden einen Teufel tun, das auszuposaunen.

Das Ganze ist also in der Praxis ein Scheingeschäft. Ziel der Branchenverbände ist es, erst einmal eine gesetzliche Regelung zu verhindern. Dafür, dass man die eingegangene Verpflichtung nicht einhalten konnte, werden sich immer gute Gründe finden lassen und man beginnt wieder neu mit der Politik zu verhandeln. (Kostbare) Zeit lässt sich damit immer schinden. Im Zweifel sagen die Verbände eben das zu, was aus anderen Gründen sowieso eintreten würde. Uns erinnern diese Selbstverpflichtungen an die planwirtschaftlichen Zielvorgaben an die volkseigenen Betriebe, die alle immer übererfüllt wurden, aber am Schluss trotzdem Unterversorgung herrschte. Selbstverpflichtungen können eigentlich nur funktionieren, wenn man kartellartige Verhältnisse in den betroffenen Branchen unterstellt. In der Energiewirtschaft ist das vielleicht gar nicht so abwegig. Der Staat sollte sich jedoch schon überlegen, was er da tut: Er stützt sich auf kartellartige Verhältnisse, die er andererseits abschaffen will. Konsistente Wirtschaftspolitik sieht anders aus. Das Argument, durch Selbstverpflichtungen der Wirtschaft könne unbürokratischer und effizienter Umweltschutz generiert werden, geht beim Klimaschutz jedoch völlig fehl. Am unbürokratischsten und kosteneffizientesten sind marktbasierte Instrumente, wie eine CO_2-Abgabe oder ein umfassender Emissionshandel.

Gehen wir die Sache noch einmal vom Grund her an: Unternehmen verursachen bei ihrer Produktion zu viel CO_2 (entweder emittieren sie direkt CO_2, weil sie fossile Brennstoffe einsetzen oder die CO_2-Emissionen sind bei zugekauften Leistungen entstanden), weil sie zwar den Nutzen haben, aber für die Kosten der CO_2-Emissionen nicht aufkommen müssen.

3 Führen viele Wege nach Rom?

Weniger CO_2 ist i.d.R. mit mehr Kosten oder weniger Nutzen beim Endprodukt verbunden – würde ausreichender Klimaschutz sich für das Unternehmen rechnen, hätten wir ja kein Problem. Selbst ein Unternehmen, welches sich moralisch verhalten will, hat das Problem, dass es sich damit einen Wettbewerbsnachteil gegenüber anderen Unternehmen einhandelt, die nicht mitmachen – und auf einem Wettbewerbsmarkt wird es immer Unternehmen geben, die dies ausnutzen.

Der Staat kennt nicht im Detail die technischen Möglichkeiten, weiß nicht welche Unternehmen wie viel CO_2 einsparen könnten, damit das Reduktionsziel insgesamt kosteneffizient erreicht wird. Ganz zu schweigen davon, dass der Staat nicht einschätzen kann, inwieweit es vielleicht sinnvoller wäre, unter Berücksichtigung der Präferenzen der Konsumenten in anderen Branchen mehr einzusparen und die gerade betrachtete Branche eher zu verschonen. Wenn der Staat dies alles einschätzen könnte, bräuchten wir uns nicht mit einer Marktwirtschaft herum schlagen, sondern die sozialistische Planwirtschaft mit Fidel Castro an der Spitze hätte triumphiert.

Nun kommt ein Branchenverband und bietet der Politik an, dass die Mitgliedsunternehmen freiwillig zusätzlichen Klimaschutz betreiben wollen. Im Gegenzug soll der Staat auf eigenes Handeln verzichten. Der Branchenverband kann gegenüber der Politik nur etwas versprechen, was er vorher als Zusagen von seinen Mitgliedsunternehmen eingesammelt hat. Warum sollte aber ein Mitgliedsunternehmen, welches vielleicht etwas geringere Vermeidungskosten hat als ein anderer Wettbewerber, dies offen zugeben? Die Unternehmen werden nur das melden, was sie wahrscheinlich sowieso wegen allgemein steigender Energiepreise gemacht hätten. Alles andere ist unrealistisch, naiv oder Volksverdummung.

3.3 Löst sich das Problem von alleine?

3.3.1 Technischer Fortschritt ist kein Selbstläufer

Fehlt uns nur die Phantasie?

Der technische Fortschritt hat Unglaubliches geleistet. Ein Mensch, der vor 30 Jahren eingeschlafen wäre und heute wieder aufwacht, käme in unserer Welt nicht mehr zurecht. Warum soll in Bezug auf CO_2 nicht auch das Problem in 30 Jahren von selbst verschwunden sein, weil neue Technologien einfach CO_2-frei funktionieren?

Gerne wird an dieser Stelle folgendes historisches Beispiel bemüht: In den achtziger Jahren des 19. Jahrhunderts produzierten in New York City die Pferde jährlich 136.000 Tonnen Dung[59]. Man ging von einer dreiprozentigen Wachstumsrate beim Verkehrsaufkommen aus, was zur Folge gehabt hätte, dass New York's Wolkenkratzer spätestens Mitte des 20. Jahrhunderts im Pferdemist versunken wären. Aber zum Glück wurde ja das Auto erfunden und wir waten nicht durch die stinkenden Hinterlassenschaften unserer Transportmittel. Stattdessen nutzen wir jetzt die Atmosphäre als Abladeplatz. Mal abgesehen davon, dass wir heute mit Letzterem ein Problem haben: Könnte es nicht sein, dass auch ohne ambitionierte Klimaschutzpolitik die Geräte sowieso immer effizienter werden und irgendwann die Kernfusionstechnik zur Verfügung steht oder irgendetwas plötzlich da ist, an das wir heute noch gar nicht denken?

Der Rebound-Effekt

Prinzipiell ist das schon möglich. Die Erfahrung zeigt allerdings, dass *zufälliger* Klimaschutz durch technischen Fortschritt eher nicht die Regel ist.

---

59. Edward Tenner, Die Tücken der Technik, Frankfurt am Main 1999, Seite 369.

3 Führen viele Wege nach Rom?

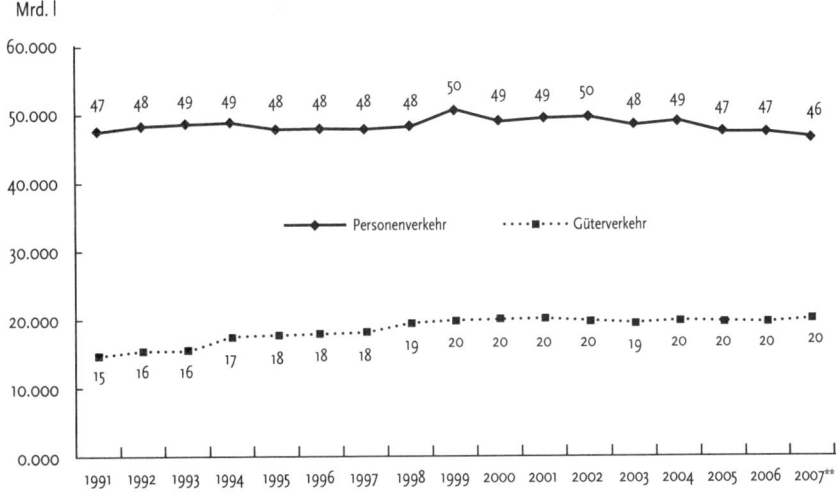

Abbildung 14: *Kraftstoffverbrauch im Straßenverkehr*
Quelle: *Bundesministerium für Verkehr, Bau und Stadtentwicklung (Hrsg.): Verkehr in Zahlen 2008/2009*

Ja, die Motoren unserer Autos sind in den letzten Jahrzehnten immer effizienter geworden. Eine Menge an Regelungstechnik, neuen Werkstoffen und vieles mehr hat den spezifischen Verbrauch der Motoren gesenkt. Aber dieser Motor muss heute viel mehr Gewicht in Bewegung setzen, mehr PS zur Verfügung stellen, viel mehr zusätzliche Elektronik betreiben und meist auch noch die Energie für eine Klimaanlage liefern. Ergebnis ist, dass der tatsächliche Verbrauch je Kilometer nur bescheiden gesunken ist. Zudem ist die Fahrleistung der Fahrzeuge gestiegen. Unterm Strich ist daher trotz allen Fortschritts der Treibstoffverbrauch nicht signifikant zurückgegangen.

Anderes Beispiel: Am Anfang glaubte man, dass das Internet Ressourcen einsparen könnte. Man brauche weniger Papier, weniger Reisen, etc. Heute verbrauchen allein die ca. 450.000 Server von Google soviel Strom wie eine ganze Stadt. Neben dem direkten Stromverbrauch der Chips der Server schlägt die Lüftung und Klimatisierung beträchtlich zu Buche.

Technik ist ein wichtiger Schlüssel; aber die Schlüsselmacher müssen marktbasierte Instrumente sein

Wir sind fest davon überzeugt, dass technischer Fortschritt der wichtigste Schlüssel zur Bewältigung des Klimaproblems darstellt. Aber warum sollte er von alleine in die richtige Richtung marschieren, wenn CO_2 keinen Preis hat? Dafür gibt es einfach keine Garantie. Warum soll man eine teurere Technik einsetzen, die CO_2 einspart? Gut, wenn diese Technik sich aus anderen Gründen rechnet, könnte dies passieren. Zum Beispiel, weil der Ölpreis explodiert ist oder niedrigere Betriebskosten damit verbunden sind, wie zum Beispiel bei Energiesparlampen. Dies wäre aber zufälliger Klimaschutz. Auf den Kommissar Zufall sollten wir uns aber beim Klimaschutz nicht verlassen. Auf Grund der externen Effekte von CO_2-Emissionen, müssen wir den Fortschritt schon in die richtige Richtung schubsen.

Man kann natürlich auch die Frage stellen, welche Klimaschutzpolitik am besten zu dem unwahrscheinlichen Fall passen würde, dass technischer Fortschritt doch aus sich heraus das Problem der Treibhausgase löst? Nun, das sind wiederum marktbasierte Instrumente. Wenn die CO_2-Emissionen sinken, weil plötzlich technische Errungenschaften auftauchen, die billiger sind als Kohle, Öl und Gas – wunderbar. Der CO_2-Preis im Emissionshandel fällt einfach ins bodenlose und richtet »keinen Schaden« mehr an. Die Einnahmen aus einer CO_2-Abgabe würden zwar zurückgehen und der Staat hat dann vielleicht ein temporäres Finanzierungsproblem. Dies kann er aber zum Beispiel umgehen, indem er die Einnahmen aus einer CO_2-Abgabe als Energiegeld pro Kopf an seine Bürger zurückgibt. Damit wäre ein intelligenter Kreislauf geschlossen (darauf gehen wir im Kapitel 4.1 Sind marktbasierte Instrumente unsozial? Ist Klimaschutz unsozial?, S. 131, genauer ein.)

3.3.2 Macht's der Ölpreis von alleine?

Intuitiv könnte man sich fragen: Brauchen wir wirklich noch eine CO_2-Abgabe oder einen umfassenden Emissionshandel, um fossile Brennstoffe zu verteuern? Öl und Gas werden doch von alleine schon immer teurer, weil die

Förderkapazitäten sich langsam ihrem Maximum nähern (oil-peak genannt) und die weltweite Nachfrage insbesondere aufgrund des Wachstums in den Schwellenländern, wie China, Indien und Brasilien, dramatisch zunimmt.

Beim globalen oil-peak überträgt man dabei die Erfahrungen des Fördermaximums bei einer Ölquelle auf die maximale weltweite Ölförderung:

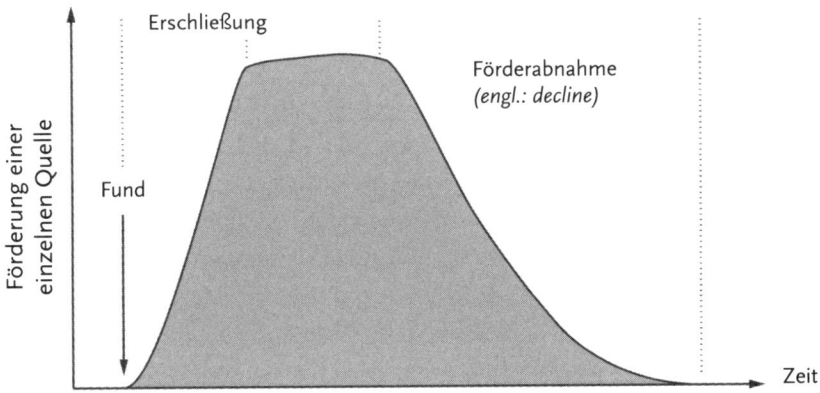

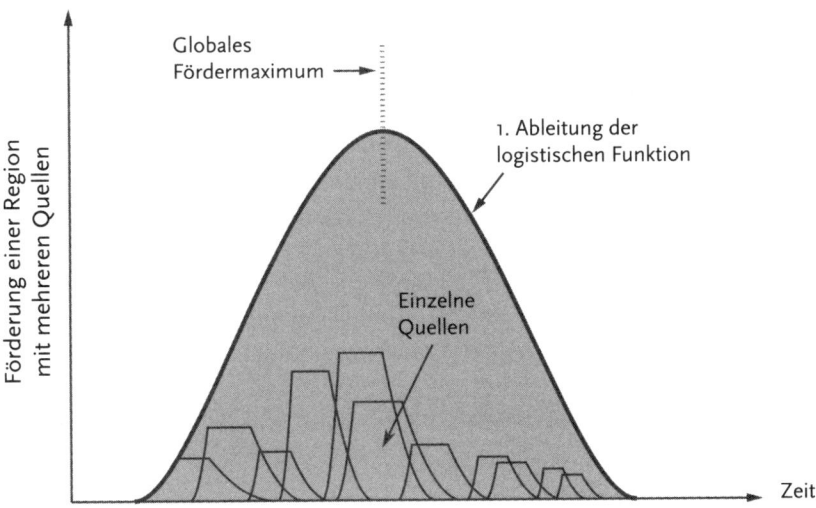

Abbildung 15: Oil-Peak
Quelle: Wikipedia

Diese Herangehensweise ist aber nicht ganz unproblematisch. Erstens können neue Funde das Maximum immer wieder verschieben. Zweitens werden mit steigendem Ölpreis auch teurere Vorkommen wie Ölsand[60] abgebaut. Trotzdem mehren sich die Zeichen für ein Erreichen eines weltweiten Ölfördermaximums: Die Funde gehen zurück und die meisten Ölförderregionen haben ihr Ölfördermaximum bereits überschritten. Den genauen Zeitpunkt werden wir wohl erst im Nachhinein wissen. Einige gehen davon aus, dass wir den Maximalpunkt schon überschritten haben. Andere, wie die Internationale Energieagentur, sprechen vom Jahr 2030.

Aus Sicht des Klimaschutzes brauchen wir uns an dieser Spekulation jedoch gar nicht beteiligen, weil ein steigender Ölpreis nicht zwingend das Klimaproblem löst – wie wir gleich sehen werden. Den Klimaskeptikern, die sich gegen verstärkten Klimaschutz wenden, sei jedoch gesagt: Klimaschutz entschärft **zusätzlich** die ökonomischen und politischen Probleme. Die größten Ölreserven befinden sich in politisch schwierigen und damit unzuverlässigen Regionen. Durch unsere Abhängigkeit vom Öl sind wir nämlich politisch erpressbar und immer wieder ökonomisch schädlichen Ölpreisschocks ausgesetzt. Früher oder später müssen wir sowieso ohne Öl auskommen. Darauf sollten wir uns aus ökonomischen Gründen langsam aber stetig vorbereiten. Die Reduzierung unseres Öl- und Gasverbrauchs ist also auch ohne »Klimakatastrophe« sinnvoll. Mangelnder Klimaschutz ist dagegen russisches Roulett.

Aber warum löst ein steigender Ölpreis nicht das Klimaproblem?

Erstens darf man nicht vergessen, dass Erdöl ersetzt werden kann durch Erdgas und Kohle, die noch länger vorhanden sein werden. Und zweitens unterliegt man einem Denkfehler, wenn man glaubt, steigende Preise für

---

60. Wikipedia: **Ölsand** ist eine Mischung aus Ton, Silikaten, Wasser und Kohlenwasserstoffen. Die Kohlenwasserstoffe von Ölsanden sind sehr unterschiedlich zusammengesetzt, über Bitumen bis hin zu normalem Rohöl. Liegt der Ölsand lange Zeit an der Oberfläche, dann oxidiert er teilweise und die leichter flüchtigen Bestandteile verdampfen; es entsteht Asphalt. Ölsandlagerstätten werden bevorzugt im Tagebau ausgebeutet. Eine Ausbeutung von Ölsanden aus tieferen Erdschichten ist ebenfalls möglich (…). Sie könnte bis zu 2/3 der weltweiten Ölressourcen ausmachen.
Auf Grund des hohen Energieverbrauchs bei der Förderung und Umwandlung zu Rohöl und der Beeinträchtigung des Tagebaus ist Ölsand ökologisch sehr problematisch.

3 Führen viele Wege nach Rom?

fossile Brennstoffe führen automatisch zu ausreichend sinkenden CO_2-Emissionen.

Aber wie das? Der steigende Ölpreis müsste doch bewirken, dass die Alternativen sich langsam rechnen und diese dann durch Massenproduktion sogar billiger werden. Dieser Effekt wird sicherlich eintreten und bevor der letzte Tropfen Öl aus der Erde gepresst sein wird und Gas und Kohle zu Ende gehen, werden wir so oder so eine Wirtschaftsweise haben, die ohne fossile Brennstoffe auskommt. Das regelt wahrscheinlich ganz passabel der Markt alleine[61]. Das Ganze hat nur einen Schönheitsfehler: Alles Öl, alles Gas und ein Großteil der Kohlevorkommen wird dann bereits gefördert und verbrannt worden sein. Dann müssen wir mit einer CO_2-Konzentration in der Atmosphäre leben, die uns wahrscheinlich in die Steinzeit zurück katapultiert.

Das Dumme ist auch noch Folgendes: In dem Maße, wie sich Alternativen zum Beispiel durch technischen Fortschritt oder staatliche Subventionen rechnen oder aufgrund staatlicher Auflagen angewendet werden müssen, nehmen sie den Druck auf die Ölmärkte und der Anstieg der Ölpreise wird gedämpft. Das führt dazu, dass die Lebens- und Produktionsweisen, welche auf fossilen Brennstoffen fußen, sich wieder mehr rechnen. Es steht zu befürchten, dass sich dieses Schaukelspiel so lange wiederholt, bis alle fossilen Brennstoffe verbrannt sind.

Auch dass durch vermehrte Anwendung von Alternativen deren Kosten sinken, ist keineswegs ein Naturgesetz. Bei biogenen Treibstoffen mussten wir bereits lernen, dass deren vermehrte Anwendung zu einer Verknappung der Anbauflächen insgesamt führt und damit die Preise für biogene Treibstoffe und von Nahrungsmitteln steigen. Auch die Elektromobilität kann teurer werden, je mehr sie sich verbreitet, weil zum Beispiel Lithium für die Akkus knapp wird. Die Politik sollte sich daher davor hüten, selbst die Alternativen auszusuchen und puschen zu wollen – sozialistische Planwirtschaft darf nicht die Antwort auf die Klimakatastrophe sein. An der Komplexität der Probleme kann sich die Politik nur verheben. Der Markt mit

---

61. Allerdings gibt es gute ökonomische Argumente dafür, dass der Staat den Ölpreisanstieg über den Markt vorwegnehmen sollte, um den Umbau sanfter zu gestalten, da der Markt wahrscheinlich zu spät reagiert.

Preisen, welche die ökologische Wahrheit sagen, ist der ideale Mechanismus für diese Art komplexer Probleme.

> Die Entwicklung der reinen Marktpreise für fossile Brennstoffe (Kohle, Öl und Gas) wird wahrscheinlich nicht dazu führen, dass diese unter der Erde bleiben.
> Die Folgekosten der CO_2-Emissionen müssen **zusätzlich** mit Hilfe von marktbasierten Instrumenten eingepreist werden.

Schwankende Weltmarktpreise und Langfristinvestitionen

Zu beachten ist auch, dass der ständig schwankende Ölpreis nicht genug Anreize bietet, wirklich in die Alternativen zu investieren. In den 70er-Jahren wurde teilweise tatsächlich viel Geld in die Hand genommen, um in Energieeffizienz zu investieren. Mit den niedrigen Ölpreisen in den 80er-Jahren mutierten diese Investitionen teilweise zu Fehlinvestition. Ein weiteres Beispiel: Die Verkaufszahlen des Hybridautos von Toyota, des Prius, schwanken stark mit dem Benzinpreis. Eine höhere Planungssicherheit bei den Rahmenbedingungen reduziert die Risiken für langfristige Investitionen.

3.4 Marktbasierte Instrumente: massentauglicher, kosteneffizienter und innovativer Klimaschutz

Marktbasierte Instrumente greifen genau an dem Punkt an, wo die reine Marktwirtschaft versagt. Dies ist dort, wo die Information über Knappheit und Kosten durch Umweltverbrauch aufgrund externer Effekte nicht an die Preisbildungsmechanismen der Märkte weitergegeben wird. Bei externen Effekten werden Bürger und Unternehmen nicht mit den tatsächlichen Folgen ihrer Konsum- und Investitionsentscheidungen konfrontiert. Das führt zwangsläufig zu einer Überbeanspruchung der Ökosysteme. Um diese Probleme zu lösen, muss der Staat *lediglich* die Information über die Knappheit und die Kosten des Umweltverbrauchs in den Preismechanismus einpflanzen. Und zwar so, dass die Information über alle Wertschöpfungsketten am Ende im Endverbraucherpreis enthalten ist. Dann können die Konsumenten einkaufen gehen und sich das kaufen, was ihnen gefällt und was sie sich leisten können. Im Zweifel ist das billigere Produkt mit weniger CO_2-Emissionen verbunden. Ich muss also keine Zeitschriften mehr wälzen, Internetrecherchen betreiben oder sonstige Informationsbuschtrommeln bemühen, um herauszufinden, welches Produkt ich unter Beachtung des Klimaschutzes noch kaufen darf. Ich kann mich, wie bei meinen üblichen Konsum- und Investitionsentscheidungen, an den Preisen, meinen Wünschen und meinem Geldbeutel orientieren. Die Volkswirte sagen, das System ist anreizkompatibel, d. h., selbst bei eigennütziger Entscheidung, kommt am Schluss etwas heraus, was für alle gut ist[62]. Das System entfaltet zudem eine gewaltige Dynamik, da man mit CO_2-Minderungsinnovationen plötzlich nachhaltig Geld verdienen kann. Millionen von Wissenschaftlern, Ingenieuren und Unternehmern suchen nach neuen Lösungen. Kosteneffiziente Innovationen sind programmiert.

Nur Second-Best-Lösung möglich

Jetzt werden Sie vielleicht fragen, wie will denn der Staat eigentlich wissen, wie hoch die externen Kosten des Umweltverbrauchs sind? Wie hoch muss eine CO_2-Abgabe denn sein? Ja, Sie haben vollkommen recht: Genau wissen kann er es nicht. Liegen keine externen Effekte vor, schafft es der Markt, dass am Ende im Marktpreis die Information über die Kosten eines Produkts enthalten ist. Der Staat und die Wissenschaft scheitern an der Komplexität[63] dieser Aufgabe.

---

62. Für Volkswirte: Dann gilt: kollektiv rational = individuell rational.
63. Für Volkswirte: Am Ende scheitert das Unterfangen aufgrund asymmetrischer Informationen. Auch sogenannte Präferenzenthüllungsmechanismen sind unserer Meinung in diesem Zusammenhang zum Scheitern verurteilt.

Trotzdem versuchen Wissenschaftler immer wieder, Aussagen über die Kosten zu machen. Besondere Öffentlichkeit hat der Stern-Report der britischen Regierung (englisch *Stern Review on the Economics of Climate Change*) erhalten. Er ist ein am 30. Oktober 2006 veröffentlichter Bericht des ehemaligen Weltbank-Chefökonomen und jetzigen Leiters des volkswirtschaftlichen Dienstes der britischen Regierung Nicholas Stern. Stern prognostiziert darin volkswirtschaftliche Kosten des ungebremsten Klimawandels in Höhe von 5–20 % des weltweiten Bruttosozialprodukts. Die Bremskosten, also die Kosten erfolgreichen Klimaschutzes, kalkuliert er übrigens mit ca. 1 %. Klimaschutz ist also auch aus dieser Perspektive *ein Geschäft*. Wir und viele andere sind aber eher skeptisch, ob man die Kosten des Klimawandels tatsächlich kalkulieren kann. Was ist ein Leben wert? Hat man wirklich alle komplexen Rückkopplungseffekte erfasst? Mit welchem Faktor diskontiert man Schäden ab, die erst in 100 Jahren entstehen? Solche Abschätzungen der Folgekosten können nicht dazu dienen, einen exakten Preis für CO_2 zu ermitteln, wie es manche modellverliebte Volkswirte gerne hätten. Wir müssen uns mit der sogenannten zweitbesten Lösung bescheiden. Wir brauchen natur- und wirtschaftswissenschaftlich fundierte politische Reduktionsziele. Dann müssen wir Instrumente einsetzen, die diese Ziele mit minimalen Kosten und maximalen Innovationen erreichen.

Dabei kann die Politik nun zwei unterschiedliche Wege wählen: Emissionsabgabe oder Emissionshandel. Theoretisch unterscheiden sich diese gewaltig. Wie wir sehen werden, relativiert sich dies in der Praxis – wie so oft beim Verhältnis zwischen Theorie und Praxis.

3 Führen viele Wege nach Rom?

3.4.1 Emissionsabgabe – Preis für CO_2 wird vorgegeben

Bemessungsgrundlage und Dynamisierung

Der Staat setzt eine Abgabe[64] je Emissionseinheit fest. Also zum Beispiel 20 ct / kg CO_2. Bei der CO_2-Problematik geht das relativ einfach, da man ja weiß, wie viel Kohlenstoff in einem Liter Benzin, einem Kubikmeter Gas oder einer Tonne Kohle schlummert. Die rot-grüne Ökosteuer war zum Beispiel keine Emissionsabgabe, da sie ohne direkten Zusammenhang zu irgendwelchen Schadstoffen festgelegt wurde. Dies hat vielleicht auch dazu beigetragen, dass diese Ökosteuer in der Bevölkerung nie recht verstanden wurde.

Da wir ja unser Reduktionsziel nicht von heute auf morgen erreichen brauchen (können), kann man mit der Höhe der Abgabe ruhig vorsichtig beginnen. Wichtig ist, dass das Signal gesetzt ist und alle Wirtschaftsakteure wissen, dass diese Abgabe nun regelmäßig – am besten jährlich – so lange angehoben wird, bis das politisch gesetzte Reduktionsziel erreicht ist. Die anfänglichen kleinen Anhebungsschritte sollten aber dynamisiert werden, d. h. überproportional steigen. Damit erreicht man, dass alle Wirtschaftsakteure genügend Vorlauf haben, um in die Alternativen (siehe auch Anhang 1) zu investieren. Tut die Abgabe wirklich weh, sind die Alternativen bereits vorhanden.

---

64. Nicht verschweigen wollen wir, dass eine CO_2-Abgabe mit verfassungsrechtlichen Problemen behaftet ist: »In der geltenden deutschen Verfassung scheint die Möglichkeit der Einführung einer CO_2-Steuer gesperrt zu sein, da erstens wegen des abschließenden Katalogs des Art. 106 GG eine neuartige Steuer nicht in Betracht kommt und zweitens eine Ausgestaltung der CO_2-Steuer als Verbrauchssteuer wiederum aufgrund des systematischen Zusammenhangs zwischen Art. 105 Abs. 2 GG und Art. 106 GG nicht angenommen werden kann. Darüber hinaus ist eine Ausgestaltung der CO_2-Abgabe als eine Sonderabgabe wegen gravierender verfassungsrechtlicher Verstöße bzw. mangels einer konstitutiven Voraussetzung der Gruppenhomogenität abzulehnen. Um eine CO_2-Abgabe reibungslos einführen zu können, bedarf es einer Änderung der Finanzverfassung dahingehend, dass sie die CO_2-Abgabe in Form einer ganz neuartigen Umweltsteuer verankert.« (Kang, Joo-Young: Die rechtliche Problematik der Einführung einer CO_2-Abgabe in der Bundesrepublik Deutschland, S. 132, 2005, Dissertation). An einer Grundgesetzänderung sollte die Rettung des Klimas u. E. nicht scheitern.

Minimierung von Desinvestitionen

Unternehmen, Bürger und staatliche Stellen können sich dann langfristig darauf einstellen. Unternehmen können ihr Geschäftsmodell überprüfen und in die für sie individuell richtige Richtung investieren. Sie können investieren in Forschung und Entwicklung, in neue Produktionsanlagen, in neue Produkte etc. – ihre Altinvestitionen werden aber nicht von heute auf morgen wertlos, sondern dienen als ökonomische Basis für das Neue. Ergebnis ist ein geordneter ökologischer Strukturwandel und keine Zerstörung von Strukturen. Es ist ein weiterer Vorteil von Marktmechanismen, dass sie es ermöglichen, die Entwertung von Altinvestitionen zu minimieren. Staatliche Auflagen und Subventionen sind oft »Hopplahopp-Entscheidungen«: Heute so, morgen so. Das führt zu ständigen Fehlinvestitionen und zu einer allgemeinen Verunsicherung, wo die Fahrt nun eigentlich hingeht.

Kosteneffizient und innovationstreibend

Auch wenn es Sie langsam langweilt: Die Sache läuft kosteneffizient ab. Das heißt, jeder vergleicht die Emissionsabgabe mit den Kosten, die er hätte CO_2 zu vermeiden[65]. Liegen diese Kosten unter der CO_2-Abgabe, wird er vermeiden. Liegen sie darüber, zahlt er lieber die CO_2-Abgabe. CO_2 wird dort vermieden, wo dies am kostengünstigsten möglich ist. Dabei ist der Kostenbegriff hier weit zu verstehen: Für einen Porschefahrer kann es ein hoher Lustverlust sein, wenn er auf das Autofahren verzichten soll. Es spricht daher einiges dafür, dass er weiterhin fahren wird. Allerdings übernimmt er über die Emissionsabgabe auch die Verantwortung für sein Tun. *Freie Fahrt für freie Bürger* ist nur moralisch vertretbar, wenn der freie Bürger auch für die Folgen gerade steht. Eine Emissionsabgabe ist innovationstreibend, da Unternehmen mit neuen Ideen, die CO_2 vermeiden, Geld verdienen können.

---

65. Für Volkswirte: Grenzvermeidungskosten.

Wie gesagt: Das Schöne ist, dass die Alternativen schon da sind, wenn die Emissionsabgabe tatsächlich Höhen erreicht, die weh tun. Die Kommunen haben in den Ausbau des öffentlichen Nahverkehrs investiert, da sie aufgrund der stetig steigenden Emissionsabgabe auch sicher sein konnten, dass er auch genutzt wird.

Die großen Handelskonzerne haben sich neue Standorte gesucht, die auch mit öffentlichen Verkehrsmitteln gut zu erreichen sind. Die Innenstädte leben auf. Plötzlich erstehen Karstadt und Hertie wieder auf – vielleicht. Die Energiekonzerne haben keine neuen Kohlekraftwerke mehr gebaut, sondern massiv in Alternativen investiert. Die Autobauer haben das 1-Liter-Auto auf den Markt gebracht, das plötzlich reißenden Absatz findet. Hausgeräte benötigen nur noch ¼ der Energie von früher. Die Beispiele könnte man endlos fortführen.

Umsonst gibt es Klimaschutz nicht

Nur zur Erinnerung: Umsonst gibt es den Klimaschutz trotzdem nicht. Allerdings haben wir gute Chancen, wenn wir effizienten Klimaschutz betreiben, dass wir unser Wohlstandsniveau soweit wie möglich halten können. Wenn wir nichts tun oder ineffiziente Instrumente anwenden, wird es uns und insbesondere den Ärmsten der Welt mit hoher Wahrscheinlichkeit wesentlich schlechter gehen, als wenn wir das Richtige tun.

Verwendung der Einnahmen aus einer Emissionsabgabe

Halt! Wir haben vergessen zu erwähnen, dass der Staat durch die Emissionsabgabe zusätzliche Einnahmen generiert. Wichtig ist an dieser Stelle: Die Einnahmen sind nicht notwendig zur Erreichung des ökologischen Ziels – sie fallen eher *zufällig* an. In vielen Umfragen gehen die Menschen davon aus, dass die ökologische Verwendung der Einnahmen das Ökologische ausmachen. Völlig falsch! Da die Einnahmen aber nun mal da sind, sollte man sie auch sinnvoll verwenden. Da bietet es sich an, andere Steuern und Abgaben, welche die Wirtschaft und die Bürger strangulieren[66], zu senken. Man könnte auch darüber nachdenken, die Einnahmen pro Kopf an die Bürger zurückzugeben; oft als Ökobonus oder Energiegeld bezeichnet. Dies wäre eine besonders transparente Möglichkeit, um den Bürgern die Befürchtung zu nehmen, sie sollen mit der Emissionsabgabe nur *abgezockt* werden. Außerdem atmet diese Art der Rückgabe den Charme der Gerechtigkeit, weil sich jeder den durchschnittlichen CO_2-Verbrauch – der natürlich stetig sinken wird – weiterhin leisten kann (mehr dazu im Kapitel 4.1 Sind marktbasierte Instrumente unsozial? Ist Klimaschutz unsozial?, S. 131).

Internationale Erfahrungen mit Emissionsabgaben

CO_2-Abgaben in unterschiedlicher Ausprägung gibt es bereits in einigen Ländern. Zum Beispiel in Dänemark und der Schweiz. In Frankreich wurde das Gesetz zur Einführung der CO_2-Steuer zum 1. Januar 2010 vom Verfassungsgericht gestoppt, weil es zu viele Ausnahmen zuließ. In China wird voraussichtlich ab dem neuen Entwicklungsplan 2011[67] eine CO_2-Steuer eingeführt. Aber noch nirgendwo übernimmt sie bisher durch eine stetige Anhebung tatsächlich die Führungsrolle beim Klimaschutz.

CO_2-Abgabe auf nationaler Ebene oder in der EU:

(1) CO_2-Abgabe auf fossile Brennstoffe (Öl, Gas und Kohle).
(2) Dynamisierte Anhebung bis Reduktionsziele erreicht sind.
(3) Rückgabe der Einnahmen über ein Energiegeld an die Bevölkerung.

---

66. Für Volkswirte: excess burdens.
67. http://www.ftd.de/unternehmen/industrie/:green-minds-kai-schlegelmilch-der-oeko-steuermann/50048452.html.

3.4.2 Emissionshandel – CO$_2$-Menge wird vorgegeben

Beim Emissionshandel legt der Staat die Emissionsmenge zum Beispiel pro Jahr fest (sogenannter Cap), die er insgesamt zulassen will. Diese Menge verteilt er als handelbare Zertifikate an die Emittenten. Dabei hat er zwei Möglichkeiten:

1. Die Emittenten weisen nach, wie viel sie in der Vergangenheit emittiert haben und bekommen im Verhältnis dazu Zertifikate zugeteilt – Grandfathering[68] genannt. Der Vorteil ist, dass für die Wirtschaft und letztend-

---

68. Beim Grandfathering gib es unter Umständen das Problem sogenannter **windfallprofits**, die intensiv im Zusammenhang mit dem bestehenden Emissionshandel innerhalb der EU diskutiert wurden. Der EU-Emissionshandel umfasst Verbrennungsanlagen mit einer Leistung von über 20 MW sowie bestimmte Industrieprozesse (insgesamt ca. 12.000 Anlagen). In der ersten Handelsphase (2005–2007) wurden die Zertifikate grundsätzlich nach dem Grandfatheringprinzip ausgegeben. Die Stromkonzerne haben sich dann bei der nächsten Erhöhung ihrer Strompreise jedoch darauf berufen, dass bei ihnen, obwohl sie die Zertifikate ja geschenkt bekommen hatten, sogenannte Opportunitätskosten angefallen seien. Dabei argumentieren sie: Wenn sie die Gratiszertifikate nicht zur Stromerzeugung hergenommen hätten, hätten sie diese ja verkaufen können. Deshalb haben die geschenkten Zertifikate auch einen Wert und müssen in der Strompreiskalkulation als Kosten angesetzt werden. Richtig ist: Opportunitätskosten sind die Kosten einer alternativen Verwendung (daneben beeinflussen Opportunitätskosten in Form von Schattenpreisen auch das gesamte Preisgefüge). Verspricht die Alternative eine höhere Rendite, verwirklicht man eben die Alternative. Daher ist es durchaus sinnvoll, sich über Opportunitätskosten Gedanken zu machen. Auf einem funktionierenden Markt mit Wettbewerb kann ich aber nur die Kosten durchsetzen, die ich wirklich gehabt habe und keine fiktiven. Auch in der Kostenrechnung kennt man den Grundsatz, dass ich nur kalkulatorische Kosten als Zusatzkosten (zum Beispiel: eine kalkulatorische Miete) bei der Preiskalkulation ansetzen kann, wenn die Konkurrenz diese Kosten tatsächlich hat. Wenn Stromkonzerne mit ihren Gratiszertifikaten Strom produziert haben, war der Verkauf der Zertifikate an der Börse offensichtlich nicht attraktiv genug. Es ist schon dreist, den Börsenpreis, der durch den Handel kleiner Mengen von Zertifikaten entstanden ist, auf alle Gratiszertifikate im Bestand eines Stromerzeugers, wie E.ON oder RWE anzuwenden. Der Börsenpreis der Zertifikate wäre übrigens sofort in den Keller gefallen, wenn die Gratiszertifikate tatsächlich in einem größeren Umfang auf den Markt geworfen worden wären. Das Problem ist, dass die Energieversorger aufgrund **fehlenden Wettbewerbs** auf dem Markt

lich für die Konsumenten nur indem Maße höhere Kosten anfallen, wie Unternehmen Zertifikate zukaufen müssen.

2. Der Staat versteigert die Zertifikate. Dieses Verfahren hat den Vorteil, dass man sich ein kompliziertes Zuteilungsverfahren sparen kann und auch Newcomer, die in der Vergangenheit noch nicht emittiert haben, sich sofort beteiligen können. Die Versteigerungserlöse könnte der Staat über ein Energiegeld an die Bevölkerung zurückgeben.

Bei der erstmaligen Ausgabe der Zertifikate könnte der Staat ungefähr die Menge ausgeben, die auch in der Vergangenheit emittiert wurde. Das langfristige Reduktionsziel wird nun dadurch erreicht, dass er die Menge zu der ein Zertifikat berechtigt, stetig reduziert (abdiskontiert). Ursprünglich könnte ein Zertifikat zur Emission von 1.000 kg CO_2 im Jahr berechtigen. Im nächsten Jahr wären es bei einer Abdiskontierungsrate von -0,5 % nur noch 995 kg usw. Wieder wäre es sinnvoll, wenn die Abdiskontierungsrate dynamisch ausgestaltet würde – langsam beginnend und immer mehr ansteigend. So könnte die anfängliche Abdiskontierungsrate (Veränderungssatz) von -0,5 % jährlich zum Beispiel mit 10 % eskaliert werden. Bei dieser Konstellation käme es zu einer Reduktion der erlaubten CO_2-Menge um 90 % nach 40 Jahren (siehe Abbildung 16). Statt abzudiskontieren, kann man die Zertifikate auch mit einer Gültigkeitsdauer versehen und nach deren Ablauf wieder eine Versteigerung oder eine Gratisvergabe jedoch mit geringerer Gesamtmenge ansetzen.

---

der **Stromerzeugung** hohe Eigenkapitalrenditen durchsetzen können. Der Emissionshandel war ein willkommenes Feigenblatt für diese Monopolrenditen. Die anderen Industriezweige, die ebenfalls am Emissionshandel beteiligt sind, konnten die Gratiszertifikate übrigens nicht einpreisen. Man darf nicht den Fehler machen, dem Emissionshandel die Schuld zu geben. Wie gesagt, die Energieversorger hätten die Strompreise sowieso erhöht. Die Politik muss endlich für Wettbewerb in der Stromproduktion sorgen. Solange dies nicht der Fall ist, ist die Versteigerungslösung im Rahmen des bestehenden europäischen Emissionshandels sinnvoller, weil dann die sogenannten Opportunitätskosten wenigstens beim Staat und nicht bei den Konzernen landen. Der fehlende Wettbewerb bei der Stromerzeugung ist jedenfalls kein Argument gegen marktbasierte Instrumente. Auch RWE, E.ON, Vattenfall und EnBW werden kalkulieren, ob sie lieber eine CO_2-Abgabe zahlen bzw. Zertifikate zukaufen oder ihren Strom mit weniger CO_2 produzieren.

Jahr	zertifizierte CO_2-Emissionen	Veränderungs-satz	absolute Verän-derung gegen-über Vorjahr	relative Verän-derung gegen-über Basisjahr
t	ZE	VS = VS *ES		
1	1.000	−0,5%		
2	995	−0,6%	−5	−1%
3	989	−0,7%	−6	−1%
4	982	−0,7%	−6	−2%
5	975	−0,8%	−7	−2%
6	967	−0,9%	−8	−3%
7	959	−1,0%	−8	−4%
8	950	−1,1%	−9	−5%
9	940	−1,2%	−10	−6%
10	929	−1,3%	−11	−7%
11	917	−1,4%	−12	−8%
12	904	−1,5%	−13	−10%
13	890	−1,7%	−14	−11%
14	875	−1,9%	−15	−12%
15	859	−2,1%	−16	−14%
16	841	−2,3%	−18	−16%
17	822	−2,5%	−19	−18%
18	802	−2,7%	−20	−20%
19	780	−3,0%	−22	−22%
20	756	−3,3%	−23	−24%
21	731	−3,6%	−25	−27%
22	705	−4,0%	−27	−30%
23	676	−4,4%	−28	−32%
24	647	−4,8%	−30	−35%
25	615	−5,3%	−31	−38%
26	583	−5,9%	−33	−42%
27	548	−6,4%	−34	−45%
28	513	−7,1%	−35	−49%
29	477	−7,8%	−36	−52%
30	439	−8,6%	−37	−56%
31	402	−9,4%	−38	−60%
32	364	−10,4%	−38	−64%
33	326	−11,4%	−38	−67%
34	289	−12,6%	−37	−71%
35	252	−13,8%	−36	−75%
36	218	−15,2%	−35	−78%
37	184	−16,7%	−33	−82%
38	154	−18,4%	−31	−85%
39	125	−20,2%	−28	−87%
40	100	−22,3%	−25	−90%

Anfänglicher Veränderungssatz (VS) = −0,5%   Jährlicher Eskalationssatz für den VS (ES) = 10%

Abbildung 16: Dynamisierter Emissionshandel
Quelle: Eigene Darstellung

Die Emissionszertifikate werden an einer Börse gehandelt. Damit steht jeder Emittent vor der Entscheidung, ob er Zertifikate zukauft, um genauso viel zu emittieren wie in der Vergangenheit, oder Maßnahmen ergreift, um CO_2 zu vermeiden. Er vergleicht den Börsenpreis mit den Vermeidungskosten. Liegen die Vermeidungskosten unter dem Börsenpreis, wird der Emittent sich dafür entscheiden, CO_2 zu vermeiden. Liegen sie darüber, kauft er zu. Die Sache läuft also wieder kosteneffizient, ist anreizkompatibel und innovationstreibend. Wurde bei der Emissionsabgabe genau die Höhe erwischt, die zur gleichen Reduktion führt, wie beim Emissionshandel, würden sich Emissionsabgabe und Börsenpreis entsprechen.

Wichtig ist: Der Emissionshandel kann nur dann seine volle Wirksamkeit entfalten, wenn alle Emissionen – über alle Sektoren und Regionen hinweg – einbezogen sind. Denn nur dann wird auch effizient über den Markt entschieden, in welchem Bereich (Stromerzeugung, Verkehr, Heizen, Geräte, Lebensweise etc.), wie viel CO_2 eingespart wird.

Müssen wir dann alle mit Zertifikaten handeln?

Vielleicht sehen Sie sich jetzt schon vor ihrem geistigen Auge an der Börse Zertifikate kaufen, bevor Sie zum Bäcker Brötchen holen fahren oder die Heizung hoch drehen? Nein, das wäre natürlich nicht praktikabel. Der Bundesverband Emissionshandel und Klimaschutz (bvek) hat hier einen genial einfachen Vorschlag gemacht: Die, die fossile Brennstoffe erstmals in der EU[69] in den Verkehr bringen, müssen entsprechende CO_2-Zertifikate besitzen[70]. Der Emissionshandel würde also zwischen Importeuren und Produzenten von fossilen Brennstoffen stattfinden. Damit hätte man elegant alle CO_2-Quellen erschlagen. In Bezug auf die Ausgabe der Zertifikate bietet sich hier an, diese einmalig zu versteigern und dann, wie oben beschrie-

---

69. Ein separater nationaler Emissionshandel, der alle Emissionen umfasst, ist neben dem bestehenden EU-Emissionshandel nicht sinnvoll. Daher bleibt auf nationaler Ebene nur eine CO_2-Abgabe übrig, wenn man weiter gehen will als die EU.
70. In der Literatur wird dieser Vorschlag als **Upstream-Ansatz** bezeichnet. Der **Downstream-Ansatz** knüpft demgegenüber an Anlagen an.

ben, kontinuierlich jedes Jahr abzudiskontieren. Die Versteigerungserlöse könnten zum Beispiel über 15 Jahre gestreckt über ein Energiegeld an die Bürger zurückgegeben werden.

Umfassender EU-Emissionshandel:

(1) Emissionshandel zwischen denen, die fossile Brennstoffe in der EU in den Verkehr bringen.

(2) Einmalige Versteigerung der Zertifikate.

(3) Kontinuierliche dynamisierte Abdiskontierung der Zertifikate bis EU-Reduktionsziele erreicht sind.

(4) Ausschüttung der Versteigerungserlöse an die Mitgliedsstaaten anfangs nach historischen CO_2-Emissionen; schrittweise Umstellung auf pro Kopf.

(5) Verwendung der Versteigerungserlöse auf nationaler Ebene zum Beispiel für ein Energiegeld.

Wo gibt es bereits einen Emissionshandel bzw. wo wird darüber nachgedacht?

Die EU hat ab 2005 einen anlagenbezogenen Emissionshandel eingeführt.[71] Betroffen sind ca. 12.000 Großfeuerungsanlagen mit mehr als 20 MW installierter Leistung. Vor allem handelt es sich um Kraftwerke. Diese verursachen ungefähr 50 % der europäischen CO_2-Emissionen. Die Zertifikate wurden bzw. werden jeweils für eine Handelsperiode (Phase I: 2005–2007, Phase II: 2008–2012, Phase III: 2013–2020) vergeben und gehandelt. In den ersten beiden Phasen wurde größtenteils Grandfathering bei der Vergabe gewählt. Der Versteigerungsanteil wurde schrittweise erhöht. Der europäische Emissionshandel ist damit ein großer Schritt in die richtige Richtung und könnte die Keimzelle für ein weltweites System werden.

---

71. Über den europäischen Emissionshandel könnte man alleine drei Bücher schreiben. Wir beschränken uns hier auf die wesentlichen Aspekte, die auch im Kontext mit diesem Buch relevant sind. Für den, der etwas mehr wissen will, können wir durchaus den Artikel bei Wikipedia zum Einstieg empfehlen.

Aber leider ist auch der EU-Emissionshandel nur eine halbe Sache; mit halben Sachen werden wir beim Klimaschutz mit hoher Wahrscheinlichkeit keinen Erfolg haben:

1. Er umfasst nicht alle Emissionen. Damit wird CO_2 nicht dort vermieden, wo dies zu den volkswirtschaftlich geringsten Kosten und mit den innovativsten Lösungen möglich ist. Der Staat entscheidet, wie viel die einzelnen Sektoren reduzieren müssen. Damit ist auch nicht gesichert, dass die Gesamtreduktion tatsächlich erreicht wird. Daran ändert auch die geplante Ausweitung[72] in der dritten Handelsperiode – so begrüßenswert sie ist – nichts. Konsequent wäre ein umfassender Emissionshandel zwischen denen, die fossile Brennstoffe in den Verkehr bringen.

2. Besonders in den ersten beiden Handelsperioden wurden die Zertifikate über ein äußerst komplexes, intransparentes und durch nationale Einflussnahmen geprägtes (nationale Allokationspläne) Verfahren ausgegeben. In der ersten Handelsperiode wurden hierdurch sogar mehr Zertifikate ausgegeben als eigentlich gebraucht wurden. In der dritten Handelsperiode werden durch eine Anhebung des Versteigerungsanteils und der zentralen Vergabe durch die EU diese Anfangsfehler teilweise behoben. Konsequent wäre eine 100 %ige Versteigerung für die gesamte EU. Die Versteigerungserlöse könnten anfangs nach den historischen CO_2-Emissionen an die Mitgliedsstaaten ausgeschüttet werden, sollten sich aber Schritt für Schritt an einer Ausschüttung nach Bevölkerungszahl orientieren.

3. Die Mengenreduktion orientierte sich in den ersten beiden Handelsperioden lediglich an dem 8 %-Reduktionsziel für die EU im Rahmen des Kyoto-Abkommens. Damit der Börsenpreis aber den tatsächlichen Knappheitspreis anzeigt, brauchen wir jetzt einen verbindlichen Reduktionspfad bis 2050. Dass dieser noch nicht existiert, darf man aber nicht dem bestehenden EU-Emissionshandel ankreiden. In der dritten Handelsperiode wird eine jährlich Abdiskontierung eingeführt, die sich am freiwilligen Reduktionsziel der EU von 20 % gegenüber 1990 orientiert.

---

72. Ab 2012 soll bereits der Flugverkehr und ab 2013 sollen weitere industrielle Sektoren, wie zum Beispiel Raffinerien, miteinbezogen werden.

3 Führen viele Wege nach Rom?

Die EU ist bereit, bis zu 30 % zu reduzieren, wenn genügend andere Länder mitmachen, die sich ebenfalls substantiell verpflichten.

Einige weitere Beispiele für praktizierten Emissionshandel: Im Rahmen des Kyoto-Protokolls ist ansatzweise ein Emissionshandel zwischen Staaten vorgesehen. In den USA und Kanada gibt es mehrere freiwillige Handelssysteme auf Firmen- oder Anlagenbasis. Australien beabsichtigte ebenfalls die Einführung eines Emissionshandels nach europäischem Muster; die Pläne liegen aber derzeit auf Eis. In den USA wurde bereits in den 70er Jahren Schwefeldioxid teilweise durch Emissionshandel verringert.

Übrigens versucht Obama für die USA das europäische Emissionshandelssystem zu kopieren. Die angekündigte Reduzierung der CO_2-Emissionen um 17 % bis 2020 gegenüber den Emissionen in 2005[73] und um 83 % bis 2050 soll im Wesentlichen durch ein Cap-and-Trade-System in die Tat umgesetzt werden. Das entsprechende Gesetz hat aber große Probleme, durch den Senat zu kommen. Die Republikaner und auch ein Teil der demokratischen Senatoren befürchten massive Nachteile für die eigene Wirtschaft und für amerikanische Arbeitsplätze. Wir werden noch darauf zurückkommen, dass es durchaus Spielraum für nationales Handeln gibt und dass dieser am besten mit effizienten Instrumenten genutzt werden sollte. Auf der anderen Seite dürfte klar sein, dass in den USA substantielle Verpflichtungen politisch nur durchsetzbar sein werden, wenn zumindest die G20-Staaten[74] sich ebenfalls verpflichten. Das oben beschriebene soziale Dilemma lässt sich eben nur durch internationale Kooperation überwinden.

---

73. Das Angebot der EU bis 2020 30 % zu reduzieren, wenn die USA und China sich auch zu substantiellen Verpflichtungen bereit erklären, bezieht sich auf das Basisjahr 1990. Bezieht man das Angebot von Obama ebenfalls auf 1990 wären dies lediglich ca. 4 %. Allerdings wird man realistischerweise der USA einen längeren Bremsweg zugestehen müssen, da sie erst unter Obama ernsthaft über Klimaschutz nachdenkt. Dies bedeutet aber, dass die USA nach 2020 umso mehr reduzieren oder Zertifikate zukaufen muss.
74. Gruppe der 20 wichtigsten Industrie- und Schwellenländer.

3.4.3 Was unterscheidet die Instrumente CO_2-Abgabe und Emissionshandel?

Beim Emissionshandel wird das ökologische Ziel direkt angesteuert; man spricht daher von einer höheren ökologischen Zielgenauigkeit. Bei der Emissionsabgabe muss der Staat regelmäßig nachjustieren, um den angepeilten Mengenreduktionspfad einigermaßen einzuhalten. Hilfreich wäre sicher, wenn der Anpassungsmechanismus gesetzlich vorgegeben ist. Aber wie man auch bei der Rentenpolitik beobachten kann, bleibt ein solcher Mechanismus immer tagespolitischen Angriffen ausgesetzt. Das gilt im Prinzip jedoch auch für die Abdiskontierungswerte im Emissionshandel; jedoch etwas vermindert, da sich der Preis für CO_2 an der Börse bildet und die Politik ihre Hände in Unschuld waschen kann. Für die höhere Zielgenauigkeit des Emissionshandels zahlen wir jedoch einen Preis in Form schwankender Börsenpreise. Dabei ist zu bedenken, dass Börsenpreise dazu tendieren, über das Ziel hinauszuschießen – nach unten und nach oben. Dies liegt daran, dass Schneeballeffekte eine Rolle spielen und Börsenpreise die Entwicklung der Zukunft, die aber immer spekulativ ist, mit einbeziehen. Hier sollte man sicher noch einige Überlegungen anstellen, um durch eine sinnvolle Regulierung große Schwankungen zu vermeiden. Zusammenfassend kann man sagen, dass der Emissionshandel eine etwas höhere ökologische Zielgenauigkeit und eine CO_2-Abgabe etwas mehr Planungssicherheit bietet. Nun, es gibt ein entscheidendes Argument, das für den Emissionshandel spricht: Er scheint politisch leichter durchsetzbar als eine Emissionsabgabe. So wurde er ohne großen Aufschrei in der Öffentlichkeit in der EU bereits teilweise eingeführt. Emissionsabgaben werden durch den Bürger wie eine zusätzliche steuerliche Belastung wahrgenommen. Und da sieht der Bürger rot. Beim Emissionshandel entsteht natürlich auch ein Preis für CO_2. Dies geschieht aber an der politikfernen Börse. Die Politik kann – wie schon erwähnt – ihre Hände in Unschuld waschen. Auf der Ebene der EU oder für die Anwendung in anderen Staaten gibt es keine eindeutigen Argumente für eines der beiden Instrumente. Auf jeden Fall haben aber beide Instrumente wie wir gezeigt haben, immense Vorteile gegenüber den Alternativen.

Auf internationaler Ebene plädieren wir jedoch eindeutig für einen Emissionshandel zwischen Staaten, den wir später (5.3.1 Rahmen für ein Weltklimaabkommen, ab S. 161) noch genauer beschreiben werden. Eine weltweite CO_2-Abgabe erscheint uns erstens illusorisch und zweitens muss es jedem Land selbst überlassen bleiben, wie es Klimaschutz betreiben will.

3.5 Die optimale Kombination der Instrumente

3.5.1 Ohne marktbasierte Instrumente ist alles nichts; nur intelligent eingesetzter Egoismus kann das Klima noch retten

Wie wir zeigen konnten, springen nicht marktbasierte Instrumente schlicht zu kurz. Sie sind einfach zu teuer und bieten zu wenig Anreize für Innovationen. Verschwendung können wir uns bei der Größe der Aufgabe aber nicht leisten. Eine weit über 90 %ige Reduktion der Treibhausgase über staatliche Detaillenkung führt zu einem Monster namens Planwirtschaft. Ein Vertrauen auf moralisches Handeln von Bürgern, Unternehmen und Verwaltungen bei Milliarden von Alltagsentscheidungen ist naiv. Auch die Kombination von beidem schafft es nicht. Nur marktbasierte Instrumente setzen am Grundübel an: Bei den unvollständigen Informationen von Marktpreisen bei Vorliegen von externen Effekten. Ohne dass CO_2 weltweit einen Preis bekommt, werden wir beim Klimaschutz scheitern! Daher können wir auch nicht in den Chor derer einstimmen, die alles, was in Richtung Klimaschutz geht, für gut befinden. *Harmoniesoße* bringt uns nicht weiter. Die Instrumentendiskussion muss zugespitzt werden, wenn wir die Kurve noch kriegen wollen.

Das hat nichts mit Marktgläubigkeit zu tun. Im Gegenteil: Es gibt ganz offensichtlich Gegebenheiten, bei denen der Markt systemisch versagt – wie auch die Finanzkrise gezeigt hat. Auf der anderen Seite zeigt die Geschichte, dass gerade der Markt ein genialer Mechanismus ist, um Ressourcen zu ihrer produktivsten Verwendung zu führen. Diese Fähigkeit müssen wir in den Dienst des Klimaschutzes stellen! Es würde hier zu weit führen aufzuzeigen, inwieweit der Markt auch aus anderen Gründen eine gesellschaftliche Rahmensetzung braucht. Die europäischen Wohlfahrtsstaaten zeigen jedoch – bei allen Problemen im Detail –, dass eine sinnvolle Arbeitsteilung zwischen Staat und Markt möglich ist. Im Gegensatz zur Sozialpolitik und anderen Problemen lässt sich das Versagen des Marktes beim Klimaschutz relativ leicht reparieren und die Vorteile von Marktmechanismen arbeiten für den Klimaschutz. Ansonsten werden wir am Ende ärmer und an der Herausforderung Klimaschutz gescheitert sein. Auch wenn es manche nicht mehr hören wollen: Man vergleiche die Leistungsfähigkeit und Effizienz von Marktwirtschaften mit den Ergebnissen der kommunistischen Planwirtschaft in der Vergangenheit. Der CO_2-Pro-Kopf-Ausstoß in der ehemaligen DDR war höher als der in den USA. Das Sozialprodukt pro Kopf lag unter einem Drittel des Westdeutschen.

Der Eigennutz ist die verlässlichste Triebkraft des Menschen, auch wenn er zu moralischem Handeln fähig ist. Wenn wir den Eigennutz in den Dienst des Klimaschutzes stellen, können wir Hoffnung schöpfen. Millionen von Ingenieuren werden von Ihrem Management angewiesen, sich den Kopf darüber zu zerbrechen, wie bei der Produktion, der Verteilung, beim Gebrauch und bei der Entsorgung von Gütern weniger CO_2 anfällt. In den Stadt- und Gemeinderäten stehen plötzlich Radwege und ÖPNV an oberster Stelle der Prioritätenliste. Aber nicht unter der Überschrift »man sollte, man müsste«, sondern »man muss«, weil die Bürger es fordern, es auch nutzen und bezahlen. Tausende von Wissenschaftlern werden es plötzlich leichter haben, mehr Finanzmittel für innovative Forschung zu erhalten, die das Potenzial haben, CO_2 einzusparen. Wir werden unsere Lebensweise auf den Prüfstand stellen: Soll ich wirklich einen langen Anfahrtsweg zur Arbeit in Kauf nehmen? Kann ich zum Einkaufen vielleicht mit einem Fahrradanhänger fahren? Muss ich jedes Jahr in den Urlaub fliegen? Muss ich mit 180 km/h auf der Autobahn fahren (rasen)? Muss mein Fernseher auf stand-by stehen, damit ich ihn bequem von der Couch aus einschalten kann? Braucht meine Waschmaschine und meine Spülmaschine ein Vorschaltgerät für Warmwasser? Wie viel Wärmedämmung braucht mein Haus? Was ist die sinnvollste Heizungstechnik? Muss ich mir eine neue Wohnung suchen, weil mein Vermieter zu wenig in Energieeffizienz investiert? Wollen wir all diese Entscheidungen wirklich Bürokraten und Politikern überlassen?

3.5.2 Wann sind staatliche Detailauflagen sinnvoll?

Auf der anderen Seite werden wir auch weiter andere Instrumente in der Umweltpolitik brauchen. Kommt aus einem Kamin Gift heraus, welches Menschen, Tiere oder Pflanzen direkt schädigt, muss man das Gift verbieten oder entsprechende Grenzwerte vorschreiben – hier spricht man auch von hot spots, die sich nicht für marktbasierte Instrumente eignen. Ist die technische Lösung offensichtlich[75], wie bei den Stickoxiden im Verkehr, muss man einen Katalysator eben vorschreiben. Beim Klimaschutz liegt die Sache jedoch anders, weil alle Lebens- und Produktionsbereiche betroffen sind und wir einen langfristigen Strukturwandel brauchen, um praktisch ohne Treibhausgase auszukommen.

Daneben gibt es viele weitere Umwelt- und Naturschutzprobleme, die marktbasierten Instrumenten weniger oder gar nicht zugänglich sind. Hier sind weiterhin Detaileingriffe des Staates notwendig. Auch dürfen wir nicht vergessen, dass, wenn die Preise in Bezug auf CO_2 Schritt für Schritt die ökologische Wahrheit sagen, dies dann eben nur für diesen Bereich gilt. Es kann zum Beispiel sein, dass hierdurch wesentlich mehr Mais für Biogasanlagen angebaut wird; mit anderen ökologische Problemen[76] in Form von zum Beispiel Erosion, Mangel an Artenvielfalt und Bienensterben. Hier müsste der Staat entsprechende Auflagen für den Maisanbau erlassen.

Setzt man beim Klimaschutz auf Marktmechanismen, können in diesem Bereich Auflagen und Subventionen jedoch zurückgefahren werden. Auf Dauer ist ein Beimischungszwang von biogenen Treibstoffen nicht erforderlich. Auch Subventionen für erneuerbare Energien können auslaufen. Forschungssubventionen für Unternehmen, die in Richtung Klimaschutz investieren, sind entbehrlich. Klimaschutzbegründete Auflagen beim Haus-

---

75. Eine Stickoxidabgabe wäre auch technisch nur schwer umsetzbar gewesen, weil die Menge an Stickoxiden, die bei der Verbrennung entsteht, vom Motordesign abhängt. Für eine marktbasierte Lösung hätte man in jedes Auto eine Stickoxidmessung in den Auspuff einbauen und einen großen Abrechnungsaufwand betreiben müssen.
76. Man spricht von ökologischen Binnenproblemen. Weitere Beispiele wären die ökologischen Nachteile von Wasserkraft oder von Windturbinen.

bau können schrittweise abgebaut bzw. müssen nicht weiter verschärft werden etc.

Staatliche Regelungen, die für mehr Transparenz[77] sorgen, wie Effizienzklassen, Energieausweise für Gebäude und Wohnungen, Blauer Engel oder Bio-Label, sind jedoch weiterhin sinnvoll.

Gerade im Zusammenhang mit dem Klimaschutz darf man die Stromnetze nicht vergessen. Stromnetze stellen natürliche Monopole und damit einen nicht funktionierenden Markt dar: Ein Wettbewerb zwischen verschiedenen Netzbetreibern wird nicht stattfinden, da es nicht sinnvoll ist, zu einem bestehenden Leitungsnetz ein Parallelnetz zu verlegen, nur um Wettbewerb zu erhalten. Daher wird die Netzwirtschaft bereits heute stark durch den Staat reguliert. Gerade wenn man an das intelligente Stromnetz (smart grid) denkt, das wir im Anhang 1 auf S. 203 noch näher beschreiben, ist klar, dass der Staat hier mit geeigneter Regulierung dafür sorgen muss, dass die Netzbetreiber einen Beitrag zum Klimaschutz leisten (müssen).

3.5.3 Wo brauchen wir moralisches Handeln?

Aber auch auf Moral können wir nicht verzichten. Es gibt im Bereich Umwelt- und Naturschutz viele Bereiche, die anderen Instrumenten (noch) nicht zugänglich sind. So kann es durchaus sinnvoll sein, Bio-Lebensmittel einzukaufen, um den Verzicht auf Pestizide in der Landwirtschaft zu unterstützen.

Beim Klimaschutz brauchen wir vor allem dringend aufgeklärte Moral an den Wahlurnen dieser Welt und den Klimagipfeln. Der Wähler muss für ehrgeizigen Klimaschutz stimmen und die Politik dazu legitimieren, auch wirksame Instrumente einzuführen und auf UN-Klimagipfeln für kooperative Lösungen einzutreten. An der Wahlurne und auf Klimagipfeln gilt nicht mehr die Ausrede, Klimaschutz sei individuell nicht rational, weil entsprechende Regelungen dann für alle gelten.

---

77. Für Volkswirte: Senkung der Transaktionskosten.

3 Führen viele Wege nach Rom?

> Das soziale Dilemma kann durch moralisches Handeln
> an der Wahlurne und durch internationale Kooperationen
> zu Gunsten zukünftiger Generationen überwunden werden
> (odysseussche Selbstbindung[78]).

3.5.4 Was muss die Politik leisten?

Sicher braucht man dazu auch glaubwürdige Politiker. Wir müssen den Teufelskreis zwischen uninformierten Wahlbürgern und kurzfristig macht-opportunistisch handelnden Politikern beim Klimaschutz durchbrechen. Ansonsten haben die Demokratien eine wichtige Bewährungsprobe nicht bestanden. Übernehmen Marktmechanismen nicht die Leitfunktion beim Klimaschutz, werden wir mit großer Wahrscheinlichkeit scheitern. Zur Zeit ist das Scheitern leider noch wahrscheinlicher als das Gelingen. Aber wie sagte schon Luther: »So lasst uns nun eine Apfelbäumchen pflanzen ...«.

Hier ein kleines Beispiel, wie Politiker haarscharf am Thema vorbeireden können: So meinte der ehemalige Verkehrsminister der großen Koalition, Herr Wolfgang Tiefensee, auf der Internationalen Automobil-Ausstellung (IAA) 2009: »Ich sehe gute Chancen für Elektroautos. Voraussetzung sei jedoch, dass sie bezahlbar seien und genügend Ladestationen existierten.« Leser, die sich bisher durch dieses Buch gekämpft haben, erkennen wohl bereits selbst, was bei diesem Statement schief gelaufen ist. Es reichen ein paar Stichworte: Was heißt bezahlbar? Bezahlbar im Vergleich zu den Folgekosten des Klimawandels? Darf Elektromobilität nicht teurer sein, als unsere heutige Mobilität? Fühlt sich die Politik zuständig für ausreichend Ladestationen (bei deren Standardisierung kann sie helfen)? Ist es Aufgabe

---

78. Die griechische Heldengestalt Odysseus wollte einerseits den Sirenen lauschen, als er mit seinem Schiff an ihnen vorbei fuhr, wusste aber andererseits, dass der Gesang ihn dazu zwingen würde, das Schiff auf die Klippen zu steuern – wie viele vor ihm. Da hatte er eine geniale Idee: Er befahl seiner Mannschaft, ihn, bevor die Sirenen zu singen begannen, an einen Masten zu fesseln. Mit dieser weisen Entscheidung konnte er den Sirenen lauschen, gefährdete aber weder Schiff und Mannschaft noch seine eigenes Leben.

der Politik, für einzelne Technologien die Marktchancen einzuschätzen? Zu viele Politiker haben noch nicht verstanden, was ihr Job ist. Der Job der Politik ist es, einen Rahmen zu setzen, der dazu führt, dass das politisch Gewollte möglichst effizient erreicht wird. Allerdings steht die Politik oft vor dem Problem, dass der effiziente Rahmen bei den Wählern nicht beliebt ist. Da heißt es dicke Bretter bohren. Also nur Mut Herr Tiefensee bzw. heute Herr Ramsauer.

3.5.5 Aufgabe der Vierten Gewalt

Damit die Wahlbürger gute Entscheidungen treffen können, kommt Journalisten eine wichtige Aufklärungsfunktion zu. Wir staunen immer wieder, mit welcher Präzision sie diese Aufgabe verfehlen. Es gibt in ARD, ZDF und auch privaten Sendern immer wieder gut gemachte und gut gemeinte Wissenschaftssendungen, in denen ausführlich über die technischen Potenziale von zum Beispiel erneuerbaren Energien berichtet wird. Ob Karsten Schwanke im ZDF (Abenteuer Wissen) oder Dennis Wilms in der ARD (W wie Wissen), beide berichten mit leuchtenden Kinderaugen vom Strom aus der Wüste oder von der Elektro-Mobilität, um am Schluss der Sendung mit dem Statement zu enden: »Leider müssen diese Technologien noch weiter entwickelt werden, weil sie sich noch nicht rechnen«. Oder sie stellen lakonisch fest: »Die technischen Potenziale sind vorhanden. Wir müssen sie nur noch einsetzen«. Kein Wort darüber, dass die erste Aussage nur unter den heutigen falschen ökonomischen Rahmenbedingungen stimmt. Kein Wort darüber, was der tiefere Grund ist, warum die Alternativen nicht ausreichend eingesetzt werden. Kein Wort darüber, dass in erster Linie die ökonomischen Rahmenbedingungen so gestaltet werden müssen, dass jede Technologie ihre Gesamtkosten tragen muss. Die Verbreitung von ökonomischem Wissen gehört auch zur Aufklärungsfunktion der sogenannten Vierten Gewalt in einer Demokratie. Wir gestehen aber sofort zu, dass es keine leichte Aufgabe ist, ökonomische Zusammenhänge medienwirksam darzustellen. Das geht mit Technik einfacher. Aber gerade öffentlich-rechtliche Sender müssen sich dieser Aufgabe stellen, um ihrem gesellschaftlichen Auftrag nach zu kommen, für den wir Gebühren zahlen.

Ein kleiner Einschub zur **Kostenwahrheit**:

Wir werden in diesem Buch immer wieder darauf zurückkommen, dass ein realistischer Kostenvergleich der Alternativen nur möglich ist, wenn alle Alternativen auch ihre Kosten tragen müssen. Dazu ein kleines Beispiel: Stellen wir uns vor, es gäbe nur zwei Technologien, um Strom zu erzeugen: ein Kohlekraftwerk und ein Gezeitenkraftwerk[79]. Ohne die Internalisierung von externen Effekten kostet die Stromproduktion von 10 Gigawattstunden im Kohlekraftwerk 350.000 €. Dabei werden weltweit aber noch 50.000 € an externen Kosten durch den Klimawandel verursacht, weil zum Beispiel höhere Dämme gebaut werden müssen. Die Stromproduktion im Gezeitenkraftwerk kostet demgegenüber 370.000 €. Ohne die Internalisierung der externen Effekte wird unser Strom wohl im Kohlekraftwerk produziert. Muss der Kohlekraftwerksbetreiber aber über eine Emissionsabgabe oder einem Emissionshandel auf die von ihm verursachten externen Kosten von 50.000 € berappen, sieht die Sache anders aus: Sein nächstes Kraftwerk wird ein Gezeitenkraftwerk sein.

3.5.6 Haben wir noch genug Zeit für marktbasierte Instrumente?

Ein bedenkenswertes Argument gegen eine Leitfunktion von marktbasierten Instrumente ist, dass wir den optimalen Zeitpunkt für deren Einführung vielleicht schon verpasst haben. Das Problem sind Langfristinvestitionen. Wird heute ein Kohlekraftwerk gebaut, wird es wahrscheinlich 40 Jahre in Betrieb sein. Aufgrund der hohen Investitionskosten wird sich der Betrieb unter Umständen auch noch lohnen, wenn der Preis für Kohle allmählich die ökologische Wahrheit sagt. Das gleiche gilt für Gebäude, Verkehrsinfrastruktur und ähnliche langfristige Investitionen. Fällen wir heute die falsche Investitionsentscheidung, sind wir sehr lange daran gebunden. Hätte man bereits vor 20 Jahren mit der Einpreisung von CO_2

---

79. In modernen Meeresströmungskraftwerken werden die durch Sonne und Mond verursachten Strömungen zum Beispiel durch Unterwasserrotoren (ähnlich den Windturbinen) genutzt.

begonnen, wäre manche Infrastrukturentscheidung schon in die richtige Richtung gelaufen. Jetzt haben wir nur noch vier Jahrzehnte, um unser Lebens- und Wirtschaftsweise praktisch kohlenstofffrei zu gestalten. Jede Langfristinvestition, die heute noch in die falsche Richtung geht, macht die Erreichung dieses Ziels schwerer bzw. teurer. Letzteres, weil man das Kohlekraftwerk dann vielleicht doch nicht 40 Jahre betreiben kann und/ oder Kohle (hoffentlich) teurer ist als die Alternativen. Schnell kann man daher zum Schluss kommen, dass man den Neubau von Kohlekraftwerken einfach verbieten sollte, statt auf marktbasierte Instrumente zu setzten. Dass dies politisch nicht so einfach durchsetzbar ist, kann in diesem Buch kein Argument sein, da auch wir Instrumente fordern, die politisch sehr viel Mut voraussetzen.

Aber marktbasierte Instrumente reagieren nur scheinbar langsamer als Verbote oder andere Auflagen. Ja, der Preis für CO_2 kann anfangs nur langsam steigen, wenn man Wirtschaft und Bürger nicht überfordern will. Ist allen Marktteilnehmern jedoch klar, dass der Preis stetig und progressiv steigt bis die politisch gesetzten Reduktionsziele erreicht sind, werden die Investoren und deren Banken diese Information miteinbeziehen. Kohlekraftwerke werden sich dann auch schon heute nicht mehr rechnen und die Investoren ziehen ihre Bauanträge von selbst zurück und investieren lieber in Alternativen wie Offshore-Windparks. Das funktioniert aber nur, wenn die Politik **heute** langfristige – bis zum Jahr 2050 – politisch glaubwürdige Reduktionsziele vorgibt und auch **heute** die Instrumente zu deren Erreichung implementiert. Will man verhindern, dass heute keine Langfristinvestitionen mehr in die falsche Richtung gehen, muss dies jetzt geschehen – egal von welchem Instrumentenmix man ausgeht. Wir brauchen international verbindliche Reduktionsziele. Schaffen wir dies nicht in den nächsten paar Jahren, wird die Zeit zu kurz sein, um die Wende noch zu schaffen. Die Zeit läuft uns davon. So lange marktbasierte Instrumente in dem Sinne, wie wir sie fordern, nicht existieren, kann man daher auf die anderen Instrumente im Klimaschutz nicht verzichten.

Ein spezielles Problem gibt es noch bei vermieteten Gebäuden: Nämlich das Vermieter-Mieter-Dilemma (allgemein: Investor-Nutzer-Dilemma). Der Vermieter hat die Kosten bei einer energetischen Sanierung seines Gebäudes zu tragen. Derzeit kann er diese aber aufgrund gesetzlicher

Regelungen[80] insbesondere in Form der Vergleichsmiete nicht ohne Weiteres auf die Miete umlegen. Damit hätte zwar der Mieter bei einer energetischen Sanierung den Nutzen in Form geringerer Nebenkosten; der Vermieter schaut aber in die Röhre. Keine optimale Anreizstruktur[81]. Geht man davon aus, dass die Begrenzung von Mieterhöhungen nach dem Konzept der Vergleichsmiete aufrecht erhalten werden muss, dürfen bei der Berechnung der Vergleichsmiete nur Wohnungen mit einem vergleichbaren energetischen Standard zusammen gefasst werden. Voraussetzung ist, dass der energetische Standard von Mietobjekten flächendeckend ermittelt wird. Mit den Vorschriften zum Energieausweis für Gebäude sind wir hier schon auf einem guten Weg. Besonders bei Neuvermietungen hat der Vermieter ein starkes Interesse daran, ein energetisch optimiertes Objekt anzubieten. Die potentiellen Mieter werden verstärkt die Warmmieten vergleichen, wenn die Nebenkosten aufgrund einer CO_2-Abgabe oder eines umfassenden Emissionshandels immer mehr an Bedeutung gewinnen. Dann nimmt der Mieter durchaus eine höhere Kaltmiete in Kauf, wenn sich dafür die Nebenkosten (erkennbar aufgrund des Energieausweises) in Grenzen halten. Wenn insbesondere die Berechnung der Vergleichsmiete angepasst wird, hat der Vermieter also sehr wohl ein Interesse an einer energetischen Sanierung seiner Gebäude. Werden heute konsequente politische Entscheidung zur Reduktion von CO_2 durch marktbasierte Instrumente getroffen, braucht man auch bei Neubauten keine Angst haben, dass ein zu geringer energetischer Standard verwirklicht wird. Einem Investor und dessen Geldgeber ist es nicht egal, ob das Investitionsobjekt in 10 Jahren noch vermietbar ist oder nicht. So lange aber marktbasierte Instrumente nicht konsequent umgesetzt

---

80. Es gibt zwar die Möglichkeit über eine Modernisierungsumlage 11 % der energetischen Investitionskosten pro Jahr auf die Miete aufzuschlagen. Dies geht aber nur so lange, bis eine normale Mieterhöhung ansteht. Diese darf die ortsübliche Vergleichsmiete nicht übersteigen. In der ortsüblichen Vergleichsmiete sind aber oft auch die nicht sanierten Miethäuser enthalten. Einige Kommunen versuchen jedoch, den energetischen Zustand des Miethauses bei der Berechnung der Vergleichsmiete zu berücksichtigen.
81. Das Problem tritt in erster Linie dadurch auf, dass der Staat – wenn auch unter Umständen begründet –, in die marktwirtschaftliche Preisbildung eingreift.

sind, brauchen wir weiterhin Energiestandards im Gebäudebau und sogar noch deren Verschärfung.

3.5.7 Klimaschutzinstrumente auf eine Seite gebannt: Ziel – Mittel – Weg

Übung macht den Meister, sagt ein altes Sprichwort. Und nur was wir wiederholen, hält unser Gehirn für wichtig genug es in das Langzeitgedächtnis zu verschieben. Daher unser Vorschlag: Nehmen Sie sich ein wenig Zeit, das bisher Gesagte revue passieren zu lassen – selbst dann, wenn wir sie bisher schon ganz schön genervt haben mit unserer immer gleichen Grundaussage. Die Abbildung 18 auf den Seiten 116 und 117 soll Ihnen dabei helfen. Diese Abbildung haben wir zusätzlich als Anhang 3 zum »Rausreißen« beigefügt.

Vorab eine kleine Matrix, die auf die Kriterien eingeht, die wir bereits in der Einleitung für Klimaschutzinstrumente aufgestellt haben; die Kriterien finden Sie auch in der Abbildung 18 wieder.

	Umwelt-bewusstes Handeln	Auflagen und Subventionen	Markt-basierte Instrumente
massentauglich, anreizkompatibel bzw. individuell rational	nein	mit Einschränkungen: ja	ja
kosteneffizient	nein	nein	ja
innovations-treibend	nein	nein	ja

Abbildung 17: Kriterienmatrix
Quelle: Eigene Darstellung

3.5.8 Wer dieses Buch missbrauchen würde

Eines müssen wir aber noch klar stellen: Die nicht marktbasierten Klimaschutzinstrumente kommen bei uns zwar nicht gut weg. Wer allerdings einen konsequenten und ambitionierten Klimaschutz mit oder ohne marktbasierten Instrumenten ablehnt, kann sich nicht auf dieses Buch berufen. In einem gewissen Ausmaß ist ein nicht effizienter und nicht ganz so innovativer Klimaschutz immer noch besser als gar kein Klimaschutz. Die Optimierungsmöglichkeiten im bestehenden Policy-Mix sind aufgrund der komplexen Wechselwirkungen zwischen den Instrumenten nur schwer zu beurteilen. Dies ist aber auch nicht Thema dieses Buches.[82]

> Auf die heutige Klimaschutzpolitik können wir erst schrittweise verzichten, wenn martbasierte Instrumente in dem Sinne eingeführt werden, wie wir sie in diesem Buch skizzieren.
> Wer unsre Argumente gegen die bestehende Klimaschutzpolitik verwendet ohne eine bessere Alternative vorzustellen oder ambitionierten Klimaschutz generell ablehnt, missbraucht dieses Buch.

---

82. Ein Literaturtipp zu diesem Thema: Öko-Institut e.V., Der Instrumenten-Mix einer ambitionierten Klimapolitik im Spannungsfeld von Emissionshandel und anderen Instrumenten, Bericht für das Bundesministerium für Umwelt, Naturschutz und Reaktorsicherheit, 2010.

Ziel

Die Wissenschaft sagt uns, dass wir zwischen 2010 und 2050 lediglich noch 750 Mrd. t CO_2 weltweit emittieren dürfen (Zwei-Grad-Ziel), um das Schlimmste zu verhindern. Das bedeutet eine weit über 90 %-ige Reduktion der Emissionen in den heutigen Industrieländern und weltweit eine 80 %-ige Reduktion bis 2050.
Dies ist nur über einen sozial- und wirtschaftsverträglichen ökologischen Strukturwandel erreichbar.

Mittel

Umweltbewusstes Handeln (Moral)	Staatliche Detaillenkung (Auflagen, Subventionen))	Nichtstun		Marktbasierte Instrumente (Dynamisierte(r) CO_2-Abgabe oder Emissionshandel)
		Technischer Fortschritt	Ölpreis	
⇨ Individuell nicht rational; auf grund der Herausforderung eine Überforderung der Bürger, Unternehmen und staatlicher Stellen. ⇨ Nicht kosteneffizient ⇨ Hohe Informationskosten ⇨ Induziert hohe soziale Kontrolle – passt nicht zu einer freien Gesellschaft	⇨ Additiver Umweltschutz (end of pipe) ⇨ Wenig innovativ ⇨ Nicht kosteneffizient ⇨ Hohe Informationskosten ⇨ Hoher Grad staatlicher Detaillenkung	⇨ Es gibt keinen Automatismus. ⇨ Auch Massenproduktion der CO_2-effizienteren Alternativen ist nicht immer billiger – sonst gäbe es diese Massenproduktion bereits.	⇨ Ölpreis wird nicht so hoch steigen, dass Öl, Gas und Kohle unter der Erde bleiben. ⇨ Werden verstärkt Alternativen eingesetzt, sinkt der Ölpreis.	⇨ Hohe Planungssicherheit – daher wird ein Strukturwandel statt Strukturbrüche induziert. Erreicht die Umweltabgabe bzw. die Mengenreduzierung ihr wirksames Niveau – existieren die Alternativen bereits. ⇨ Kosteneffizient – politisch gewünschter Klimaschutz wird zu geringst möglichen volkswirtschaftlichen Kosten erreicht. ⇨ Geringe Informationskosten – Preise sind die effizientesten Informationsvermittler in einer hocharbeitsteiligen Gesellschaft. ⇨ Klimafreundliches Handeln wird individuell rational. Millionen von Akteuren suchen aus egoistischen Gründen nach der besten Möglichkeit CO_2 einzusparen – Innovationen sind programmiert. ⇨ Marktbasierte Instrumente verwirklichen gleichzeitig ein hohes Maß an individueller Freiheit und individueller Verantwortung, wie es kein anderes Instrument in einer freiheitlichen (Massen-)Gesellschaft kann.
⇨ Scheitern an der Aufgabe				⇨ Induzierung eines ökologischen Strukturwandels »Nur der Egoismus kann das Klima retten«

Abbildung 18: Das Ganze auf einer Seite dargestellt – Ziel-Mittel-Weg
Quelle: Eigene Darstellung

Aufgabenteilung (Weg)

Moral	Staatliche Detaillenkung	Technischer Fortschritt	Marktbasierte Instrumente
✓ Legitimierung staatlicher Rahmensetzung an der Wahlurne (odysseusche Selbstbindung). ✓ Beispielhaftes umweltbewusstes Handeln von Vorreitern. ✓ Umweltbewusstes Handeln bei durch den Staat nicht sinnvoll regelbaren Entscheidungen.	✓ Schnelle und konkrete Gefahrenabwehr (hot spots). ✓ In Fällen, denen Marktmechanismen schwer zugänglich sind. ✓ Heutige Regelungsdichte im Umweltrecht könnte deutlich reduziert werden. ✓ Umweltsubventionen könnten stark abgebaut werden. ✓ Auflagen zur Erhöhung der Transparenz sind sinnvoll: Effizienzklassen, Energiepass, Bio-Siegel, etc.	✓ Öffentliche Förderung von Grundlagenforschung weiterhin nötig und wichtig. ✓ Bei richtiger Rahmensetzung kann der Staat sich bei anwendungsbezogener Förderung zurückhalten. Die Wirtschaft hat dann ein starkes Eigeninteresse an Innovationen, die weniger Treibhausgase bewirken.	✓ Induzierung eines sozial- und wirtschaftsverträglichen Ökologischen Strukturwandels. ✓ Auf Grund der Effizienz marktbasierter Instrumente, ist der Spielraum für eine nationale Vorreiterrolle größer als bei anderen Instrumenten. ✓ Mittelfristig brauchen wir jedoch auch international einen Preis für CO_2. Am besten durch einen Emissionshandel zwischen Staaten.

3.6 Die Klimapolitik der deutschen Bundesregierung oder wie man sich um die notwendige Politik herummogelt

3.6.1 Die Minister: Gabriels Ökologische Industriepolitik und Röttgens Klimaschutzdialog

»Die ökologische Industriepolitik will diese beiden Dinge miteinander verbinden: Die Modernisierung und umweltverträgliche Ausgestaltung des Industriestandorts Deutschland im Sinne der Nachhaltigkeit und eine Politik, die darauf zielt, wirtschaftliche Chancen zu nutzen. Das geht nur mit einem intelligenten Policy-Mix, der viele unterschiedliche Maßnahmen miteinander kombiniert. Die Politik kann den erforderlichen Umbau unserer Industriegesellschaft unterstützen. Sie kann ihn nicht von oben verordnen. Wir brauchen deshalb eine breite gesellschaftliche Debatte über konkrete Ziele und über die Mittel, wie wir diese Ziele erreichen wollen. Alle sind gefordert, sich an dieser Debatte zu beteiligen und sich einzubringen: Wirtschaft, Wissenschaft und Gesellschaft. Das geht nicht ohne Streit. Aber nur in gemeinsamen und kontroversen Debatten kann sich der gesellschaftliche Konsens herausbilden, der nötig ist, um die Mammutaufgaben zu bewältigen, vor denen wir stehen.«[83]

Arbeitsplätze als Werbeinstrument für Klimaschutz?

Die Ökologische Industriepolitik war ein Steckenpferd des ehemaligen Umweltministers[84] Sigmar Gabriel. Dabei agierte er sehr geschickt, da es für einen Politiker sehr wichtig ist, Begriffe zu besetzen. Was bedeutet Ökologische Industriepolitik bei Gabriel inhaltlich? Er versucht zwei Themen zu verknüpfen: Klimaschutz und langfristiger wirtschaftlicher Erfolg Deutsch-

---

83. Bundesministerium für Umwelt, Naturschutz und Reaktorsicherheit (BMU): Ökologische Industriepolitik, Oktober 2008.
84. Bundesminister für Umwelt, Naturschutz und Reaktorsicherheit.

3 Führen viele Wege nach Rom?

lands auf den Weltmärkten. Damit will er erreichen, dass Klimaschutz nicht mehr nur als Verzichtsdebatte wahrgenommen wird, sondern auch Chancen für die deutsche Wirtschaft birgt: Klimaschutz schafft Arbeitsplätze und – wenn wir schneller sind als die anderen – können wir die Weltmärkte mit grünen Produkten erobern.

Dabei unterläuft ihm aber ein logischer Kurzschluss: Klimaschutz kostet auf individueller Ebene (Bürger, Unternehmen, Staat) Geld und führt erst einmal nur zu einer Verlagerung von Arbeitsplätzen von den Bereichen, die CO_2-intensiver arbeiten, zu Bereichen, die CO_2-ärmer arbeiten. Werden mehr Windturbinen produziert, müssen beim Bau von Kohlekraftwerken Arbeitsplätze abgebaut werden. Müssen wir mehr Geld für Klimaschutz ausgeben[85], können wir andere Produkte weniger konsumieren. Abschätzungen über den Arbeitsplatzsaldo sind schwierig. Ein positiver Arbeitsplatzeffekt kann jedoch entstehen, wenn Deutschland tatsächlich erfolgreicher grüne Produkte entwickelt als andere Länder. Ob der Staat dabei durch Auflagen und Subventionen wirklich hilfreich ist – darüber kann man streiten. Es gab in der Geschichte durchaus Vorbilder für eine erfolgreiche Industriepolitik, wie das legendäre japanische Ministerium für Internationalen Handel und Industrie (MITI), welches strategische Bereiche ausgesucht und zusammen mit den Konzernen dann relativ erfolgreich Exportmärkte erobert hat. Die massiven wirtschaftlichen Probleme Japans in den letzten Jahren zeigen jedoch auch hier Grenzen auf. Ein weiteres Beispiel ist die Luftfahrtindustrie in Europa: Nicht zuletzt unter Mithilfe von Franz-Josef Strauß wurde mit Airbus eine ganze Branche mit staatlicher Unterstützung aus der Erde gestampft, womit auf diesem Markt auch ein Wettbewerber für Boeing geschaffen wurde. Es gibt aber auch viele negative Beispiele für staatliche Industriepolitik. Hat der Staat wirklich die *größere Glaskugel*, um Zukunftsmärkte zu erkennen? Führt Industriepolitik nicht zu Wettbewerbsverzerrungen? Dieses Thema wollen wir hier jedoch nicht weiter vertiefen. Grundvoraussetzung dafür, dass für grüne Produkte ein Markt entsteht, ist jedoch staatliches Handeln – national und insbesondere auch international. Und damit sind wir wieder bei der Gretchenfrage: Wie soll der Staat handeln?

---

85. Müssen wir »lediglich« auf Komfort und Entfaltungsmöglichkeiten verzichten, sieht die Sache anders aus.

Gabriels Antwort ist ein Policy-Mix und hier zieht er wirklich alle Register:

Teil 3: Industriepolitik – Wachstumspolitik für eine nachhaltige Zukunft

1) Ökonomische Instrumente stärken
2) Investitionen anreizen
3) Finanzierung erleichtern
4) Ordnungsrecht nutzen
5) Benchmarks transparent machen, Labels und Top-Runner etablieren
6) Markteinführungsprogramme nutzen und ausbauen
7) Mit einem Beschaffungspakt Kräfte bündeln
8) Bildung und Ausbildung verbessern
9) Forschungsförderung konzentrieren, Leuchttürme schaffen
10) Exportinitiativen und Außenhandel intensivieren

Abbildung 19: Maßnahmen Ökologische Industriepolitik
Quelle: BMU Ökologische Industriepolitik, 2008

Alter Wein in einem neuen Schlauch

Erkennen sie Gabriels Trick bei seiner Agenda? Eigentlich schlägt er nichts Neues vor, sondern hat einfach dem bestehenden Maßnahmendurcheinander der Beliebigkeit – auch beschönigend Policy-Mix genannt – den neuen durch ihn positiv besetzten Oberbegriff »Ökologische Industriepolitik« gegeben. Wenn es der Sache dienen würde, könnte man milde lächeln.

Auf die Klimaschutzpolitik bezogen müssen wir aber sagen, dass er im Wesentlichen doch auf Auflagen und Subventionen setzt. Auch wenn er zum Thema marktbasierte Instrumente folgendes schreibt bzw. schreiben lässt:

3 Führen viele Wege nach Rom?

»*Ökonomische Instrumente stärken*

Das klassische Ordnungsrecht führt mit Verboten, Geboten und Grenzwerten zwar oftmals zu einem einmaligen Innovationsschub, es setzt aber keine Anreize, die technologische Erneuerung auf Dauer zu stellen, denn ist der Grenzwert einmal erreicht, besteht kein Anlass mehr für weitere Modernisierung. Volkswirtschaftliche Kosten lassen sich damit nur schwerlich minimieren und komparative Kostenvorteile nicht optimal nutzen. In den vergangenen Jahren haben daher ökonomische Instrumente als eine weitere wichtige Steuerungsressource der Umweltpolitik einen Bedeutungszuwachs erlebt. Die marktbasierten Instrumente nutzen zumeist den Preismechanismus als Anreiz und Hebel. Über Steuern und Abgaben lassen sich beispielsweise wichtige Lenkungswirkungen erzielen und die Nachfrage nach Ressourcen beeinflussen. Aus einer ordnungspolitischen Sicht kommt den ökonomischen Instrumenten sogar eine Schlüsselrolle zu, denn der Preis eines Gutes bildet relevante Informationen ab. Eine Voraussetzung dafür, dass die marktwirtschaftlichen Allokationsmechanismen aber wirklich optimal funktionieren ist, dass die Preise ›stimmen‹ und nicht wesentliche Informationen unterschlagen. Das ist vor allem im Hinblick auf ökologische und soziale Kosten leider oftmals der Fall, wenn so genannte ›externe Effekte‹ unberücksichtigt bleiben. Ökologische Abgaben und Steuern korrigieren dies und »preisen« diese Kosten ein, sie tragen dazu bei, dass die Preise die ökologische Wahrheit sagen, bzw. diesem Idealzustand zumindest näher kommen. Allerdings sind der ›Einpreisung‹ auch Grenzen gesetzt: nicht alle (externen) Kosten lassen sich monetarisieren und die internationale Standortkonkurrenz engt den politischen Handlungsspielraum ein.

Niemandem nützt es, wenn Produktion und Arbeitsplätze ins Ausland abwandern, weil dort die Natur umso hemmungsloser vernutzt werden darf. Wie effektiv ökonomische Instrumente sind, ist auch eine Frage der Ausgestaltung internationaler Rahmen- und Wettbewerbsbedingungen.«

Eigentlich wurde hier vom Umweltministerium viel Richtiges niedergeschrieben. Schade nur, dass dann ein globaler Rückzieher gemacht wird und marktbasierten Instrumenten nur aus einer theoretischen ordnungspolitischen Sicht eine Schlüsselrolle zukommt. Da die vorgebrachten Gründe exemplarisch sind für die Diskussion um marktbasierte Instrumente, wollen wir sie etwas näher betrachten. Es werden im Grunde zwei Argumente gegen einen nicht flächendeckenden Einsatz von marktbasierten Instrumenten vorgebracht:

(1) Nicht alle externen Kosten lassen sich monetarisieren

Was könnte das Umweltministerium mit diesem pauschalen Einwand meinen?

Wir sehen drei Aspekte:

Höhe der externen Kosten sind nicht bekannt

Der erste wäre, dass die tatsächlichen externen Kosten einer Tonne CO_2 nicht bekannt sind, und, wenn man ehrlich ist, aufgrund der Komplexität der Frage nie wirklich ermittelt werden können. Hier liegt oft ein Missverständnis zwischen Ökonomen und Politikern vor. Im mathematischen Modell von Ökonomen entspricht die optimale Abgabenhöhe genau den externen Grenzkosten, d. h. den Kosten, die man bei anderen auf der ganzen Welt verursacht. Würde man diese Kosten kennen, bräuchte man sich auch keine Gedanken mehr über das Reduktionsziel machen, weil sich die optimale Menge automatisch einstellen würde. Die Volkswirte nennen ein solches Ergebnis pareto-effizient[86]. Aber um diesen optimalen Abgabensatz zu ermitteln, bräuchte der Staat Fähigkeiten, die nur ein funktionierender Markt oder ein allwissender Planer hätte.

---

86. Für Volkswirte: **Pareto-effizient** ist eine Allokation, wenn es nicht mehr möglich, ist jemanden zu verbessern ohne jemand anderen zu verschlechtern. Aus der gegebenen Verteilung der Ressourcen wird das Optimum »herausgeholt«.

3 Führen viele Wege nach Rom?

Die Katze beißt sich also in den Schwanz. Deshalb ist sich die überwiegende Mehrheit der Ökonomen einig, dass es gar nicht darum geht, diesen optimalen Abgabensatz festzulegen. Es geht darum, sich dem Abgabensatz Schritt für Schritt zu nähern, der ein politisch gesetztes Umweltziel[87] – demokratisch entschieden und hoffentlich naturwissenschaftlich unterlegt – mit geringstmöglichen volkswirtschaftlichen Kosten erreicht. Das Ergebnis ist nicht mehr Effizienz im modelltheoretischen Sinn. Diese theoretische Effizienz ist in der Realität aber sowieso nie erreichbar und hat daher eher didaktischen Wert. Erreichbar ist aber die zweitbeste Lösung: Kosteneffizienz.

Technisch nicht umsetzbar

Ein zweiter Aspekt könnte sein, dass eine Monetarisierung *technisch* nicht immer möglich ist. Zum Beispiel wäre eine Stickoxidabgabe auf Autoabgase, statt der Vorschrift einen Katalysator einzubauen, schlicht technisch nicht umsetzbar gewesen.

Man hätte bei jedem Fahrzeug eine teure Stickoxidmessung einbauen und eine aufwändige Bürokratie einführen müssen, um eine Stickoxidemissionsabgabe einzukassieren. Beim CO_2 sind wir in der formidablen Lage, dass egal mit welcher Technik wir fossile Brennstoffe verbrennen, wir genau wissen, wie viel CO_2 entsteht. Daher ist eine CO_2-Abgabe auf fossile Brennstoffe oder ein umfassender Emissionshandel mit Leichtigkeit umsetzbar.

Hot Spots

Der dritte Aspekt könnte sein, dass es Umweltprobleme gibt, die sich vom Grund her nicht für marktbasierte Instrumente eignen. Kommt zum Beispiel aus einem Schornstein einer Müllverbrennungsanlage Gift heraus, müssen Grenzwerte festgelegt werden, die dafür sorgen, dass die Menschen nicht durch dieses Gift geschädigt werden. Eine Emissionsabgabe auf dieses Gift wäre eine Themaverfehlung.

---

87. Für Volkswirte: Standard-Ansätze.

(2) Internationale Standortkonkurrenz

Wir werden auf dieses Thema noch genauer eingehen. Aber grundsätzlich hat das Ministerium Recht: Es gibt auf nationaler Ebene Grenzen für eine rationale Klimaschutzpolitik. Das gilt aber für jedwede Klimaschutzpolitik. Auflagen und Subventionen verursachen auch Kosten, die den Standort Deutschland belasten.

Wir sagen sogar: Insgesamt sind diese Kosten höher als bei marktbasierten Instrumenten, weil Kosteneffizienz und Innovationsanreize bei Auflagen und Subventionen unterbelichtet sind. Allerdings müssen wir eine Einschränkung machen: Es gibt einige wenige besonders energieintensive Produktionsprozesse, wie Aluminium- oder Zementherstellung, die sich auch leicht ins Ausland verlagern lassen, für die im Rahmen von Emissionsabgaben oder einem umfassenden Emissionshandel so lange Ausnahmeregeln vorgesehen werden müssen, bis sich die internationalen Rahmenbedingungen entsprechend geändert haben.

Aber ansonsten spricht alles dafür, innerhalb des vorhandenen nationalen oder des EU-weiten Handlungsspielraums[88] voll auf marktbasierte Instrumente zu setzen. Eine ökologische Industriepolitik braucht man aus Klimaschutzgründen dann nicht.

Der Nachfolger von Sigmar Gabriel als Umweltminister, Norbert Röttgen, hat als erste Initiative einen »Klimaschutzdialog Wirtschaft und Politik« gegründet. Dort saß er mit illustren Managern zusammen: dem Vorstandsvorsitzenden der Siemens AG, Peter Löscher, einem Vorstandsmitglied der Allianz SE, Joachim Faber, sowie dem Inhaber der Viessmann Werke, Martin Viessmann. Solche Veranstaltungen sind durchaus sinnvoll, um Hintergrundwissen zu sammeln.

Dabei sollte der Umweltminister aber nicht vergessen, dass die Politik am Ende des Tages einen Rahmen setzen muss, der nicht unbedingt für jedes Unternehmen bequem ist. Mit dem Wort »Dialog« könnte dieser Gegensatz zugekleistert werden. Das, was betriebswirtschaftlich sinnvoll ist, ist nicht immer auch volkswirtschaftlich sinnvoll. Zwar haben Lobbys eine

---

88. Mehr über diesen Handlungsspielraum im Kapitel 4.2 Ökonomie und Ökologie – ein Widerspruch? ab S. 138.

3 Führen viele Wege nach Rom?

Daseinsberechtigung in dem Sinne, dass sie auf Folgen politischer Entscheidungen auf ihren Sektor hinweisen. Die Politik muss aber das Gesamtwohl im Auge haben und darf nicht Lobbyinteressen dienen. Auf Grund der Herkulesaufgabe Klimaschutz sind wir hier besonders darauf angewiesen, dass die Politik nach diesem allgemein anerkannten Grundsatz auch handelt.

3.6.2 Konzepte der Bundesregierungen: Das Meseberger Integrierte Energie- und Klimaprogramm der großen Koalition und das Energiekonzept der schwarz-gelben Koalition

Die ehemalige Große Koalition hat 2007 ein Integriertes Energie- und Klimaprogramm beschlossen, dass zur angebotenen 40 %igen[89] Reduktion der Treibhausgase bis 2020 gegenüber 1990 beitragen soll. 35 %-Punkte sollen damit bereits erreicht werden.

Kernpunkte sind

1. verstärkte Förderung (**Subventionierung**) von erneuerbaren Energien, der Kraft-Wärme-Kopplung, der Gebäudesanierung und der einschlägigen Forschung und Entwicklung.
2. verschärfte energetische Anforderungen (**Auflagen**) an zum Beispiel Gebäude und Heizsysteme.
3. bessere **Information** der Verbraucher zum Beispiel durch eine PKW-Energieverbrauchskennzeichnung.
4. **Verteuerung** klimaschädlichen Verhaltens zum Beispiel durch die teilweise Umstellung der KFZ-Steuer auf die technischen CO_2-Emissionen eines Fahrzeuges, der verbesserten Lenkungswirkung der LKW-Maut und der Liberalisierung des Strom- und Gasmesswesens.

---

89. Die EU hat im Rahmen der internationalen Klimaschutzverhandlung eine Reduktion um 30 % bis 2020 angeboten, wenn sich auch andere wichtige Länder entsprechend verpflichten. Deutschland will für den Fall, dass die EU das 30 %-Ziel anstrebt, 40 % reduzieren.

5. Verbesserung der Energie**infrastruktur** insbesondere durch den Ausbau der Stromnetze, damit diese mehr erneuerbare Energien aufnehmen können.

Das als großer Wurf angekündigte schwarz-gelbe Energiekonzept aus dem Jahr 2010 brachte außer der Laufzeitverlängerung von Kernkraftwerken keine weltbewegenden Neuigkeiten. Das Meseberger-Klimaschutzprogramm wurde sonst lediglich fortgeschrieben.

Einige Zitate lohnen es jedoch, hinterfragt zu werden:

Unter der Überschrift »Kosteneffizienter Ausbau der Erneuerbaren« kommt der Satz: »Künftig soll (…) der weitere Ausbau der erneuerbaren Energien in stärkerem Maße marktgetrieben erfolgen.« Wir stimmen zu bzw. sagen, dieser sollte gänzlich marktgetrieben sein. Voraussetzung dafür ist aber, dass die Preise der anderen Energien die ökologische Wahrheit sagen. Traue ich mich nicht, dies politisch durchzusetzen, muss ich die Erneuerbaren auf der anderen Seite mit hoher Wahrscheinlichkeit dauerhaft subventionieren und kann sie eben nicht dem freien Marktgeschehen überlassen. Man muss sich schon entscheiden, was man will.

Des Weiteren werden viele kleine Reformen (Mengenkomponente bei der jährlichen Degression der Einspeisevergütungen, Stetigkeitsbonus für virtuelle Kraftwerke, besserer Ausgleichsmechanismus zu einer stärker bedarfsgerechten Erzeugung und Nutzung des Stroms aus erneuerbaren Energien, stärkere Biomasseverwertung in Kraft-Wärme-Kopplungsanlagen, etc.) angekündigt, die Fehlentwicklungen aufgrund der starren Konstruktion der Einspeisevergütungen heilen sollen; wenn man falsch anfängt, ist man ständig damit beschäftigt nachzubessern. Ergebnis ist immer mehr Bürokratie und geringe Planungssicherheit für Investoren.

Dann kommen so schöne Sätze unter der Überschrift »Schlüsselfrage Energieeffizienz«: »Dabei setzt die Bundesregierung auf Vernunft und Eigenverantwortung von Wirtschaft und Bürgern« – träumt weiter. Aber ganz darauf verlassen will sich die Bundesregierung dann doch nicht und schreibt weiter: »Ökonomische Anreize sowie verbesserte Information und Beratung sollen dazu beitragen, Unternehmen und private Verbraucher in die Lage zu versetzen, bisher ungenutzte Potenziale im Bereich

3 Führen viele Wege nach Rom?

Energieeffizienz aus eigenem Antrieb zu erschließen und dadurch Energiekosten zu sparen und die Umwelt zu entlasten.« Oh je, da geht wieder einiges durcheinander. Gut, man kann durch Subventionen (ökonomische Anreize) die Menschen in eine bestimmte Richtung drängen, ob diese kosteneffizient und innovativ ist, kann man bezweifeln, wie wir gezeigt haben. Warum wurden Potenziale bisher nicht genutzt? Ist es nur Unwissenheit oder sind diese Potenziale einfach teurer und/oder unbequemer als das bisherige Verhalten? Bei über 90 % weniger CO_2 wird's auf jeden Fall teurer und auch unbequemer. Will man dann auf den eigenen Antrieb zurückgreifen, muss CO_2 einfach etwas kosten. Ob man dann unter dem Strich wirklich Kosten spart oder wir eben für mehr Klimaschutz auf anderes oder auf Wohlstandszuwachs verzichten müssen, ist offen.

Die Bundesregierung will ganz konkret Unternehmen zeigen, wie man ein solches führt, weil es ein wirtschaftliches Einsparpotential von 10 Mrd. € vermutet. Dafür will sie bestimmte Energiesparmanagementsysteme anregen bzw. Vergünstigungen anbieten (natürlich mit bürokratischer Überprüfung), wenn man sie anwendet. Das könnte man natürlich auch auf andere Bereiche der Unternehmensführung ausweiten. Vielleicht weiß die Bundesregierung es auch besser, wie man Materialwirtschaft oder Controlling betreibt? Vielleicht sollte man aber auch lieber dafür sorgen, dass die Preise die ökologische Wahrheit sagen. Dann wissen die Unternehmen selbst, was zu tun ist. Das ist nämlich ihr alltäglicher Job: Gewinnmaximierung durch Kosteneinsparung. Auch will sie Unternehmen durch Förderprogramme verstärkt zeigen, wo sie anwendungsorientiert forschen sollen. Diese Forschungsförderung soll die Alternativen zudem so günstig machen, dass sie gegen die fossilen Brennstoffe konkurrenzfähig sind. So lange die fossilen Brennstoffe aber nicht ihre vollen Kosten tragen müssen, wird dies oft ein vergebliches Unterfangen sein.

In die Rubrik »einfach nett« haben wir folgende Zitate eingeordnet: Kostenloses Parken soll die Anschaffung von Elektrofahrzeugen attraktiver machen. »Die Bundesregierung wird die Automobil- und Kraftstoffindustrie auffordern, die technischen Voraussetzungen für die Einführung und Nutzung von Benzin- und Dieselkraftstoffen zu schaffen, deren biogener

Anteil über zehn bzw. sieben Prozent hinausgeht.«

Frei nach dem Motto von Erich Kästner »Wo bleibt das Positive?«, haben wir uns redlich bemüht, solches im Energiekonzept der Bundesregierung zu finden. Und tatsächlich, wir sind fündig geworden:

- Bei den Energiesteuern im Wärmemarkt und bei den fossilen Kraftstoffen im Verkehrsbereich sollen die jeweiligen Treibhausgasemissionen stärker berücksichtigt werden.
- Das Mietrecht soll investitionsfreundlicher gestaltet werden. Die Vergleichsmietenregelung soll daraufhin überprüft werden, ob sie Fehlanreize bei der energetischen Sanierung von Gebäuden schafft.
- Das Stromnetz soll fit gemacht werden für das 21. Jahrhundert und zur Integration erneuerbarer Energien. Hier muss der Staat relativ detailliert eingreifen, da Netze nicht im Wettbewerb stehen (natürliche Monopole).

Als Antwort auf Fukushima hat die Bundesregierung im Juni 2011 die Rolle rückwärts beschlossen und ist im Prinzip auf das ursprüngliche Ausstiegsszenario aus der Atomernergie der rot-grünen Bundesregierung eingeschwenkt. Beim Energiekonzept bleibt es aber im Wesentlichen bei denen schon 2010 vorgesehenen Maßnahmen. Es ist fraglich, ob damit die Lücke, die der Ausstieg aus der Atomenergie reißt, kosteneffizient, innovativ und ohne höheren CO_2-Ausstoß geschlossen werden kann.

Zusammenfassend kann man sagen: Unter der Prämisse, dass man sich nicht traut, eine CO_2-Abgabe einzuführen, haben sich die einzelnen Bundesregierungen redlich bemüht.

Das Meseberger-Klimaschutzprogramm und das Energiekonzept 2010 sind durchaus beachtliche Leistungen und Teile davon sind unabhängig von einer marktbasierten Klimaschutzpolitik sinnvoll. Deutschland kann damit wahrscheinlich tatsächlich weitere 15 %-Punkte an Treibhausgasen gegenüber heute einsparen. Nur leider wird uns dies teurer kommen als es notwendig wäre; und ob der Staat wirklich innovative Lösungen identifizieren kann, kann man bezweifeln.

Wichtiger ist, dass diese Art der Klimaschutzpolitik, mit dem Schwerpunkt auf Subventionen, Auflagen und sektoralen finanziellen Anreizen, nicht zukunftsfähig ist, wenn man eine fast treibhausgaslose Zukunft anstrebt. Jeder Ingenieur weiß: Die ersten 10–15 % Effizienzsteigerung sind relativ einfach zu bewerkstelligen. Dann wird es immer teurer. Bei den letzten 15 % geht es ans Eingemachte. Genauso ist es beim Klimaschutz. Klimaschutz durch die Hintertür wird nicht funktionieren. Wir müssen schon durch den Vordereingang, mit marktbasierten Instrumenten.

4 Soziale und ökonomische Probleme marktbasierter Instrumente

4.1 Sind marktbasierte Instrumente unsozial? Ist Klimaschutz unsozial?

Umweltverbrauch muss ein normales Gut werden

Jede Klimaschutzpolitik – auch mit Marktmechanismen – hat soziale Auswirkungen. Nur fälschlicher Weise wird die Verteuerung von CO_2 durch eine Emissionsabgabe oder durch Emissionshandel als besonders unsozial empfunden. Das Gegenteil ist richtig, wenn man es richtig macht.

Allerdings müssen wir uns damit auseinandersetzen, dass auch Umweltnutzung ein »normales Gut« werden muss, wie die PS-Zahl des Autos, die Größe oder Lage des Hauses, in dem wir wohnen, oder die Kapazität des Computers, den wir nutzen. Das bedeutet, dass der Reichere sich mehr CO_2-Emissionen leisten kann als der Ärmere. Kein Mensch verlangt, dass sich jeder ein Grundstück am Starnberger See kaufen kann – außer vielleicht *Die Linke*. Warum gehen wir beim Umweltverbrauch einen Sonderweg? Das liegt einfach daran, dass es jedem einsichtig ist, dass eines der knappen Grundstücke am Starnberger See mehr kostet als anderswo; dass eine Mercedes S-Klasse mehr kostet bzw. kosten muss als ein Polo. Es wird sicher noch viel Überzeugungsarbeit kosten, bis auch akzeptiert wird, dass ein Auto, bei dessen Produktion viel CO_2 verbraucht wurde, einfach mehr kosten muss als ein Auto, welches CO_2-effizienter produziert wurde.

Folgende Argumente sollen Sie davon überzeugen, dass marktbasierte Instrumente nicht unsozial sind:

(1) Reichere können sich auch vor den Folgen des Klimawandels besser schützen als Ärmere. Klimaschutz ist also auch Sozialpolitik.

(2) Andere Klimaschutzinstrumente verursachen höhere Kosten als marktbasierte Instrumente. Und diese Kosten müssen wir alle tragen. Am Beispiel Einspeisevergütungen für Strom aus erneuerbaren Quellen (EEG-Einspeisevergütung) wird deutlich, dass es dabei nicht unbedingt sozial gerecht zugeht. Die Subventionen für die EEG-Einspeiser, die damit gute Gewinne machen – meist keine Harz IV-Empfänger – werden auf alle Stromkunden umgelegt. Dies führt dazu, dass eine Rentnerin, bei der die Stromrechnung einen relativ hohen Anteil an ihren Gesamtausgaben hat, im Prinzip das Gleiche zahlt, wie ein Millionär, für den die Stromrechnung nur Peanuts sind. Für Unternehmen gibt es zudem diverse Ausnahmetatbestände.

(3) Wenn die Preise durch eine Emissionsabgabe oder einen Emissionshandel die ökologische Wahrheit sagen, zahlt auch der Millionär einen gerechten Preis für die Nutzung der Umwelt. Heute profitiert er dagegen auch davon, dass er die Umwelt umsonst nutzen kann. Porschefahrer tun dies meist ausgiebig.

(4) Falls man der Meinung ist, dass bestimmte Menschen zu reich sind – und sich damit auch mehr Umweltverbrauch leisten können –, sollte man das über Verteilungspolitik (z. B. höheren Spitzensteuersatz, Bürgerversicherungen[90], Vermögenssteuer) lösen. Die Verkleisterung von vielleicht vorhandenen verteilungspolitischen Problemen (Gerechtigkeitsfrage) durch eine kostenfreie und damit subventionierte Nutzung der Umwelt für alle (auch für Reiche) können wir uns im Zeitalter des Klimawandels nicht mehr leisten.

(5) Wenn man der Meinung ist, dass eine Verteuerung von Energie soziale Probleme aufwirft, sollte man diese durch Sozialpolitik (z. B. eine entsprechende Soziale Basissicherung[91] und/oder Anhebung von Harz IV-

---

90. Die Grundidee der **Bürgerversicherung** ist, dass möglichst alle Bürger mit ihrem gesamten Einkommen (mit höheren oder gar keinen Bemessungsgrenzen) in die gesetzliche Krankenversicherung und u.U. auch in die gesetzliche Rentenversicherung integriert werden.

91. Die Grundidee ist, das an Stelle von Steuerfreibeträgen, von denen Reiche absolut ge-

Sätzen) lösen statt durch subventionierte Preise für die Umweltnutzung, von der auch die Reichen profitieren. Eine Möglichkeit wäre auch, die Einnahmen, die eine CO_2-Abgabe generiert oder durch die Versteigerung von Emissionszertifikaten entstehen, pro Kopf an die Bevölkerung als »**Energiegeld**« zurück zu geben (dazu gleich mehr).

Plädoyer für eine Trennung von Politikfeldern

Es ist eine politische Unsitte, dass verschiedene Themen in einen Topf geworfen werden. Dann wird kräftig umgerührt, keiner kennt sich mehr aus, am Schluss ist keiner verantwortlich und alles ist ja so komplex. Mehr Transparenz in der Politik könnte man erreichen, wenn man Umweltpolitik mit umweltpolitischen Instrumenten, Sozialpolitik mit sozialpolitischen Instrumenten, Verteilungspolitik mit verteilungspolitischen Instrumenten und Wirtschaftspolitik mit wirtschaftspolitischen Instrumenten macht. Aber vielleicht haben ja auch manche kein Interesse an mehr Transparenz?

Gerechter Klimaschutz durch ein Energiegeld[92]

Durch marktbasierte Instrumente werden wir direkt mit den Kosten belastet, die wir vorher unseren Kindeskindern und den Ärmsten der Welt aufbürden konnten. Dies hat einerseits etwas mit Gerechtigkeit zu tun. Andererseits macht der Preis für CO_2 keinen Unterschied zwischen Arm und Reich. Ist das gerecht? Man kann es auch anders herum sagen: Heute werden wir alle »subventioniert«, weil wir die Folgekosten unseres Tuns nicht

---

sehen am meisten haben, und von anderen Sozialleistungen, jedem Bürger bedarfsunabhängig eine monatliche soziale Basissicherung gewährt wird.

92. Die Idee, das Aufkommen von ökologisch wirkenden Abgaben pro Kopf an die Bevölkerung zurückzugeben, wurde vermutlich erstmals in einer Studie in 1989 des Umwelt-Prognose-Instituts Heidelberg zur »Zukunft des Autoverkehrs« gemacht. Damals wurde der Vorschlag als **Öko-Bonus** bezeichnet. Der Begriff *Energiegeld* wurde vom BÜNDNIS 90/DIE GRÜNEN geprägt und soll dort mittelfristig in ein bedingungsloses Grundeinkommen integriert werden.

tragen müssen. Auch Millionäre erhalten diese Subventionierung. Ist das gerecht?

Wir sagen: Es ist gerecht und hat etwas mit Verantwortung zu tun, wenn jeder für die Folgen seines Tuns aufkommen muss. Zur Gerechtigkeit gehört aber auch, dass allen eine angemessene Teilhabe an der Gesellschaft ermöglicht wird. Dies könnte man ohne Weiteres im Rahmen der normalen Sozialpolitik, wie zum Beispiel einer Anhebung von Harz-IV-Sätzen erreichen. Allerdings würde man damit das Problem verschärfen, dass das Arbeitseinkommen von Geringqualifizierten sich immer mehr den Harz-IV-Sätzen annähert oder sogar darunter liegt. Auch deshalb plädieren wir dafür, die Einnahmen aus einer CO_2-Abgabe oder einem umfassenden Emissionshandel[93] **pro Kopf** – ohne jegliche Einkommensgrenzen oder -prüfungen – an die Bevölkerung zurück zu geben. Dies erleichtert einerseits die politische Durchsetzbarkeit von marktbasierten Instrumenten wesentlich und zum Anderen werden auch Geringverdiener in die Lage versetzt, sich die klimafreundlichen Alternativen bzw. einen durchschnittlichen CO_2-Verbrauch – der jedoch stetig sinken wird – leisten zu können. Besonders Familien mit Kindern würden davon profitieren. Je mehr jemand verdient, desto mehr würde das Energiegeld an Bedeutung verlieren. Das Energiegeld atmet Gerechtigkeit!

Nun sagen sie vielleicht: Wird ein Geringverdiener dann überhaupt noch CO_2 einsparen? Aus der einen Tasche nimmt man ihm das Geld über eine CO_2-Abgabe heraus und in die andere steckt man das Geld wieder hinein. Wer so argumentiert vergisst, dass auch der Geringverdiener dann vor der Entscheidung steht, was er mit dem Geld macht, dass er bekommt. Gibt er das Geld weiterhin für den Standby-Verbrauch seines Fernsehers aus oder will er mit dem Geld nicht lieber ins Kino gehen? Das hängt von seinen Präferenzen ab. Der CO_2-Verbrauch wird auch für den Geringverdiener trotz Energiegeld immer teurer und alternative Ausgabemöglichkeiten re-

---

93. Die Umsetzung wäre bei einer CO_2-Abgabe leichter, da ein jährliches Aufkommen anfällt, das man zum Beispiel im Folgejahr an die Bevölkerung ausschütten kann. Versteigert man Emissionszertifikate, fallen auch Einnahmen an. Je nach Ausgestaltung jedoch nur in einigen Jahren oder sogar nur einmalig. Die Ausschüttung könnte auf mehrere Jahre gestreckt werden.

lativ dazu gesehen immer billiger. Auch er wird in Richtung CO_2-ärmere Lebensweise gehen.

Über die Höhe eines solchen Energiegeldes kann man nur schwer langfristige Aussagen treffen. Diese hängt einerseits davon ab, wie schnell eine CO_2-Abgabe angehoben oder die Versteigerung von Emissionszertifikaten ausgestaltet wird und andererseits, wie schnell die CO_2-Emissionen sinken. Daraus wird auch ersichtlich, dass die Einnahmen aus marktbasierten Instrumenten nicht unendlich wachsen werden, da ja – wie gewollt – die Bemessungsgrundlage CO_2 sinken wird. Um ein Gefühl für die Höhe zu bekommen: Würde man die heute bereits bestehende Ökosteuer in eine CO_2-Abgabe umwandeln und das Aufkommen an die Bevölkerung ausschütten, ergäbe dies bei einem ungefähren Aufkommen von 18 Mrd. € und einer Bevölkerung von rund 82 Millionen ein jährliches Energiegeld in Höhe von 220 € für jeden Erwachsen und jedes Kind. Würde man diese CO_2-Abgabe nun kontinuierlich anheben, würde das Energiegeld steigen, wenn die Anhebung der CO_2-Abgabe den Rückgang an CO_2-Emissionen übersteigt. Dass die Höhe des Energiegeldes sich nur schwer prognostizieren lässt, ist allerdings keine Malheur, da es sich um ein geschlossenes System handelt. Je mehr der notwendige Klimaschutz weh tut (weil die Emissionen noch nicht ausreichend sinken), desto stärker würde auch der soziale Ausgleich sein. Auf den ersten Blick problematischer wäre es, wenn man mit den Einnahmen einer CO_2-Abgabe andere Dinge dauerhaft finanzieren wollte. Aber auch dies wäre kein unüberwindbares Problem, da auch andere Steuerquellen schwanken und die Politik entsprechend reagieren muss.

> Das Energiegeld garantiert volle gesellschaftliche Teilhabe,
> weil sich jeder einen durchschnittlichen CO_2-Verbrauch
> bzw. die Alternativen auch leisten kann.

Eines der sensibelsten Themen in diesem Zusammenhang dürfte das Auto sein. Es hat bei uns den Status, den Brot und Spiele bei den Römern hatten. Viele glauben ein angeborenes Recht auf individuelle Mobilität zu haben – obwohl auch bei uns sich das beileibe nicht jeder leisten kann oder will: 25 % der 39 Millionen Haushalte in Deutschland besitzen kein Auto. Wir können nicht sagen, wie viel wir in 20, 30 oder 40 Jahren noch mit der eigenen Blechkutsche[94] herumfahren können, wenn wir die Folgekosten der damit verbundenen CO_2-Emissionen einpreisen oder irgendwann der Ölpreis ganz von alleine in ungeahnte Höhen explodiert. Das kann keiner seriös voraussagen. Auch wenn viele Politiker der Versuchung nicht widerstehen können in blümscher[95] Manier zu verkünden: *Das Auto fahren ist sicher.*

Vielleicht gelingt es uns, durch technischen Fortschritt unsere individuelle Mobilität zu erhalten. Vielleicht unterstützt durch etwas Maßhalten bei Geschwindigkeit und Komfort. Vielleicht müssen wir uns aber auch damit abfinden, in erster Linie öffentliche Verkehrsmittel zu benutzen, lange Wege zwischen Arbeit und Wohnung zu vermeiden und uns nur ab und zu für besondere Anlässe ein Fahrzeug beim Car-Sharing-Point um die Ecke auszuleihen oder mit relativ kleinen und leichten Fahrzeugen bei längeren Strecken nur den nächsten Park-and-Ride-Parkplatz anzusteuern.

---

94. Möge sie auch aus faserverstärktem Kunststoff (Carbon) sein.
95. Für alle, die diesen Herrn nicht mehr kennen. Es handelt sich um Norbert Blüm, der von 1982 bis 1998 Bundesminister für Arbeit und Sozialordnung unter Helmut Kohl war. Diesen beiden Herren verdanken wir es, dass die Rentenreform 20 Jahre zu spät in Angriff genommen wurde, weil Blüm gebetsmühlenartig verkündete: »Die Rente ist sicher«. Wahrscheinlich meinte er damit seine eigene. Die verlorenen 20 Jahre muss heute die Generation der 40-jährigen ausbaden, da die fehlende Zukunftssicherheit der Rente in relativ kurzer Zeit nachgeholt werden muss. Beim Klimaschutz haben wir die gleiche Situation: Vor 20 Jahren hätte man viel sanfter damit anfangen können, dass die Preise die ökologische Wahrheit sagen. Das hätte zur Folge gehabt, dass im Rahmen von Neu- und Ersatzinvestitionen unser heutiger Kapitalstock bereits viel treibhausgaseffizienter wäre. Wenn man nun die ökologische Wahrheit etwas schneller einpreisen muss, werden auch eher bereits getätigte Investitionen entwertet (Desinvestitionen).

Falls technische Innovationen nicht ausreichen sollten, um breite automobile Mobilität zu erhalten, können wir uns aber darauf verlassen, dass nach 20, 30 oder 40 Jahren ökologischen Strukturwandels, in denen die Preise peu à peu immer mehr die ökologische Wahrheit sagen, die Abhängigkeit von dieser Art Mobilität auch abgenommen haben wird. So wird es zum Beispiel wieder mehr kleinere Läden in der Nähe geben, die Innenstädte werden wieder aufblühen und der öffentliche Personenverkehr wird ein engmaschiges Netz anbieten, weil sich dies alles dann plötzlich rechnet.

Mehr Arbeitsplätze durch Klimaschutz?

Was ist mit den Arbeitsplätzen. Wir haben im Kapitel 3.6.1 ab S. 118 über die Ökologische Industriepolitik schon erwähnt, dass man ganz genau aufpassen muss, was man hier verspricht. Der ökologische Strukturwandel führt in erster Linie dazu, dass Arbeitsplätze verlagert werden. Vom Bau von Kohlekraftwerken zum Bau von effizienten Geräten, Windturbinen und Geothermiekraftwerken. Allerdings wird sich auch unser Lebensstil verändern. Wir werden wahrscheinlich auf so manchen Komfort verzichten. Ob dies alles gegenüber heute zu mehr oder weniger Arbeitsplätzen durch Klimaschutz führt, ist hoch spekulativ. Eines kann man aber sagen: Sind wir beim Klimaschutz erfolgreich, werden wir auf jeden Fall mehr Arbeitsplätze haben, als wenn wir nicht erfolgreich sind, weil die Kosten des Scheiterns viel höher sind als die des Gelingens. Man kann nur die »Zukünfte« vergleichen – nicht das Heute und die Zukunft. Für genügend Arbeitsplätze zu sorgen bleibt also ein Thema der Wirtschafts- und Sozialpolitik und sollte nicht auf den Klimaschutz verlagert werden. Nur eines ist sicher: Ein ökonomisch sinnvoller Klimaschutz bedeutet mehr Wohlstand als ineffizienter oder zu wenig Klimaschutz.

> Keiner kann versprechen, dass es uns in der treibhausgaslosen Zukunft besser geht als heute. Aber wenn wir es vernünftig anstellen, geht es uns auf jeden Fall besser, als wenn wir es nicht schaffen. Man kann also nur Aussagen über einen Vergleich der »Zukünfte« machen – nicht über Heute und Zukunft.

4.2 Ökonomie und Ökologie – ein Widerspruch?

In der Vergangenheit wurde intensiv immer wieder die Frage diskutiert, ob Ökonomie und Ökologie in einem Widerspruch[96] stehen. Diese Frage unterstellt, dass man durch weniger Ökologie mehr Wohlstand erreichen kann. Mangelnder Klimaschutz hat aber selbst negative ökonomische Wirkungen. Daher ist der Widerspruch viel geringer als man gemeinhin glaubt.

Wir werden um politisch gesetzte Klimaschutzziele nicht umhinkommen. Dabei wird sicher eine Abwägung stattfinden, wie viel Klimawandel wir zulassen können, um der Ökonomie genug Zeit für den Strukturwandel zu geben. Sind die Ziele gesetzt, geht es nur noch um deren kosteneffiziente Umsetzung. Sinn allen Wirtschaftens sollte es sein, den Menschen ein möglichst gutes Leben zu ermöglichen. Ökonomie darf dabei kein Selbstzweck sein. Zu wenig Klimaschutz wird unsere Lebensbedingungen jedenfalls in der Zukunft massiv verschlechtern. Zwar werden sich die direkten Folgen regional unterscheiden; von den indirekten Folgen wird aber die ganze Menschheit betroffen sein. Klimaschutz ist also Teil vernünftigen ökono-

---

96. Ein Diskussionsstrang war und ist dabei auch die Frage, ob »immerwährendes« **Wirtschaftswachstum** mit Umweltschutz bzw. in unserem spezifischen Kontext mit Klimaschutz vereinbar ist. Wir halten diese Fragestellung für etwas irreführend. Dies zeigt sich, wenn man vom Ende her denkt: Könnte es eine sinnvolle Politik sein, möglichst wenig Wirtschaftswachstum zu generieren, um mehr Klimaschutz zu erreichen? Nein, die Treibhausgase können auch ansteigen bei negativem Wirtschaftswachstum. Das Wirtschaftswachstum ist eine von mehreren Kennzahlen, die die Politik benötigt, um zum Beispiel Informationen über die aktuelle Konjunktur zur Ausrichtung Ihrer Konjunkturpolitik zu erhalten. Unstrittig ist dabei, dass das Sozialprodukt nicht unbedingt das Wohlergehen der Menschen messen kann. Es misst den materiellen Wohlstand einer Nation; aber nicht einmal dessen gerechte Verteilung. Wir halten es jedoch für legitim, wenn die Klimaschutzziele eingehalten werden, ein noch möglichst hohes Sozialprodukt zu erreichen und dies gerecht – auch unter Einbeziehung von Leistungsgerechtigkeit – zu verteilen. Armut ist kein Selbstzweck und bedeutet auch nicht automatisch Klimaschutz. An der Spekulation, welche Wachstumsraten bei konsequentem Klimaschutz insbesondere in den heutigen (gesättigten) Industrieländern noch möglich sind, wollen wir uns nicht beteiligen. Dies bringt auch keinen zusätzlichen Erkenntnisgewinn.

mischen Handelns. Dabei ist der Staat unverzichtbar, da Markt und Alltagsmoral bei diesem Thema schlicht versagen.

Ökonomisch sinnvoller Klimaschutz

Es gibt aber drei Sachverhalte, bei denen Ökologie und Ökonomie aufein-
ander treffen:

1. Es ist nicht egal, mit welchen Instrumenten der Staat Klimaschutz betreibt. Betreibt man Klimaschutz teurer als es notwendig wäre, verzichtet
   man auf Wohlstandspotenziale und schränkt den Handlungsspielraum
   beim Klimaschutz ein.
2. Minimierung der Entwertung (Desinvestition) von bereits getätigten Investitionen.
3. Nationalen Alleingängen sind Grenzen gesetzt, da man sich ab einem
   gewissen Punkt ökonomisch schadet (soziales Dilemma).

Kosteneffizienz und Strukturwandel statt Strukturbrüche

Gehen wir auf die ersten beiden Punkte ein: Marktbasierte Instrumente
setzen genau dort an, wo der Markt versagt. Klimaschutz wird insgesamt
zu geringst möglichen Kosten erreicht. Über den Preismechanismus wandern die Ressourcen dorthin, wo sie am produktivsten verwendet werden.
Nichts regt Innovationen mehr an, als wenn sie sich (einigermaßen planbar)
rechnen.

Dabei ist es ökonomisch wichtig, dass man uns – anders als beim Alkoho-
lismus – nicht schockartig vom CO_2 entwöhnt. Es wäre fatal, wenn die Preise
von heute auf morgen die ökologische Wahrheit sagen würden. Denn damit
würde von heute auf morgen ein Großteil der in der Vergangenheit getätigten
Investitionen – unser Kapitalstock – entwertet. Wir brauchen Strukturwandel,
nicht Strukturbrüche: Bei sowieso anstehenden Ersatz- oder Instandhaltungs-
investitionen in Kraftwerke, Produktionsanlagen, Gebäude oder die Entwicklung eines neuen Automodells muss der Anreiz da sein, in CO_2-ärmere Tech-

nologien zu investieren. Ein große Rolle spielt dabei, dass die Wirtschaftsakteure bei einer konsistenten Klimaschutzpolitik relativ weit voraus mit einem Anstieg der Preise für fossile Energieträger kalkulieren können. Idealerweise wird der Anhebungspfad einer CO_2-Abgabe oder der Abdiskontierungssatz beim Emissionshandel gerade so gewählt, dass, wenn die CO_2-Abgabe oder der Zertifikatspreis wirklich weh tun würde, die Alternativen bereits vorhanden sind. Wirtschaftspolitisches Ziel muss es sein, Desinvestitionen (Entwertung des bestehenden Kapitalstocks durch Veränderung der Rahmenbedingungen) über die Jahre hinweg zu minimieren. Auch das ist ein Beitrag dazu, dass der unvermeidliche ökologische Strukturwandel zu möglichst geringen volkswirtschaftlichen Kosten führt und damit die unausweichlichen dramatischen Reduktionsziele für Treibhausgase erst realisierbar werden. Das muss man auch so manchem Umweltschützer ins Stammbuch schreiben.

Begrenzter nationaler Handlungsspielraum

Was begrenzt den Handlungsspielraum?

Jedem ist intuitiv klar: Der nationale Handlungsspielraum ist begrenzt. Aber was begrenzt ihn genau?

Das Problem ist, dass die klimafreundlichen Alternativen mehr kosten und/oder beim Konsumenten weniger beliebt sind. Werden nun Unternehmen durch nationale Klimaschutzpolitik gezwungen, diese Alternativen trotzdem herzustellen oder alternativ zu produzieren, haben sie ein Problem auf dem Weltmarkt bzw. die Konsumenten greifen sogar dem eigenen Markt auf Importgüter zurück, die billiger sind oder eher ihren Wünschen entsprechen.

Festzuhalten ist: Das gilt für jegliche Art von Klimaschutzpolitik. Egal, ob mit Auflagen oder Marktmechanismen. Allerdings haben letztere den Vorteil, dass der Wettbewerbsnachteil minimiert wird, weil die CO_2-Emissionen dort gesenkt werden, wo dies am kostengünstigsten möglich ist. Eine CO_2-Abgabe an sich würde den Standort Deutschland gar nicht verteuern, da ja das Aufkommen dazu verwendet werden kann, andere Steuern und Abgaben zu senken – unterm Strich wird zwar CO_2 teurer, dafür aber Arbeit und Kapital billiger. Was den Standort Deutschland verteuert ist, dass die höhere CO_2-Effizienz durch teurere Technik oder Komfortverzicht erkauft werden muss bzw. müsste.

Andere Länder können sich also kurzfristig Wettbewerbsvorteile verschaffen, wenn sie auf forcierten Klimaschutz verzichten.

Allerdings gilt das nicht bei allen Produkten in vollem Umfang. Es gibt lokale Produkte, die nicht direkt im internationalen Wettbewerb stehen. Dabei handelt es sich vor allem um personennahe Dienstleistungen, wie z. B. im Bereich der Gesundheitsversorgung, der Pflege, der Kinderbetreuung oder bei den Friseuren, Handwerkern oder Freizeiteinrichtungen. Indirekt beeinflussen jedoch auch diese Bereiche am Ende die Produktionskosten am Standort Deutschland.

Was erweitert den nationalen Handlungsspielraum?

Es gibt aber auch Faktoren, die den Spielraum für Vorreitertum beim Klimaschutz erhöhen:

Klimaschutz durch Marktmechanismen bedeutet volkswirtschaftlich kostengünstigeren Klimaschutz als mit anderen Instrumenten. Man kann sich also mehr Vorreitertum leisten.

1. Mit Marktmechanismen machen sich Millionen von Unternehmen, Bürgern, Wissenschaftlern, Politiker und Verwaltungen darüber Gedanken, wie wir mit weniger CO_2 wirtschaften können. Innovationen, die sich dann bei eigennützigem Kalkül rechnen, sind damit programmiert. Innovative Produkte können unsere Chancen auf den Weltmärkten erhöhen. Die Nachfrage nach ihnen wird insbesondere dann steigen, wenn über kurz oder lang andere Staaten auch beim Klimaschutz ernst machen bzw. es zu entsprechenden internationalen Abkommen kommt. Dann haben wir einen sogenannten »First-Mover-Advantage«, weil wir dann bereits ausgereifte Produkte haben und die Marktführerschaft übernehmen können[97].

---

97. Auf diesem Kalkül beruht auch die Ökologische Industriepolitik des ehemaligen Umweltministers Gabriel.

2. Beim Klimaschutz mit Marktmechanismen kann bürokratischer Klimaschutz mit detaillierten Auflagen und bis ins Kleinste geregelte Subventionen zurückgefahren werden. Auch dies spart Kosten und setzt innovative Kräfte frei.
3. Mit den Einnahmen von Marktmechanismen können sozial- und wirtschaftlich schädliche Abgaben gesenkt werden – »Tax Bads, Not Goods«.[98] Alternativ könnte ein *Energiegeld* die unvermeidlichen sozialen Übergangsprobleme des Ökologischen Strukturwandels abfedern.
4. Langfristig angekündigte Marktmechanismen verhindern, dass Investitionen in die falsche Richtung fließen, die sich später als Fehlinvestitionen herausstellen – mehr Planungssicherheit.
5. Volkswirtschaften mit weniger Abhängigkeit von Öl und Gas sind weniger Preisschocks ausgesetzt.
6. Volkswirtschaften mit weniger Abhängigkeit von Öl und Gas sind in der Außenpolitik weniger erpressbar – manch teure und mit menschlichen Opfern verbundene Kriegsführung oder Ähnliches erübrigt sich dann.
7. Für besonders energieintensive Produktionsprozesse, wie die Aluminiumherstellung oder das Brennen von Zement, können Ausnahmeregelungen[99] eingeführt werden, damit keine Produktionsverlagerungen ins weniger strenge Ausland stattfindet.
8. Nicht zuletzt erhöht eine allgemein gute Sozial- und Wirtschaftspolitik den Spielraum für national forcierte Umweltpolitik.

Ergebnis: Der nationale Handlungsspielraum ist mit Marktmechanismen größer als beim Einsatz anderer Klimaschutzinstrumente, um den gleichen Klimaschutzstandard zu erreichen.

Marktbasierte Instrumente maximieren
den beschränkten nationalen Handlungsspielraum.

---

98. Für Volkswirte: Beachten Sie die kritische Diskussion zur sogenannten »Doppelten Dividende«.
99. Auch bei der bestehenden Ökosteuer gibt es entsprechende Ausnahmetatbestände.

4 Soziale und ökonomische Probleme marktbasierter Instrumente

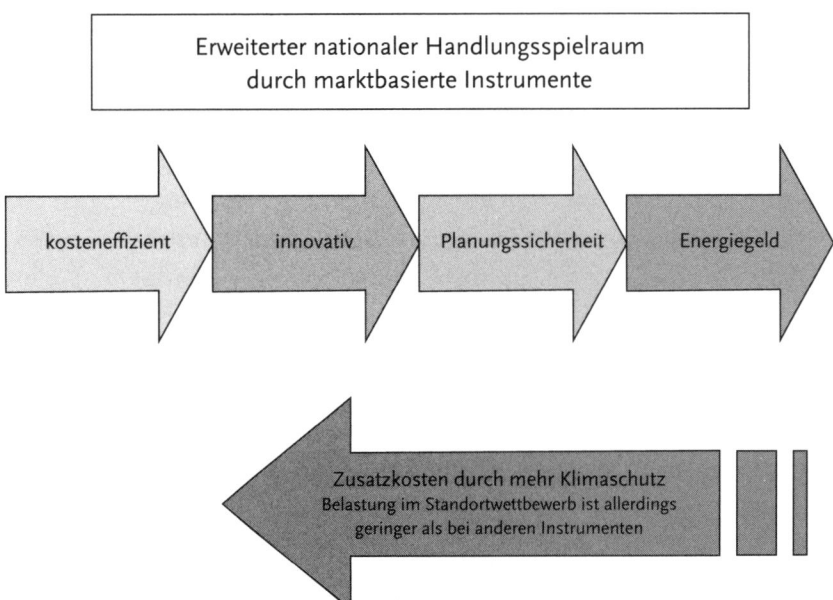

Abbildung 20: Nationaler Handlungsspielraum
Quelle: Eigene Darstellung

An einer gewissen Schwelle überwiegen aber auch hier die negativen ökonomischen Folgen isolierter nationaler Anstrengungen. Ein Preis für CO_2 oder allgemein Klimaschutz, wie er ökologisch notwendig ist, ist im nationalen Alleingang nicht umsetzbar. Der nationale Handlungsspielraum ist begrenzt. Wir sind daher darauf angewiesen, dass sich zumindest die wichtigsten Staaten der Welt – zum Beispiel die G20-Staaten – auf gewisse Reduktionsziele für Treibhausgase einigen. Wir werden im Kapitel 5.3 Eine neue Weltklimaordnung: Weltweiter Emissionshandel zwischen Staaten ab S. 159 hierzu einen konkreten Vorschlag für eine kosteneffiziente Umsetzung machen.

4.3 Ein gutes Leben ohne Treibhausgase ist möglich, wenn wir Klimaschutz auf der richtigen Ebene angehen

Zusammenfassend kann man sagen: Nur Marktmechanismen haben das Potenzial für einen ökonomisch vernünftigen und sozial verträglichen ökologischen Strukturwandel. Staatliche Planwirtschaft würde uns verdammt teuer kommen. Umweltbewusstes Alltagshandeln überfordert die Akteure. Damit eine treibhausgaslose Zukunft anzusteuern, ist zum Scheitern verurteilt.

Bevor wir uns mit der konkreten Umsetzung marktbasierter Instrumente beschäftigen, noch folgender Hinweis:

> Ein gutes Leben ohne Treibhausgase ist technisch und bei vertretbarem Verzicht auf Komfort und Entfaltungsmöglichkeiten möglich.
> Das technische Potenzial besteht bereits heute.

Wer das nicht glaubt, möge den Anhang 1 »Leben ohne Treibhausgase« durcharbeiten.

Dort wird nochmals deutlich: Wir stoßen zu viel CO_2 aus, weil die ökonomischen Rahmenbedingungen nicht stimmen. Wir diskutieren Klimaschutz auf der falschen Ebene,

⇨ wenn wir uns in der gesellschaftlichen Diskussion in technischen Details verlieren. Überlassen wir das den *Ingenieuren*.

⇨ wenn wir die Verantwortung auf den einzelnen Bürger, das einzelne Unternehmen oder einzelne staatliche Stellen wie Kommunen abwälzen wollen – diese sind damit überfordert.

⇨ wenn der Staat im Detail alles über Auflagen und Subventionen regeln soll.

➡ Dies führt zu hohen Klimaschutzkosten mit wenig Innovationen.

5 Umsetzung marktbasierter Instrumente – Roadmap zum effizienten und innovativen Klimaschutz

Man könnte natürlich gleich vom Ende her denken und sagen: Wir brauchen eben einen weltweiten Emissionshandel mit Treibhausgasen und alles ist bestens geregelt. Bis dahin legen wir unsere Hände in den Schoß. Aber so funktioniert es nicht. Genauso wie wir auf nationaler Ebene eine Umweltschutzbewegung gebraucht haben und immer noch brauchen, um für das Thema überhaupt ein ausreichendes Grundbewusstsein zu erreichen, brauchen wir auch auf internationaler Ebene Vorreiter, die das Thema puschen und durch ihr Vorbild andere überzeugen können. Dabei gibt es allerdings Grenzen. So wie sich jeder einzelne in einem sozialen Dilemma befindet und nur begrenzt darüber hinweggehen kann, ohne sich selbst empfindlich zu schaden, befinden sich auch Staaten und Staatengemeinschaften in diesem Dilemma, wie wir im letzten Kapitel nochmals gesehen haben.

Es macht also Sinn, stufenweise vorzugehen. Man muss auf nationaler Ebene das tun, was ohne entscheidende Wettbewerbsnachteile möglich ist. Das gleiche gilt auf EU-Ebene. Je höher die Ebene, desto größer sind auch die Handlungsspielräume. Auch wenn es viele nicht wahr haben wollen: Die EU ist Teil der Lösung, um der Globalisierungsfalle[100] zu entkommen, nicht Teil des Problems.

---

100. Was ist die *Globalisierungsfalle*? Auf nationaler Ebene oder im Rahmen der EU kann der Staat dem Markt einen Rahmen vorgeben, der für die Internalisierung externer Effekte – also für eine Behebung von Marktversagen – und für soziale Gerechtigkeit sorgt. Bei zunehmendem internationalen Standortwettbewerb hat jedoch jeder Staat einen Anreiz seine sozialen und ökologischen Standards oder sonstiges Regulierungsniveaus etwas zu senken, um kurzfristige Standortvorteile zu gewinnen. Damit kann eine Abwärtsspirale in Gang kommen, die man als Globalisierungsfalle bezeichnen kann. Nur durch internationale Kooperation und/oder sehr intelligente Rahmensetzung – wie zum Beispiel marktbasierte Instrumente in einem bestimmten Rahmen – kann man dieser Falle entkommen.

Langfristig brauchen wir jedoch auf globaler Ebene eine Übereinkunft, die dazu führt, dass Treibhausgase global einen Preis bekommen. Dies ist auch deshalb dringend erforderlich, da regionale Erfolge einfach verpuffen können. Dazu muss man sich Folgendes klar machen: Ist zum Beispiel die EU erfolgreich bei der Reduktion von CO_2, sinkt damit die weltweite Nachfrage nach Rohöl. Dies führt dazu, dass der Preis für Rohöl niedriger ist als ohne CO_2-Reduktion der EU. Wenn nun andere Staaten keine oder eine weniger ambitionierte Reduktionspolitik betreiben, wird deren Nachfrage nach Rohöl aufgrund des niedrigeren Preises steigen. Das CO_2, das wir bei uns einsparen, wird einfach woanders emittiert.

5.1 Nationale Ebene

Bevor wir auf EU-Ebene und internationaler Ebene eine konsistente Klimaschutzpolitik haben, bleibt auf nationaler Ebene leider vieles Flickschusterei. Aber auch dabei kann man einigermaßen effizient vorgehen oder eben nicht.

5.1.1 CO_2-Abgabe auf fossile Brennstoffe

Im Rahmen der rot-grünen Ökosteuer wurden relativ willkürlich die Mineralölsteuersätze unterschiedlich je Liter Heizöl, Benzin, Diesel bzw. Kubikmeter Gas angehoben – je nachdem was politisch opportun erschien. Diese Ökosteuer sollte daher umgewandelt werden in eine reine CO_2-Abgabe, d. h., die Höhe der Abgabe sollte vom Kohlenstoffgehalt des Energieträgers abhängen. Außerdem müsste eine solche CO_2-Abgabe alle fossilen Brennstoffe miteinbeziehen – auch Kohle, die auf Drängen der SPD nicht mit der Ökosteuer belastet wurde. Im Rahmen der rot-grünen Ökosteuer wurden auch fossile Brennstoffe, die der Stromerzeugung dienen, nicht besteuert. Darauf gehen wir im nächsten Abschnitt genauer ein.

Diese CO_2-Abgabe sollte jährlich dynamisiert so lange angehoben werden bis die nationalen Klimaschutzziele erreicht sind.

Die Einnahmen aus der CO_2-Abgabe könnten an die Bevölkerung pro Kopf zurück gegeben werden. Damit wäre auch ein gerechter Ausgleich dafür geschaffen, dass bei Marktmechanismen sich Reichere grundsätzlich mehr CO_2 leisten können als Ärmere.

Die Umwandlung der bestehenden Ökosteuer in eine CO_2-Abgabe sollte dazu genutzt werden, die gesamte Energiebesteuerung transparenter zu gestalten. So wäre es sinnvoll, die Energiesteuer (früher Mineralölsteuer) in drei Teile aufzuteilen:

(1) zweckgebundene Finanzierung[101] der Wegekosten des Verkehrs. Diese Funktion könnte auch eine allgemeine fahrzeug- und streckenabhängige Maut erfüllen,

(2) CO_2-Abgabe und

(3) allgemeiner Finanzierungsbeitrag für den Staatshaushalt.

Damit wäre für den Bürger und für die Wirtschaft endlich klar, wozu die relativ hohe Energiebesteuerung im Einzelnen dient. Auch der allgemeine Finanzierungsbeitrag zum Staatshaushalt ist legitim. Heute finanzieren wir die staatlichen Aufgaben in erster Linie durch die Belastung des Faktors Arbeit – was zu einer hohen Arbeitslosigkeit beiträgt. In Zukunft sollten wir umschichten und eher kWh arbeitslos machen statt Menschen.

Werden die Wegekosten nicht über eine Maut erwirtschaftet, ergibt sich bei unserem Vorschlag eine relativ hohe Belastung von Treibstoffen. Folge könnte ein nicht mehr tolerierbarer Tanktourismus sein. Deshalb wäre es dann sinnvoll, in einem Korridor zur jeweiligen Staatsgrenze die Abgaben-

---

101. Hier ist zu beachten, dass eine Ausgestaltung als Steuer verfassungsrechtlich schwierig ist, da bei Steuern das Prinzip der »Non-Affektion« gilt. Dies bedeutet, dass gerade keine Zweckbindung vorgesehen sein darf. Allerdings ist eine politische Zweckbindung möglich, wie sie heute bereits ansatzweise für die Energiesteuern im Verkehrsbereich besteht. Bei einer Ausgestaltung als Sonderabgabe müsste der allgemeine Finanzierungsanteil verfassungsrechtlich noch abgesichert werden, da man derzeit nicht auf den gleichen Tatbestand eine Sonderabgabe und eine Steuer erheben kann.

belastung in Abhängigkeit von der Entfernung zur Grenze schrittweise auf ein Niveau zu senken, dass dem im Nachbarland entspricht.

5.1.2 Stromerzeugung

Konsistenter Rahmen beim Einsatz fossiler Brennstoffe

Eine strategische Frage ist, ob man im Rahmen der Einführung einer CO_2-Abgabe auch die Verwendung fossiler Brennstoffe in der Stromerzeugung mit einbezieht. Bei der rot-grünen Ökosteuer war dies nicht der Fall. Stattdessen wurde das Endprodukt Strom, ohne Differenzierung nach der Art der Erzeugung, mit einer Stromsteuer belastet. Begründet wurde dies vor allem damit, dass ansonsten ein großer Anreiz entstehen würde, Strom zu importieren – vorzugsweise Atomstrom. Auch an diesem Beispiel wird deutlich, wie wichtig EU-weit einheitliche Mindestregelungen sind.[102]

Eigentlich wäre es sinnvoll, alle fossilen Brennstoffe mit einer einheitlichen EU-weiten CO_2-Abgabe zu belegen oder einen umfassenden Emissionshandel einzuführen. Dann könnte nämlich der Markt kosteneffizient entscheiden, in welchen Sektoren und welchen Ländern wie viel CO_2 eingespart wird. Wir müssen davon wegkommen, dass der Staat dies entscheidet – ihm fehlen dazu schlicht die notwendigen Informationen. So lange dies nicht der Fall ist, muss man aber mit Zwischenlösungen leben.

In Deutschland haben wir im Moment folgende Situation:

(1) Großkraftwerke unterliegen dem Emissionshandel. Setzen sie fossile Brennstoffe ein, werden diese nicht durch die Ökosteuer belastet.
(2) Kleine Stromerzeugungsanlagen werden oft durch EEG-Einspeisevergütungen und KWKG-Zuschläge subventioniert.
(3) Das Endprodukt Strom unterliegt der Ökosteuer in Form der Stromsteuer. Diese differenziert nicht danach, ob bei der Produktion fossile

---

102. Nachdem ein Großteil der Stromerzeugung seit 2005 dem EU-weiten Emissionshandel unterliegt, könnte man sich allerdings sogar fragen, ob damit die Legitimation der Stromsteuer als Umweltabgabe entfallen ist.

Energieträger zum Einsatz kamen. Bei der Stromsteuer gibt es zudem viele Ausnahmetatbestände. Zum Beispiel sind bestimmte energieintensive Prozesse völlig befreit. Für das verarbeitende Gewerbe gilt noch ein um 40 %-Punkte ermäßigter Steuersatz. Zudem findet für Unternehmen ein Spitzausgleich statt: Ist die Belastung durch die Ökosteuer höher als die Entlastung bei den Rentenversicherungsbeiträgen, wird der übersteigende Betrag der Ökosteuer zurück erstattet. Im Rahmen der rot-grünen Ökosteuer wurde der Zuschuss an die gesetzliche Rentenversicherung aus dem Staatshaushalt um ca. 18 Milliarden € pro Jahr erhöht. Dies macht ca. eine Entlastung bei den Rentenversicherungsbeiträgen von 1,7 Prozentpunkten aus, welche beim Spitzausgleich zugrunde gelegt wird.

Ein konsistenter nationaler Rahmen könnte folgendermaßen aussehen:

Alle fossilen Brennstoffe werden grundsätzlich mit einer einheitlichen CO_2-Abgabe belegt, welche die Ökosteuer ersetzt. Dies gilt also grundsätzlich auch für fossile Brennstoffe, die in der Stromerzeugung eingesetzt werden. Unterliegen diese Anlagen jedoch dem Emissionshandel, wird lediglich eine CO_2-Abgabe in Höher der Differenz[103] zwischen durchschnittlichem Börsenpreis in einem Jahr für CO_2 und der CO_2-Abgabe erhoben. Damit würden fossile Brennstoffe unabhängig von ihrer Verwendung einheitlich in Deutschland gemäß ihrer CO_2-Emissionen belastet. Allerdings könnte ein Anreiz entstehen, Strom zu importieren, wenn die zusätzliche CO_2-Abgabe relativ hoch ausfällt. Dem kann man Abhilfe schaffen, indem man auf importierten Strom eine Einfuhr-CO_2-Abgabe[104] je nach Erzeugungsenergiemix erhebt.

Bei der nächsten Festlegung der EEG-Einspeisevergütungen und der KWKG-Zuschläge sollte überprüft werden, inwieweit eine Absenkung mög-

---

103. Eine negative Differenz würde bedeuten, dass beim Emissionshandel ehrgeizigere Reduktionsziele verfolgt werden als durch die CO_2-Abgabe.

104. Innerhalb der EU ist der Energiemix (zum Beispiel: 30 % Steinkohle, 10 % Erneuerbare, 60 % Kernenergie) aufgrund einer Deklarationspflicht bekannt. Damit eine solche Abgabe EU- und WTO-konform ist (keine Diskriminierung von Importen), sollte sie so ausgestaltet sein, dass zum Beispiel die effizienteste Kohleverstromung zu Grunde gelegt wird.

lich ist, da sich aufgrund der CO_2-Abgabe und des Emissionshandels erneuerbare Energien und Kraft-Wärme-Kopplung immer mehr selbsttragend rechnen. Dabei sollte man zusätzlich bedenken, dass ein höherer Anteil an erneuerbaren Energien bei uns bewirkt, dass der Druck auf den Zertifikatspreis im EU-Emissionshandel nachlässt und damit Unternehmen in anderen EU-Ländern, die die frei werdenden Zertifikate aufkaufen, mehr CO_2 ausstoßen. Nationale oder regionale Reduktionsziele oder Ausbauziele für erneuerbare Energien greifen langfristig zu kurz.

Mit der Abschaffung der Ökosteuer würde auch die Stromsteuer entfallen. Allerdings sollte im Rahmen der oben skizzierten transparenten Energiebesteuerung gefragt werden, ob nicht Strom einen zusätzlichen Beitrag zur allgemeinen Staatsfinanzierung beitragen sollte. Insbesondere ist dabei zu bedenken, dass die Einnahmen der Ökosteuer zu gut 90 % dazu verwendet wurden, den Steuerzuschuss für die gesetzliche Rentenversicherung zu erhöhen.

Wie gehen wir mit der Kernenergie um?

Als Antwort auf die Ereignisse in Japan wurde in Deutschland der Ausstieg aus der Atomenergie bis 2022 beschlossen. Trotzdem ist es wichtig, dass bis zum Vollzug auch bei der Kernenergie Kostenwahrheit gilt – wie bei den erneuerbaren Energien und wie beim Einsatz von fossilen Brennstoffen. Insbesondere Länder wie Frankreich, die an der Atomenergie noch festhalten wollen, sollten auch den Mut haben, der Kostenwahrheit ins Auge zu schauen.

Dafür ist zumindest Folgendes notwendig:

(1) Schrittweise Anhebung der Deckelung der **Betriebshaftpflicht**[105] auf eine Höhe, die den tatsächlichen Kosten eines GAUs[106] auch aufgrund zum Beispiel eines terroristischen Anschlags entspricht. Heute muss

---

105. Unter www.atomhaftpflicht.de können Sie sich an einer Unterschriftenaktion beteiligen.
106. Größter anzunehmender Unfall.

ein Kernkraftwerk nur mit einer Deckungssumme von 256 Millionen versichert werden. Auch hier liegt ein externer Effekt vor, weil die Allgemeinheit im Ernstfall eintreten muss. Die Atomwirtschaft kann die Vorteile privatisieren und die Nachteile sozialisieren. Genauso wie fossile Brennstoffe über eine CO_2-Abgabe oder einen entsprechenden Emissionshandel Schritt für Schritt ihre vollen Kosten tragen müssen, müssen auch Kernkraftwerke in Zukunft ihre spezifischen Kosten Schritt für Schritt selbst tragen. Ansonsten herrscht keine Wettbewerbsgleichheit. Die Kernenergiebranche wehrt sich dagegen mit dem Argument, dass diese Kosten nicht versicherbar seien – eine entlarvende Aussage. Die seit 1. Januar 2011 eigentlich im Zuge der Laufzeitverlängerung eingeführte Kernbrennsteuer ist nur die zweitbeste Lösung für mehr Kostenwahrheit, die jetzt aufgrund des schnelleren Ausstiegs vielleicht auch juristisch angreifbar ist.

(2) Neutralisierung der Vorteile durch **Rückstellungsbildung**

Im Prinzip müssen die Betreiber den Rückbau der Kernkraftwerke, wenn sie einmal außer Dienst gestellt werden, und die (noch nicht geregelten) Endlagerungskosten der Kernbrennstoffe und sonstigen kontaminierten Materials selbst bezahlen. Damit das Geld auch wirklich da ist, wenn es so weit ist, müssen die Betreiber während der Betriebslaufzeit dafür bereits Rückstellungen bilden. So weit so gut. Die betriebswirtschaftliche Wirkung von solchen Rückstellungen ist jedoch, dass Ausgaben in der Zukunft schon heute den zu versteuernden Gewinn schmälern. Damit haben die Betreiber von Kernkraftwerken einen Zinsvorteil. Aus einer anderen Perspektive ergibt sich das gleiche Bild: Den Betreibern stehen hohe Mittel zur Verfügung, die sie, bis sie wirklich gebraucht werden, ertragsbringend anlegen können. In den 90er Jahren sind deshalb die Energieriesen im großen Stil zum Beispiel in die Abfallwirtschaft eingestiegen. Die Möglichkeit solch langfristige Rückstellungen zu bilden, führt zu einer Wettbewerbsverzerrung gegenüber anderen Formen der Stromerzeugung oder zum Beispiel anderen Firmen der Abfallwirtschaft. Eine Möglichkeit dies zu verhindern ist die Überführung der Rückstellungen in einen extern verwalteten Fond. Damit wäre auch besser sicher gestellt, dass das Geld wirklich noch vorhanden ist, wenn es gebraucht wird.

(3) Der Staat muss dringend für mehr **Wettbewerb** in der Stromerzeugung sorgen. Laut einer Studie der Hochschule für Technik und Wirtschaft des Saarlandes[107] aus 2010 erwirtschaftete zum Beispiel RWE in der Stromerzeugung eine Rendite auf das eingesetzte Kapital (ROCE[108]) von 26,6 %. Im Vergleich mit wettbewerbsintensiven Branchen und im Vergleich mit anderen Dax-Unternehmen seien aber nur neun Prozent angemessen. Um für mehr Transparenz zu sorgen, sollten große Stromerzeuger einen getrennten Jahresabschluss[109] für die Stromerzeugung vorlegen müssen. Sollten die Gewinner der vier Großen: RWE, E.ON, EnBW und Vattenfall, die vor der Stilllegung der ältesten Atommeiler 80 % der Stromerzeugung in ihren Händen hielten, weiter so stark sprudeln, müsste man darüber nachdenken, den Marktanteil von Stromerzeugern zu begrenzen, bis nur noch angemessene Gewinne erwirtschaftet werden. Die Verlängerung der Laufzeiten hätte den Wettbewerb weiter behindert, da viele bereits geplante Investitionen von zum Beispiel Stadtwerken in Frage gestellt wurden. Durch den Atomausstieg kann mehr Raum für neue Wettbewerber entstehen. Diese Chance sollten wir nutzen.

5.1.3 Ökologische Finanzreform

Es gibt eine Vielzahl von Subventionen, die dazu führen, dass klimaschädliches Handeln belohnt wird. Das Bundesumweltamt geht für das Jahr 2008 von 48 Mrd. € umweltschädlichen Subventionen[110] aus. Dabei fehlen noch wichtige Positionen wie Agrarsubventionen der EU. Hier gilt es gründlich auszumisten.

Ein paar Beispiele für klimaschädliche Steuersubventionen:

---

107. Quelle: Frankfurter Rundschau, Strom-Oligopol scheffelt Geld, 20.10.2010.
108. ROCE = Gewinn vor Steuern und Zinsen / (Gesamtkapital – kurzfristige Verbindlichkeiten – liquide Mittel).
109. Dieses Vorgehen wird auch Unbundling genannt.
110. Umweltbundesamt, Umweltschädliche Subventionen in Deutschland, Aktualisierung für das Jahr 2008, Juni 2010.

- Angleichung der Energiesteuer auf Diesel und Benzin (6,6 Mrd. € Steuersubvention)

Die Mineralölsteuer[111] auf Diesel ist um 18 ct/l niedriger als auf Benzin. Historisch begründet wird dies damit, dass ansonsten der Tanktourismus bei LKWs noch größer wäre. Wieder ein Beispiel, dass langfristig an einer EU-weiten Regelung kein Weg vorbeiführt. Zum Ausgleich ist die Kfz-Steuer für Diesel-PKWs höher als für Benzin-PKWs. Damit lohnen sich Diesel-PKWs besonders für Vielfahrer. Der Dieselwagenanteil ist aufgrund dieser unterschiedlichen Behandlung dramatisch angestiegen – Preise lenken eben – von 13 % am PKW-Bestand in 1990 auf 44,3 % der Neuzulassungen in 2006[112]. Allein wegen der Feinstaubbelastung durch Dieselmotoren keine sinnvolle Entwicklung. Ökologisch gesehen wäre es viel vernünftiger, die Kfz-Steuer abzuschaffen und auf die Energiesteuer auf Treibstoffe umzulegen. Wenn man dann gleich die Gelegenheit ergreifen würde, die Energiesteuer transparenter zu gestalten – wie auf S. 147 beschrieben –, hätte man gewonnen. Dem befürchteten verstärkten Tanktourismus bei LKWs könnte man entgegenwirken mit einer eigenen LKW-Diesel-Besteuerung. Die Wegekosten der LKWs (durch Verdoppelung des Gewichts des Fahrzeugs kommt es zu einem 16fach höheren Verschleiß der oberen Fahrbahnschicht) könnten zu 100 % über die LKW-Maut erhoben werden, die alle LKWs – egal woher sie kommen – zahlen müssen. Die LKW-Maut sollte zudem auf alle Straßen ausgedehnt werden.

- Steuerliche Entfernungspauschale (4,4 Mrd. € Steuersubvention)

Uns konnte noch keiner erklären, warum Josef Ackermann eine steuerliche Entfernungspauschale braucht – wovon er als Großverdiener absolut gesehen am meisten hat und ein Geringstverdiener gar nichts. Warum müssen andere Steuerzahler höhere Steuern zahlen, damit einige ihre private Entscheidung des Wohnsitzes versüßt bekommen? Warum kann ich die hohe Miete in der Nähe meines Arbeitsplatzes nicht absetzen? Das Steuerrecht verstehe, wer will. Das wäre ein Thema für sich. Wir

---

111. Die Mineralölsteuer heißt seit 15.07.2006 Energiesteuer.
112. Kraftfahrtbundesamt, Jahresbericht 2006, S. 33.

könnten uns ein Steuerrecht vorstellen mit niedrigen Steuersätzen für alle und am Besten keine Möglichkeiten irgendetwas abzusetzen.[113] Die Entfernungspauschale hat auf jeden Fall die Wirkung, dass (lange) Wege zur Arbeit steuerlich subventioniert[114] werden. Nicht ohne Grund haben in den letzten Jahrzehnten immer mehr ein Häuschen im Grünen errichtet und immer längere Wege zur Arbeit in Kauf genommen. Die freie Entscheidung[115] dazu sollte auch jeder haben. Aber bitte nicht finanziert durch andere über eine Entfernungspauschale und eine fehlende Einpreisung der Folgekosten durch den Klimawandel. Vielleicht schaffen wir es ja, irgendwann einmal unser Steuersystem insgesamt vom Kopf auf die Füße zu stellen und dabei auch die Entfernungspauschale gerichtsfest[116] schrittweise abzuschaffen. Gegen ein zeitlich befristetes Ki-

---

113. Würde man alle Einkommen aus abhängiger Beschäftigung und alle Unternehmensgewinne mit 11 % ohne jegliche Ausnahmen besteuern, hätte man das gleiche Steueraufkommen wie heute aus der Einkommens- und Körperschaftssteuer.

114. In der derzeitigen Logik unseres Einkommensteuerrechts stellt die Entfernungspauschale jedoch keine Steuersubvention im engeren Sinne dar.

115. Nun werden Sie vielleicht sagen, man kann doch nicht verlangen, dass jemand der in die Fläche gezogen ist, wieder zurück in die Stadt muss. Wo bleibt der Vertrauensschutz? Oder was ist mit den Menschen, die schon immer auf dem Land gelebt haben? Wir sagen: Langfristig muss jeder für die Klimaschutzkosten aufkommen, die mit seinem Lebensstil verbunden sind. Ob dies bedeutet, dass das Leben auf dem Lande oder in der Fläche dann nicht mehr möglich ist, kann man nur sehr schwer voraussagen. Der öffentliche Verkehr wird attraktiver sein. Es wird bezahlbare Fahrzeuge geben, mit denen man zum nächsten Park-and-Ride-Parkplatz kommt. Wahrscheinlich wird es auch wieder Dorfläden und mehr Wirtshäuser geben. Das ländliche Leben wird auch weiterhin an sich Vorteile haben, die die höheren Kosten für Mobilität wert sind. Punktuell kann man sicher durch geeignete Sozial- oder Strukturpolitik besondere Härten abmildern. Nur eines darf nicht passieren: Dass die Angst vor strukturellen Veränderungen verhindert, dass die Preise in Bezug auf Klimaschutz die ökologische Wahrheit sagen.

116. Das Bundesverfassungsgericht hatte die umstrittene Kürzung der Entfernungspauschale im Urteil vom 09.11.2008 für unwirksam erklärt. Damit hat das Bundesverfassungsgericht in Karlsruhe die seit 2007 geltende Änderung und Begrenzung der abziehbaren Werbungskosten (grundsätzlich kein Ansatz von Wegekosten zur Arbeit nach dem sogenannten Werkstorprinzip; Ausnahme Härtefall: Ansetzbarkeit erst ab dem 21. km) verworfen. Das Gericht sah einen Verstoß gegen das Gebot der Gleichbehandlung und insbesondere eine fehlende ausreichende Begründung für diese Re-

lometergeld für Menschen, die ihren Berufsort wechseln (müssen), wäre nichts einzuwenden. Davon hätte dann auch ein Geringverdiener etwas.

- Luftverkehr[117]
  - CO_2-Abgabe auch auf Kerosin
    Kerosin unterliegt derzeit keinerlei Energiebesteuerung (7,2 Mrd. €
    Steuersubvention). In der Logik der früheren Mineralölsteuer war das durchaus nachvollziehbar, da diese in erster Linie die Wegekosten abdecken sollte. Im Flugverkehr werden die Flugplatzkosten jedoch durch Start- und Landegebühren finanziert. Mit der Einführung einer CO_2-Abgabe fällt dieses Argument jedoch weg. Leider verbieten im internationalen Luftverkehr viele Luftfahrtabkommen zwischen Staaten die Erhebung einer Steuer auf Kerosin. Dort, wo es Abkommen zulassen bzw. neu verhandelt werden können, sollte man dies aber auch tun. Auf innerdeutschen Flügen könnte sofort eine CO_2-Abgabe auf Kerosin eingeführt werden. Diese wäre auch unabdingbar, um die Wettbewerbsverzerrung gegenüber dem Auto und der Bahn zu verringern.
    Sollte der Luftverkehr tatsächlich in den EU-Emissionshandel integriert werden, müsste man über eine sinnvolle Abstimmung der beiden Instrumente nachdenken.
  - Umsatzsteuer auf internationale Flüge (4,2 Mrd. € Steuersubvention)
    Grenzüberschreitende Flüge unterliegen nicht der Umsatzsteuer. Auch das verzerrt systematisch den Wettbewerb zur Bahn zu Lasten der Umwelt.

---

gelung. Die Regierung hatte ungeschickterweise vor allem mit dem Argument der Haushaltskonsolidierung argumentiert.
117. Die von der Bundesregierung eingeführte dreistufige Ticketabgabe (8 € für Inlandsflüge und europäische Kurzstrecken, Mittelstrecken 25 € und Langstrecken 45 €) ist ein Schritt in die richtige Richtung.

5.2 EU-Ebene

5.2.1 EU-weite CO$_2$-Abgabe *oder* umfassender EU-Emissionshandel

Der bereits existierende EU-Emissionshandel für CO$_2$ deckt ca. ⅔ aller Stromerzeugungsanlagen und besonders energieintensive Prozesse in den Bereichen Stahl, Baustoffe, Keramik und Papier ab. Damit wird gut die Hälfte der CO$_2$-Emissionen in der EU erfasst. In der nächsten Handelsperiode ab 2012 soll der europäische Emissionshandel sogar u. a. auf den Luftverkehr ausgeweitet werden.

Der Emissionshandel der EU ist damit ein großer Schritt in die richtige Richtung. Ziel muss jedoch eine Regelung sein, die alle CO$_2$-Emissionen umfasst, da ansonsten Effizienzvorteile vergeben werden, weil

(1) ansonsten der Staat entscheidet[118], wie viel die einzelnen Sektoren an Reduktion erbringen sollen – mit wenig Zusammenhang zu den Vermeidungskosten je Tonne CO$_2$,

(2) in den anderen Sektoren ineffizientere Instrumente zum Einsatz kommen und

(3) dann viele Einzelregelungen, wie zum Beispiel zur Förderung erneuerbarer Energien, die sich ebenfalls nicht an den Vermeidungskosten orientieren, schrittweise abgeschafft werden können.

---

118. Das »Integrierte Energie- und Klimaschutzprogramm« der Bundesregierung aus 2007 enthält zum Beispiel folgende Teilziele, die bis 2020 erreicht sein sollen: Anteil erneuerbarer Energien an der Stromerzeugung mindestens 30 %, Anteil erneuerbarer Energien an der Wärmeerzeugung mindestens 14 %, Anteil KWK-Strom mindestens 25 %, im Gebäudebereich werden die energetischen Anforderungen der Energieeinsparverordnung stufenweise im Rahmen des wirtschaftlich Vertretbaren erhöht (30 % in 2009, nach 2012 erneut in vergleichbarer Größenordnung), Anteil der Biokraftstoffe auf etwa 20 Volumenprozent, die durchschnittlichen CO$_2$-Emissionen neuer Pkw in der EU sollen bis 2012 auf 120 g CO$_2$/km reduziert werden, die Energieproduktivität soll um 3 % pro Jahr gesteigert werden.

Ein Emissionshandel, der alle CO_2-Emissionen erfasst, wird von vielen *technisch* nicht für möglich gehalten. Soll ich vor jeder Autofahrt erst einmal Zertifikate kaufen? Wie will man den CO_2-Ausstoß meines Konsums denn messen? Der Bundesverband Emissionshandel und Klimaschutz (bvek) hat für diese Problem einen genial einfachen Vorschlag gemacht: Die, die fossile Brennstoffe erstmals in der EU in den Verkehr bringen, müssen entsprechende CO_2-Zertifikate besitzen. Der Emissionshandel würde also zwischen Importeuren und Produzenten von fossilen Brennstoffen statt finden. Damit hätte man elegant alle CO_2-Quellen erschlagen.

Eine EU-weite einheitliche CO_2-Abgabe wäre ebenso administratorisch kein Problem.

Eine CO_2-Abgabe müsste dann so lange kontinuierlich angehoben bzw. die Zertifikatsmenge reduziert (abdiskontiert) werden bis international eingegangene Reduktionsverpflichtungen erfüllt sind. Anhebungen oder Abdiskontierungen sollten dynamisiert ausgestattet sein, d. h. niedrig beginnen und kontinuierlich progressiv ansteigen.

Sie haben es vielleicht gemerkt: Nationale Reduktionsziele würden sich damit innerhalb der EU erübrigen. CO_2 würde in dem Land eingespart, wo dies die geringsten Vermeidungskosten verursacht.

Beide Instrumente – CO_2-Abgabe wie ein umfassender Emissionshandel – haben ihre spezifischen Vor- und Nachteile, auf die wir in Kapitel 3.4 ab S. 90 ausführlich eingegangen sind. Welchem Instrumente der Vorzug gegeben wird, ist am Ende eine politische Entscheidung.

Einnahmen aus einer CO_2-Abgabe bzw. aus der Versteigerung der Zertifikate, könnten auf nationaler Ebene pro Kopf an die Bevölkerung als Energiegeld zurückgegeben werden. Dabei könnte sich anfangs die Ausschüttung an die Mitgliedsstaaten an den historischen CO_2-Emissionen orientieren; dies sollte aber schrittweise auf eine Pro-Kopf-Rückverteilung umgestellt werden. Damit würden Länder wie Polen, deren Energieversorgung derzeit noch massiv von fossilen Brennstoffen abhängt, beim Strukturwandel unterstützt.

5.2.2 Grenzausgleich gegenüber Nicht-EU-Staaten

So lange auf internationaler Ebene noch kein funktionierender Emissionshandel mit entsprechenden Reduktionszielen existiert (siehe nächstes Kapitel), sollte man auf EU-Ebene darüber nachdenken, ob ein Grenzausgleich in Anlehnung an die Umsatzsteuer möglich wäre. Die Umsatzsteuer verursacht für die europäische Wirtschaft keinen Wettbewerbsnachteil, da sie beim Export erstattet wird und Importe durch eine Einfuhrumsatzsteuer belastet werden. Auch eine CO_2-Abgabe könnte so ausgestaltet werden, dass sie über einen offenen Ausweis über alle Wertschöpfungsstufen weiter gereicht wird, so dass beim Export die entsprechende Steuer ins außereuropäische Ausland erstattet werden könnte. Auf der anderen Seite könnten Importe mit einer EinfuhrCO_2-Abgabe belegt werden. Diese könnte sich an Durchschnittswerten orientieren, wobei ein genauer Nachweis, der zu einer niedrigeren Besteuerung führt, möglich wäre. Der Wächter über den freien Welthandel, die WTO[119], welche Protektionismus (Handelsbarrieren) verhindern soll, könnte gegen ein solches Verfahren nichts einwenden, da ja Importe nur mit etwas belastet würden, was die inländischen Hersteller auch tragen müssen. Es würde also einigermaßen Waffengleichheit zwischen Öko-Dumping-Staaten und der EU als Vorreiter herrschen. Das Geniale an einem solchen Mechanismus: Die EU als Importregion ist so groß, dass eine Einfuhr-CO_2-Abgabe den Rest der Welt zwingt, auch über CO_2-Effizienz nachzudenken. Der Handlungsspielraum für die EU als Klimaschutzvorreiter wäre bei einer solchen Ausgestaltung also gewaltig. Trotzdem brauchen wir langfristig ein weltweites Regime.

---

119. World Trade Organisation; deutsch: Welthandelsorganisation; Wikipedia: Gegründet wurde die WTO am 15. April 1994 in Marrakesch, Marokko (in Kraft getreten am 1. Januar 1995); sie ist die Dachorganisation der Verträge GATT, GATS und TRIPS. Ziel der WTO ist der Abbau von Handelshemmnissen und somit die Liberalisierung des internationalen Handels mit dem weiterführenden Ziel des internationalen Freihandels. Zudem ist sie zuständig für die Streitschlichtung bei Handelskonflikten. Den Kern dieser Anstrengungen bilden die WTO-Verträge, die durch die wichtigsten Handelsnationen ausgearbeitet und unterzeichnet wurden. Die gegenwärtigen Verträge sind das Resultat der so genannten Uruguay-Runde, in welcher der GATT-Vertrag überarbeitet wurde. Wirtschaftspolitisch verfolgt die WTO eine liberale Außenhandelspolitik, die mit Deregulierung und Privatisierung einhergeht.

5.3 Eine neue Weltklimaordnung: Weltweiter Emissionshandel zwischen Staaten

Kyoto, Kopenhagen, Cancun[120] und was nun?

Ein kleiner Rückblick: Die internationalen Verhandlungen zum Klimaschutz sind in der Vergangenheit so verlaufen, dass für einzelne Länder[121]

---

120. Eine kurze Geschichte der UN-Klimapolitik:
1988: In diesem Jahr wurde erstmalig in der UN-Vollversammlung über den Klimawandel diskutiert und das Intergovernmental Panel of Climate Change (IPCC) im Rahmen des Umweltprogramms der Vereinten Nationen (UNEP) und der Weltorganisation für Meteorologie (WMO) gegründet.
1992: UN-Umweltgipfel in Rio de Janeiro. Die Industriestaaten erklärten sich bereit, Ihren Ausstoß an Treibhausgasen bis zum Jahr 2000 auf den Stand des Jahres 1990 zurückzuführen. Außerdem wurde eine Klimarahmenkonvention beschlossen, nach deren Ratifizierung zwei Jahre später alle Vertragspartner jährlich auf der UN-Klimakonferenz zusammen kommen.
1995: Die erste Klimakonferenz tagte 1995 in Berlin. Dort wurde festgehalten, dass die allgemein formulierten Ziele der Klimarahmenkonvention nicht ausreichen können, um der globalen Erwärmung in ausreichendem Maße entgegentreten zu können (Mandat für Kyoto).
1997: Kyoto-Protokoll (dritte Klimakonferenz). Es trat erst acht Jahre später in Kraft, weil es von 55 Staaten ratifiziert werden musste, auf die 55 % der Industriestaaten-Emissionen entfallen mussten. Die USA haben es nicht ratifiziert.
2007: 13. Klimakonferenz in Bali mit dem Ergebnis eines Verhandlungsmandats, um ein Kyoto-Nachfolgeabkommen bis Ende 2009 auszuhandeln. Das Kyoto-Protokoll läuft Ende 2012 aus. Soll keine vertragsfreie Zeit entstehen, muss ein Nachfolgeabkommen schnellstmöglich verabschiedet sein, damit die Ratifizierung in allen Vertragsländern noch möglich ist.
2009: Auf der 15. Klimakonferenz in Kopenhagen konnte keine Folgeabkommen zum Kyoto-Protokoll verabschiedet werden. Allerdings wurde als historischer Erfolg das Zwei-Grad-Ziel als globaler Konsens festgeschrieben.
2010: Auch auf der 16. Klimakonferenz in Cancun konnte kein Folgeabkommen verabschiedet werden. Verabschiedet wurde aber das Zwei-Grad-Ziel und zum Beispiel ein Paket zur Anpassung der besonders betroffenen Staaten an die Konsequenzen des Klimawandels, ein Paket zum Schutz des Regenwaldes und ein Paket zur Technologiekooperation.
121. Die EU hat als Ganzes eine Reduktionsverpflichtung von -8 % übernommen und diese

absolute Reduktionsverpflichtungen gegenüber ihren Emissionen in 1990 verhandelt wurden. In der japanischen Stadt Kyoto wurde 1997 vertraglich fixiert (Kyoto-Protokoll), dass die Industriestaaten[122] ihre Emissionen um 5,2 % bis 2012 reduzieren sollen. Für die einzelnen Länder wurden dabei unterschiedliche Reduktionsverpflichtungen festgelegt. Die EU hat sich als Ganzes zu einer Reduktion um 8 % verpflichtet.

In Kopenhagen im Jahr 2009 sollte ein Nachfolgeabkommen für das Kyoto-Protokoll verabschiedet werden. Dies ist gescheitert. Es wurden keine verbindlichen Reduktionsverpflichtungen vereinbart. Das Ergebnis von Kopenhagen: Die Delegierten von 25 Ländern (darunter USA, Japan, China, Indien und Deutschland) haben lediglich die so genannte »Kopenhagener Erklärung« erarbeitet, in der das Ziel formuliert wurde, die Erderwärmung auf durchschnittlich 2 °C zu begrenzen. Diese Erklärung wurde vom Plenum der 194 teilnehmenden Ländern lediglich zur Kenntnis genommen und enthält keinerlei verbindliche Verpflichtungen.

Auf der 16. Klimakonferenz im Dezember 2010 in Mexiko (Cancun) wurde das 2 °C-Ziel beschlossen,[123] aber leider wieder keine verbindlichen Reduktionsziele. Allerdings soll es einen Review-Prozess zwischen 2013 und 2015 u. a. dazu geben, wie die verbleibende Lücke zwischen den freiwilligen Verpflichtungen und den notwendigen Reduktionen zur Einhaltung des 2 °C-Ziels geschlossen werden kann. Frühestens auf der 17. Weltklimakonferenz 2011 in Südafrika (Durban) könnte eine Chance bestehen, zu einem Weltklimaabkommen zu kommen, das seinen Namen verdient. Es wird aber auch diskutiert, dass es aussichtsreicher sein könnte, außerhalb der UN-Klimakonferenzen – und der dort erforderlichen Einstimmigkeit von fast 200 Staaten – zu einem Abkommen in einer »Koalition der Willigen« zu kommen, die mindestens 80 % der Emissionen verantworten.

---

im Rahmen eines Burden-Sharings innerhalb der EU aufgeteilt. Im Rahmen dieses Burden-Sharings hat sich Deutschland zu –21 % verpflichtet.

122. Der Anhang B des Kyoto-Protokolls enthält eine Auflistung der Industrienationen, die sich dazu verpflichtet haben, ihre Treibhausgasemissionen im Zeitraum zwischen 2008 und 2012 zu regulieren. Zu den in Anhang B aufgeführten Ländern zählen die OECD-Staaten, die Länder Mittel- und Osteuropas sowie die GUS-Staaten.

123. Lediglich Bolivien hat dagegen gestimmt. Da Bolivien ein ambitionierteres Ziel wollte, wird trotzdem von der Verbindlichkeit des Beschlusses ausgegangen.

5.3.1 Rahmen für ein Weltklimaabkommen

Folgende sechs Punkte muss unseres Erachtens ein Weltklimaabkommen umfassen:

(1) Zumindest die G20-Staaten müssen sich verpflichten

Die Entwicklungs- und Schwellenländer und ein so wichtiges Land wie die USA haben sich an den Verpflichtungen bisher nicht beteiligt. Allein die USA, China und Indien verursachen aber 45 % der weltweiten CO_2-Emissionen.

Damit tatsächlich einmal Reduktionsverpflichtungen möglich werden, wie sie naturwissenschaftlich und ökonomisch geboten sind, müssten am besten alle Länder mitmachen; als Zwischenschritt sollten sich zumindest die G20-Staaten verpflichten, welche ca. 78 % der CO_2-Emissionen zu verantworten haben. Fehlen wichtige Länder, sind wirklich ehrgeizige Ergebnisse aufgrund des sozialen Dilemmas nicht zu erwarten.

(2) Globales Emissionsbudget

In Cancun wurde das 2-Grad-Ziel beschlossen. Darauf aufbauend sollte ein globales Emissionsbudget bis 2050 (noch nicht herunter gebrochen auf einzelne Länder) vereinbart werden, dass die Einhaltung des 2-Grad-Ziels voraussichtlich garantiert. Wir gehen in Übereinstimmung mit dem Wissenschaftlichen Beirat der Bundesregierung von 750 Mrd. t CO_2-Emissionen von 2010 bis 2050 aus.

(3) Weltweiter Emissionshandel zwischen Staaten[124]

Durch einen weltweiten Emissionshandel[125] können wir erreichen, dass dort Treibhausgase vermieden werden, wo dies weltweit am kostengünstigsten

---

124. Statt eines weltweiten Emissionshandels zwischen Staaten wäre auch eine weltweite CO_2-Abgabe oder – wie wir es für die EU vorschlagen – ein Emissionshandel zwischen denen, die fossile Brennstoffe in den Verkehr bringen, denkbar. Wir sehen jedoch zwei Probleme: Erstens können Staaten dann nicht mehr entscheiden, wie sie Klimaschutz auf nationaler Ebene betreiben wollen und zweitens lassen sich dann die weiteren Treibhausgase (siehe auch Kapitel 5.3.3 Die vergessenen Treibhausgase ab S. 183) schlechter integrieren.

125. Erste Ansätze gibt es bereits im Kyoto-Protokoll mit folgenden sogenannten flexiblen Mechanismen:

Wikipedia: *Gemeinsame Umsetzung (Joint Implementation)*

Als Joint Implementation (JI) wird eine Maßnahme eines Industrielandes, welches gemäß dem Kyoto-Protokoll einer Reduktionsverpflichtung unterliegt, in einem anderen solchen Land bezeichnet. Die durch das Investment dieses Staates erreichte Reduktionsminderung wird allein dem Investorland zugeschrieben. Das ermöglicht es Ländern mit relativ hohen spezifischen Kosten der Emissionsreduktion, ihren Verpflichtungen durch Investitionen in Ländern mit leichter erzielbaren Einsparungen nachzukommen. Der JI-Mechanismus ist besonders im Hinblick auf die im Anhang B vertretenen osteuropäischen Staaten geschaffen worden. Neben der Senkung des Ausstoßes von Treibhausgasen sollte damit gleichzeitig die notwendige Modernisierung der ehemals kommunistischen Ökonomien vorangetrieben werden.

Mechanismus für umweltverträgliche Entwicklung (Clean Development Mechanism)

Der Clean Development Mechanism (CDM) ermöglicht es einem Industrieland, Maßnahmen zur CO_2-Reduktion in einem Entwicklungsland durchzuführen und sich die dort eingesparten Emissionen auf das eigene Emissionsbudget anrechnen zu lassen. Der Unterschied zu einer Joint Implementation besteht darin, dass das Industrieland seine Reduktionsverpflichtung teilweise in einem Entwicklungsland ohne eine solche Verpflichtung erfüllen kann.

Da der Ort einer Emissionsreduktion prinzipiell unerheblich ist und man von jeglicher Reduktion einen verringerten negativen Einfluss auf das Klima erwartet, können so kostengünstigere Maßnahmen verwirklicht, Klimaschutz wirtschaftlich effizienter gestaltet werden. Der CDM wurde eingeführt, um einerseits Industrieländern das Erreichen ihrer Reduktionsziele zu erleichtern und gleichzeitig einen zur Modernisierung dringend notwendigen Technologietransfer in Entwicklungsländer zu fördern. Da jedoch Entwicklungsländer keiner Reduktionsverpflichtung unterliegen, muss bei jedem Projekt sichergestellt werden, dass die Emissionsvermeidung zusätzlich (Additionality) erfolgt, d. h. die Erträge aus dem Handel mit den durch die CDM gene-

möglich ist. Wir plädieren dabei für einen Emissionshandel zwischen Staaten. Damit bliebe es jedem Staat selbst überlassen, mit welchem Instrumentenmix er Klimaschutzpolitik auf nationaler Ebene betreiben will. Man kann aber nur jedem Staat empfehlen, auf nationaler Ebene auch auf Marktmechanismen zu setzen. Ansonsten verzichtet er auf Wohlstandspotenziale.

(4) Erstzuteilung der Zertifikate

In einem ersten Schritt sollte jedes Land so viele Zertifikate bekommen, wie es in einem zu vereinbarenden Basisjahr – zum Beispiel 2007 – tatsächlich emittiert hat. Diese Zertifikate müssen zwischen den Staaten handelbar sein. Im Jahr 2007 wurden weltweit 31,9 Milliarden Tonnen CO_2 emittiert. Davon entfielen auf Deutschland 0,86 Milliarden Tonnen. Deutschland würde also Zertifikate in Höhe von 0,86 Milliarden Tonnen erhalten.

Nun könnte man auch sagen, warum machen wir es nicht gleich gerecht und teilen die Zertifikate pro Kopf der jeweiligen Bevölkerung zu.[126] Warum

rierten CERs (certified emission reductions) müssen entscheidend für die Maßnahme sein. Denn würde das entsprechende Investment auch ohne den Verkauf von CERs durchgeführt (z. B. weil der Bau einer Windkraftanlage ohnehin rentabel ist), so handelt es sich beim Verkauf der CERs lediglich um eine Gewinnmitnahme, welche nicht die Emissionen im Investorland ausgleicht. In diesem Fall führt der CDM zu zusätzlichen Emissionen gegenüber dem Referenzszenario (kein Handel von CERs). Dies wird besonders im Zusammenhang mit der sogenannten Linking Directive der Europäischen Union bemängelt, die den EU-Emissionshandel mit dem CDM verknüpft und es Unternehmen ermöglicht, anstelle von Emissionsreduktionen CDM-Zertifikate einzukaufen.

126. Ein Vorschlag in diese Richtung (Kyoto Plus) stammt vom Umweltökonomen Lutz Wicke. Er schlägt die sofortige Vergabe der Zertifikate nach dem Pro-Kopf-Prinzip an Staaten vor. Die, die fossile Brennstoffe in den Verkehr bringen wollen, müssen dabei Zertifikate von den Staaten kaufen. Der Zertifikatspreis ist bei seinem Vorschlag für Schwellen- und Entwicklungsländer auf einem niedrigen Niveau fixiert, so dass auch bei diesem Vorschlag die gerechte Pro-Kopf-Verteilung nicht sofort wirksam wird. Außerdem sieht sein Vorschlag Regelungen vor, die sicher stellen sollen, dass die Einnahmen in den Schwellen- und Entwicklungsländern im Rahmen eines »Ökosozialen Marshallplans« sinnvoll verwendet werden. Wir glauben, dass man mit der Verknüpfung mit einem »Ökosozialen Marshallplan« die Klimaschutzpolitik über-

soll ein Deutscher mehr Rechte bekommen als ein Inder? Bei dieser Vorgehensweise kämen bei einer Weltbevölkerung von 6,9 Milliarden auf einen Kopf 4,5 t CO_2 (31,9:6,9). Für Deutschland würde dies eine Zuteilung von 0,36 Milliarden Tonnen statt 0,86 bedeuten. Wir müssten also von einem Tag auf den anderen weit über die Hälfte unserer CO_2-Emissionen reduzieren oder entsprechende Zertifikate zum Beispiel aus Indien zukaufen. Es dürfte für jeden einsichtig sein, dass dies ökonomisch keinen Sinn ergibt. Die bestehenden Strukturen sind über Jahrzehnte entstanden. Sie mit der Axt im Walde von heute auf morgen zu entwerten führt zu einer Weltwirtschaftskrise, aber nicht zu nachhaltigem Klimaschutz. Ein wesentlicher Vorteil von Marktmechanismen beim Klimaschutz liegt gerade darin, dass man mit ihnen bei vernünftiger Ausgestaltung einen geordneten ökologischen Strukturwandel induzieren kann, statt Strukturbrüche, die keinem helfen. Auch Indien könnte die Geldflut auf die Schnelle gar nicht sinnvoll verwenden und wir könnten es uns bald nicht mehr leisten, die Zertifikate zu kaufen.

(5) Mengensteuerung

Ziel ist eine Reduktion der CO_2-Emissionen. Daher muss die CO_2-Menge, die die Zertifikate erlauben, jährlich so verändert (in der Regel: abdiskontiert) werden, dass wir zwischen 2010 und 2050 maximal 750 Mrd. t emittieren.

---

frachtet. Unserer Meinung nach sollte eine Art globaler Marshallplan (siehe auch: Global Marshallplan Initiative) parallel verwirklicht werden.

Auch der Wissenschaftliche Beirat der Bundesregierung Globale Umweltveränderungen (WGBU) schlägt eine sofortige Pro-Kopf-Zuteilung des verbleibenden Emissionsbudgets vor, dass dann gehandelt werden kann. Das Restbudget der USA würde zum Beispiel bei diesem Vorschlag nur noch 6 Jahre reichen. Damit müssten die USA sehr schnell in einem Ausmaß Rechte zukaufen, die unserer Meinung nach ihre Leistungsfähigkeit überschreiten würde. Es ist aber auch für die Schwellen- und Entwicklungsländer wichtig, dass die heutigen Industrieländer ihr Potenzial behalten, die weltweite Decarbonisierung mitfinanzieren zu können. Auch deshalb plädieren wir für eine schrittweise Umsetzung von Klimagerechtigkeit.

(6) Klimagerechtigkeit

Jetzt wird es spannend!

Auf Dauer ist es natürlich nicht hinnehmbar, dass die Rechte pro Kopf weltweit nicht gleich verteilt sind. Dies würden erstens die Schwellen- und Entwicklungsländer nicht akzeptieren und es widerspräche zweitens jeglichen Gerechtigkeitsvorstellungen. Langfristig muss also gelten: one man – one right; jeder hat das gleiche Recht CO_2 zu emittieren. Da heißt aber nicht, dass am Ende jeder wirklich gleich viel CO_2 emittiert! Das wäre wiederum kommunistische Gleichmacherei. Es muss jedem Land überlassen bleiben, welchem Lebensstil es nachgehen will. Will ein Land jedoch überdurchschnittlich viel emittieren, muss es entsprechende Rechte eben zukaufen. Damit bleibt die Freiheit erhalten, so zu leben wie man will. Aber gleichzeitig übernimmt man auch die Folgekosten und damit die Verantwortung dafür. Freiheit und Verantwortung sind nun einmal zwei Seiten einer Medaille und gehören zusammen.

> Ziel muss sein: one man – one right

Wenn wir in unserem Modell langfristig zu gleichen Rechten pro Kopf komme wollen, bedeutet dies aber, dass Länder mit überdurchschnittlichen Pro-Kopf-Emissionen eine stärke Mengenabwertung ihrer Zertifikate hinnehmen müssen als Länder mit eher durchschnittlichem Pro-Kopf-Ausstoß. Länder mit deutlich unterdurchschnittlichem Pro-Kopf-Ausstoß sollten sogar eine Mengenaufwertung ihrer Zertifikate erhalten. Über ein solches System von Mengenab- und Mengenaufwertungen gelangt man langfristig zu gleichen Rechten pro Kopf und gleichzeitig zu einer garantierten globalen Reduktion der Emissionen.

Hier liegt aber natürlich der Verhandlungszündstoff! Über das verbleibende CO_2-Budget bis 2050 wird man sich vielleicht noch schnell einig. Dass man nicht sofort mit der absoluten Klimagerechtigkeit starten kann, ist vielleicht auch noch vermittelbar; wir könnten uns hier folgenden »Deal« vorstellen: Die Schwellen- und Entwicklungsländer stimmen bei der Be-

rechnung der Pro-Kopf-Emissionen einem Einfrieren der Bevölkerungszahlen zu. Dafür stimmen die Industriestaaten auf dieser Basis einer schrittweisen Umsetzung der Klimagerechtigkeit mit gleichen Rechten pro Kopf
bis 2050 zu.

5.3.2 Ein konkreter Umsetzungsvorschlag: Das Regensburger Modell

Aber wie soll der weltweite Reduktionspfad konkret aussehen und wie bricht
man ihn auf die einzelnen Länder herunter?

Mathematisch lässt sich dieses Problem gut lösen. Eine mögliche Umsetzung wollen wir hier vorstellen.

Was muss vereinbart werden?

Die *Klimagipfelstürmer* müssen in unserem **Regensburger Modell** nur vier
Parameter vereinbaren, um die Mengenanpassungen in allen Ländern zu
organisieren:

- Globale Randbedingungen
  - Globales Emissionsbudget bis 2050 (zum Beispiel: 750 Mrd. t zwischen
    2010 und 2050).
  - Weltweite Emissionen in 2050 (ZM; Zielmenge; zum Beispiel 4,3
    Mrd. t).
- Mengenanpassungssätze
  - Anfänglicher Veränderungssatz (VS_{Bj}; zum Beispiel: -0,59 %) und
  - Eskalationssatz, mit dem der Veränderungssatz jährlich angepasst wird
    (ES; zum Beispiel: 15,00 %).

Die Mengenanpassungssätze müssen dabei so gewählt werden, dass die
globalen Randbedingungen eingehalten werden; wie das geht, werden wir
gleich zeigen.

Zu den weltweiten CO_2-Emissionen in 2050 gibt es zwei Dinge zu sagen:

(1) Diese Randbedingung brauchen wir weiterhin – obwohl das Budget die viel strengere Bedingung ist –, um einen **schrittweisen** Übergang zur Klimagerechtigkeit (one man – one right) organisieren zu können. Dies wird später noch deutlicher. Eine sofortige gerechte Verteilung der Emissionen halten wir für eine Überforderung aller Seiten.

(2) Wir gehen davon aus, dass wir eine Absenkung um 80 % gegenüber den Emissionen in 1990 brauchen, um das Budget von 750 Mrd. t von 2010 bis 2050 noch einhalten zu können (bei 21,6 Mrd. t in 1990 ergibt sich damit ein Zielmenge von 4,3 Mrd. t in 2050). Hintergrund: Gehen wir von einer zum Beispiel nur 50 %igen Reduktion aus, würde dies bedeuten, dass wir schon in den nächsten Jahren hohe Reduktionen schaffen müssten. Bei einer 80 %igen Reduktion am Ende, kommen wir in den nächsten Jahren noch mit relativ geringen Absenkungen aus. Wir haben also nur die Wahl zwischen Pest und Cholera. Entweder eine sehr starke sofortige Senkung mit einer geringeren Endabsenkung 2050 oder etwas weniger Reduktion in den kommenden Jahren, dafür aber eine stärkere Endabsenkung. Wir plädieren für die zweite Lösung, weil eine ökonomisch sinnvolle Absenkung unserer Emissionen einen gewissen Investitionsvorlauf braucht, der Zeit benötigt. Aber eines sollte klar sein: Diese Investitionen werden nur getätigt, wenn die Politik **heute** entscheidet und handelt!

Wie wird dann im Einzelnen gerechnet?

Zunächst nehmen wir uns einmal die ganze Welt vor:

Eingefrorene Weltbevölkerung in Mrd.	6,90
CO₂-Emissionen Basisjahr (Ausgangswert) in Mrd. t	30,00
CO₂-Emissionen im Jahr 2050 (ZM = 20 % der Emissionen in 1990)	4,32
Anfänglicher Veränderungssatz (VS$_{BJ}$)	−0,59 %
Jährlicher Eskalationssatz auf den Veränderungssatz (ES)	15,00 %

Jahr	zertifizierte CO₂-Emissionen in Mrd. t	Basis für Veränderungssatz in Mrd. t	Veränderungssatz	absolute Veränderung gegenüber Vorjahr in Mrd. t	relative Veränderung gegenüber Vorjahr	relative Veränderung gegenüber 1990
t	ZE$_t$	ZE$_t$–ZM	VS$_{t-1}$* (1+ES)	ZE$_t$– ZE$_{t-1}$		1990 = 21,6 Mrd. t
BJ	30,00	25,68	−0,59 %			39 %
2013	29,85	25,53	−0,68 %	−0,15	−0,51 %	38 %
2014	29,68	25,36	−0,78 %	−0,17	−0,58 %	37 %
2015	29,48	25,16	−0,90 %	−0,20	−0,67 %	36 %
2016	29,25	24,93	−1,03 %	−0,23	−0,77 %	35 %
2017	28,99	24,67	−1,19 %	−0,26	−0,88 %	34 %
2018	28,70	24,38	−1,37 %	−0,29	−1,01 %	33 %
2019	28,37	24,05	−1,57 %	−0,33	−1,16 %	31 %
2020	27,99	23,67	−1,81 %	−0,38	−1,33 %	30 %
2021	27,56	23,24	−2,08 %	−0,43	−1,53 %	28 %
2022	27,08	22,76	−2,39 %	−0,48	−1,75 %	25 %
2023	26,54	22,22	−2,75 %	−0,54	−2,01 %	23 %
2024	25,93	21,61	−3,16 %	−0,61	−2,30 %	20 %
2025	25,24	20,92	−3,63 %	−0,68	−2,63 %	17 %
2026	24,48	20,16	−4,18 %	−0,76	−3,01 %	13 %
2027	23,64	19,32	−4,80 %	−0,84	−3,44 %	9 %
2028	22,71	18,39	−5,52 %	−0,93	−3,93 %	5 %
2029	21,70	17,38	−6,35 %	−1,02	−4,47 %	0 %
2030	20,59	16,27	−7,30 %	−1,10	−5,09 %	−5 %
2031	19,41	15,09	−8,40 %	−1,19	−5,77 %	−10 %
2032	18,14	13,82	−9,66 %	−1,27	−6,53 %	−16 %
2033	16,80	12,48	−11,11 %	−1,33	−7,36 %	−22 %
2034	15,42	11,10	−12,78 %	−1,39	−8,25 %	−29 %
2035	14,00	9,68	−14,69 %	−1,42	−9,20 %	−35 %
2036	12,58	8,26	−16,90 %	−1,42	−10,16 %	−42 %
2037	11,18	6,86	−19,43 %	−1,40	−11,09 %	−48 %
2038	9,85	5,53	−22,34 %	−1,33	−11,92 %	−54 %
2039	8,61	4,29	−25,70 %	−1,24	−12,54 %	−60 %
2040	7,51	3,19	−29,55 %	−1,10	−12,81 %	−65 %

2041	6,57	2,25	−33,98 %	−0,94	−12,55 %	−70 %
2042	5,80	1,48	−39,08 %	−0,76	−11,63 %	−73 %
2043	5,22	0,90	−44,94 %	−0,58	−9,99 %	−76 %
2044	4,82	0,50	−51,68 %	−0,41	−7,78 %	−78 %
2045	4,56	0,24	−59,44 %	−0,26	−5,34 %	−79 %
2046	4,42	0,10	−68,35 %	−0,14	−3,13 %	−80 %
2047	4,35	0,03	−78,61 %	−0,07	−1,51 %	−80 %
2048	4,33	0,01	−90,40 %	−0,02	−0,56 %	−80 %
2049	4,32	0,00	−100,00 %	−0,01	−0,14 %	−80 %
2050	4,32	0,00	−100,00 %	−0,00	−0,01 %	−80 %
Gesamt	**660**					

Abbildung 21: CO_2-Konto Welt; Bestimmung der Mengenveränderungssätze
Quelle: Eingene Darstellung

In der Abbildung 21 finden folgende Rechenschritte statt:

(1) Mengenabwertung eines Jahres $(ZE_t - ZE_{t-1})$
   = [zertifizierter CO_2-Menge des Vorjahres (ZE_{t-1})
   − Zielmenge (ZM)][127]
   * (negativer) Veränderungssatz des Vorjahres (VS_{t-1})[128]
(2) Zertifizierte CO_2-Menge für das aktuelle Jahr (ZE_t)
   = zertifizierte CO_2-Menge des Vorjahres (ZE_{t-1})
   + Mengenabwertung eines Jahres $(ZE_t - ZE_{t-1})$
(3) Veränderungssatz eines Jahres (VS_t)
   = Veränderungssatz des Vorjahres[129] (VS_{t-1})
   * [1 + Eskalationssatz (ES)]

127. In Kapitel 3.4.2 Emissionshandel – CO_2-Menge wird vorgegeben ab S. 97 haben wir schon einmal eine Dynamisierung des Emissionshandels vorgeschlagen. Dort wurde der Veränderungssatz auf den Restwert der Emissionen angewendet. Die hier vorgeschlagene Methode bietet sich an, wenn man einen einheitlichen Veränderungssatz für alle Länder anwenden will und sich trotzdem die Pro-Kopf-Emissionen der einzelnen Länder annähern sollen.
128. Für $t = 2013$ ist statt auf ZE_{t-1} auf ZE_{BJ} zurückzugreifen. Dies gilt auch für den nächsten Rechenschritt (2).
129. Für $t = 2013$ ist statt VS_{t-1} auf VS_{BJ} zurückzugreifen.

Für den, der damit besser zurecht kommt, hier die dazugehörigen (Rekursions-)Formeln[130] für die weltweit zertifizierten CO_2-Emissionen und für die Veränderungssätze[131]; aber keine Angst, unten kommt noch ein Zahlenbeispiel:

$ZE_t = ZE_{t-1} + (ZE_{t-1} - ZM) * VS_{t-1}$	$VS_t = VS_{t-1} * (1 + ES)$

Für einen geordneten Strukturwandel ist es wichtig, dass die Mengen sich erst langsam, dann aber immer stärker und am Schluss wieder etwas langsamer verändern. Aus diesem Grund wird der Veränderungssatz jährlich mit dem Eskalationssatz (*ES*) erhöht (ähnlich wie bei einer Zinseszinsrechnung). Damit kann man mit einem relativ geringen Veränderungssatz beginnen.

Da gleichzeitig die Differenz zwischen zertifizierten CO_2-Emissionen und Zielmenge immer kleiner wird, ergibt sich der gewünschte S-förmige Verlauf der zertifizierten CO_2-Emissionen (siehe auch Abbildungen 22 S. 171 und 25 S. 175).

Wie bereits erwähnt, muss man die Mengenveränderungssätzen so wählen, dass die globalen Randbedingungen eingehalten werden. Kleiner Tipp an die *Gipfelstürmer*: Tabellenkalkulationsprogramme haben eine Zielwertsuche und einen Solver als nützliche Helfer. Da unser Beispiel 2013 beginnt, mussten wir das Budget auf 660 Mrd. t anpassen. Wir sind dabei davon ausgegangen, dass in den Jahren 2010, 2011 und 2012 jeweils 30 Mrd. t emittiert werden.

Die globalen zertifizierten CO_2-Emissionen nähmen folgenden Verlauf bis 2050. Wir haben noch zwei zusätzliche Varianten mit anderen Mengen-

---

130. Es gilt auch $ZE_t = ZM + (ZE_{t-1} - ZM) * (VS_{t-1} + 1)$. Für Freunde komplizierterer Modelle zeigt diese Gleichung, dass zur Erreichung einer bestimmten Zielmenge anstelle von jährlichen Veränderungssätzen, die auf einem festen Eskalationsfaktor beruhen, auch jede Reihe von Veränderungssätzen gewählt werden kann, die gegen -1 konvergiert. Auf diese Weise könnte etwas Verhandlungsmasse geschaffen werden oder individuelle Besonderheiten in einzelnen Ländern berücksichtigt werden.

131. Bei einem Veränderungssatz von -100 % wird im nächsten Jahr die Zielmenge erreicht. Deshalb reicht es, den Veränderungssatz nur bis zu dieser Schwelle zu eskalieren.

anpassungssätzen hinzugefügt, die ebenfalls die globalen Randbedingungen einhalten:

Zertifizierte weltweite CO_2-Emissionen (3 Redukationsvarianten)

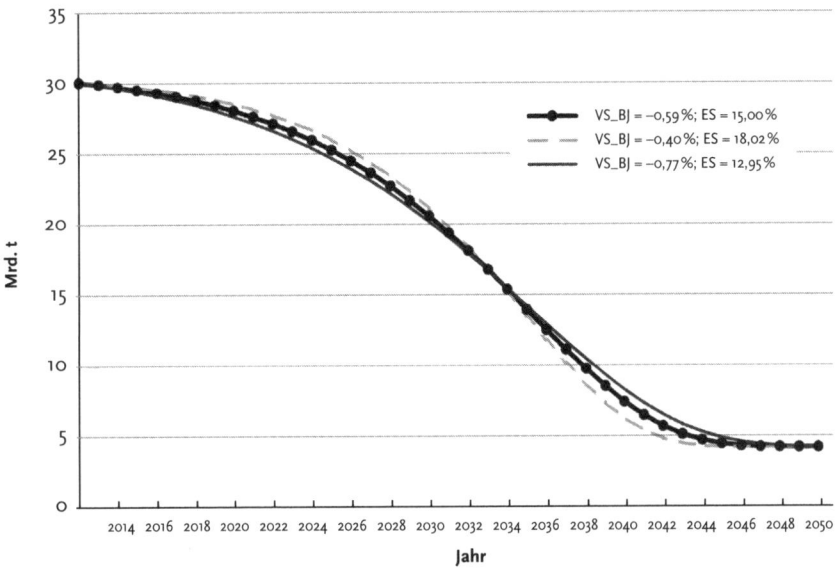

Abbildung 22: Zertifizierte weltweite CO2-Emissionen
Quelle: Eigene Darstellung

Nun möchten wir zeigen, wie der globale Reduktionspfad auf die einzelnen Länder heruntergebrochen wird. Damit wir uns nicht gleich mit über 190 Ländern beschäftigen müssen, ein Vier-Länder-Beispiel (Ähnlichkeiten mit real existierenden Ländern bzw. Ländergruppen sind natürlich rein zufällig):

Wir gehen von folgenden Grunddaten aus:

		Basis-jahr (BJ)	Jahr 2050	relative Ver-änderung gegenüber Basisjahr
Welt	Einwohner in Mrd.	6,90		
	CO_2-Emissionen in Mrd. t	30,0	4,32	−86 %
	CO_2-Emissionen in t/Einwohner	4,35	**0,63**	
Land A	Einwohner in Mrd.	0,35		
	CO_2-Emissionen in Mrd. t	7,0	0,2	−97 %
	CO_2-Emissionen in t/Einwohner	20,0	**0,63**	
Land B	Einwohner in Mrd.	1,3		
	CO_2-Emissionen in Mrd. t	14,5	0,8	−94 %
	CO_2-Emissionen in t/Einwohner	11,15	**0,63**	
Land C	Einwohner in Mrd.	2,4		
	CO_2-Emissionen in Mrd. t	7,0	1,5	−78 %
	CO_2-Emissionen in t/Einwohner	2,89	**0,63**	
Land D	Einwohner in Mrd.	2,8		
	CO_2-Emissionen in Mrd. t	1,5	1,8	+18 %
	CO_2-Emissionen in t/Einwohner	0,53	**0,63**	

Abbildung 23: Vier-Länder-Beispiel
Quelle: Eigene Darstellung

Nun kommt ein für Nichtmathematiker vielleicht überraschender Schritt[132]:

---

132. Für diejenigen, die es für Zauberei halten, dass die Veränderungssätze sowohl für die Welt als auch für die einzelnen Länder gelten, folgende Überlegung:
Es ist egal, ob man
– einen Veränderungssatz auf die Welt als Summe von Ländern anwendet oder
– den Veränderungssatz auf die einzelnen Länder anwendet und dann summiert.
Mathematiker sprechen hier vom Distributivgesetz.

Die gleichen Veränderungssätze, die man im Weltkonto angewendet hat, kann man auch für jedes einzelne Land anwenden und man kommt trotzdem zur Klimagerechtigkeit in 2050.
Der Trick:

(1) Zuerst bestimmt man die individuellen Zielmengen der einzelnen Länder. Diese ergeben sich, indem man die globale Zielmenge durch die eingefrorene globale Bevölkerungszahl teilt und das Ergebnis mit der eingefrorenen Bevölkerungszahl des betrachteten Landes multipliziert (in unserem Beispiel: 4,32 Mrd. t geteilt durch 6,9 Mrd. Menschen = 0,63 Tonnen pro Kopf; 0,63 Tonnen pro Kopf multipliziert mit zum Beispiel der Bevölkerung von Land A 0,35 = 0,2 Mrd. t in 2050 für Land A).

(2) Die Differenz zwischen Zielmenge und zertifizierter Menge ist für das Land A größer als zum Beispiel für das Land B. Damit muss Land A eine größere Mengenabwertung hinnehmen als Land B, sodass sich die Pro-Kopf-Emissionen stetig angleichen. Das gilt auch für die andere Richtung: Bei Ländern, die heute weniger pro Kopf ausstoßen als wir für 2050 als Ziel anvisieren (0,63 t), ist die Mengenveränderung positiv (Minus mal Minus ergibt plus); sie erhalten also sogar eine Mengenaufwertung und nähern sich damit auch stetig dem gleichen Pro-Kopf-Ausstoß.

Hier die Konten der vier Länder (noch ohne Emissionshandel) zum *Nachrechnen*:

Jahr t	Land A				Land B				Land C				Land D				Welt	
	Einwohner in Mrd. 0,350		ZM in Mrd. t 0,22		Einwohner in Mrd. 1,300		ZM in Mrd. t 0,81		Einwohner in Mrd. 2,425		ZM in Mrd. t 1,52		Einwohner in Mrd. 2,825		ZM in Mrd. t 1,77		Welt 6,90	4,32
	ZE$_t$	Pro-kopf	Basis für VS$_t$	Veränd. ggü.Vorj.	ZE$_t$	Pro-kopf	Basis für VS$_t$	Veränd. ggü.Vorj.	ZE$_t$	Pro-kopf	Basis für VS$_t$	Veränd. ggü.Vorj.	ZE$_t$	Pro-kopf	Basis für VS$_t$	Veränd. ggü.Vorj.	ZE$_t$	VS$_t$
t	Mrd. t	t	Mrd. t	%	Mrd. t	t	Mrd. t	%	Mrd. t	t	Mrd. t	%	Mrd. t	t	Mrd. t	%	Mrd. t	%
BJ	7,00	20,00	6,78		14,50	11,15	13,69		7,00	2,89	5,48		1,50	0,53	-0,27		30,0	-0,59
2013	6,96	19,89	6,74	-0,57	14,42	11,09	13,61	-0,56	6,97	2,87	5,45	-0,46	1,50	0,53	-0,27	0,11	29,8	-0,68
2014	6,91	19,75	6,70	-0,66	14,33	11,02	13,51	-0,64	6,93	2,86	5,41	-0,53	1,50	0,53	-0,27	0,12	29,7	-0,78
2015	6,86	19,61	6,64	-0,76	14,22	10,94	13,41	-0,74	6,89	2,84	5,37	-0,61	1,51	0,53	-0,26	0,14	29,5	-0,90
2016	6,80	19,44	6,58	-0,87	14,10	10,85	13,29	-0,85	6,84	2,82	5,32	-0,70	1,51	0,53	-0,26	0,16	29,3	-1,03
2017	6,73	19,24	6,52	-1,00	13,96	10,74	13,15	-0,97	6,79	2,80	5,27	-0,80	1,51	0,53	-0,26	0,18	29,0	-1,19
2018	6,66	19,02	6,44	-1,15	13,81	10,62	12,99	-1,12	6,72	2,77	5,20	-0,92	1,51	0,54	-0,26	0,20	28,7	-1,37
2019	6,57	18,77	6,35	-1,32	13,63	10,48	12,82	-1,28	6,65	2,74	5,13	-1,06	1,52	0,54	-0,25	0,23	28,4	-1,57
2029	4,81	13,74	4,59	-5,28	10,08	7,75	9,26	-5,10	5,23	2,16	3,71	-3,98	1,59	0,56	-0,18	0,67	21,7	-6,35
2030	4,52	12,90	4,30	-6,06	9,49	7,30	8,67	-5,84	4,99	2,06	3,47	-4,51	1,60	0,57	-0,17	0,73	20,6	-7,30
2031	4,20	12,01	3,98	-6,95	8,85	6,81	8,04	-6,68	4,74	1,95	3,22	-5,08	1,61	0,57	-0,16	0,78	19,4	-8,40
2032	3,87	11,05	3,65	-7,96	8,18	6,29	7,36	-7,63	4,47	1,84	2,95	-5,71	1,62	0,57	-0,14	0,82	18,1	-9,66
2033	3,52	10,04	3,30	-9,11	7,47	5,74	6,65	-8,70	4,18	1,72	2,66	-6,38	1,64	0,58	-0,13	0,86	16,8	-11,11
2034	3,15	9,00	2,93	-10,42	6,73	5,18	5,91	-9,90	3,89	1,60	2,37	-7,08	1,65	0,58	-0,12	0,89	15,4	-12,78
2035	2,77	7,93	2,56	-11,89	5,97	4,59	5,16	-11,23	3,58	1,48	2,07	-7,79	1,67	0,59	-0,10	0,90	14,0	-14,69
2046	0,24	0,70	0,03	-13,35	0,87	0,67	0,05	-8,08	1,54	0,63	0,02	-1,94	1,77	0,63	-0,00	0,08	4,4	-68,35
2047	0,23	0,65	0,01	-7,19	0,83	0,64	0,02	-4,10	1,52	0,63	0,01	-0,92	1,77	0,63	-0,00	0,04	4,4	-78,61
2048	0,22	0,63	0,00	-2,82	0,82	0,63	0,00	-1,56	1,52	0,63	0,00	-0,34	1,77	0,63	-0,00	0,01	4,3	-90,40
2049	0,22	0,63	0,00	-0,71	0,81	0,63	0,00	-0,39	1,52	0,63	0,00	-0,08	1,77	0,63	-0,00	0,00	4,3	-100,00
2050	0,22	**0,63**	0,00	-0,08	0,81	**0,63**	0,00	-0,04	1,52	**0,63**	0,00	-0,01	1,77	**0,63**	0,00	0,00	**4,3**	-100,00
Σ	139				295				164				62				660	

Quelle: Eigene Darstellung

Abbildung 24: CO$_2$-Konten Vier-Länder-Beispiel – ohne Emissionshandel

Die zertifizierten Emissionen nach Land und nach Land pro Kopf zeigen dann bei oben festgelegten Parametern VS_{BJ} und ES folgenden grafischen Verlauf:

Zertifizierte CO_2-Emissionen nach Ländern –ohne Emissionshandel

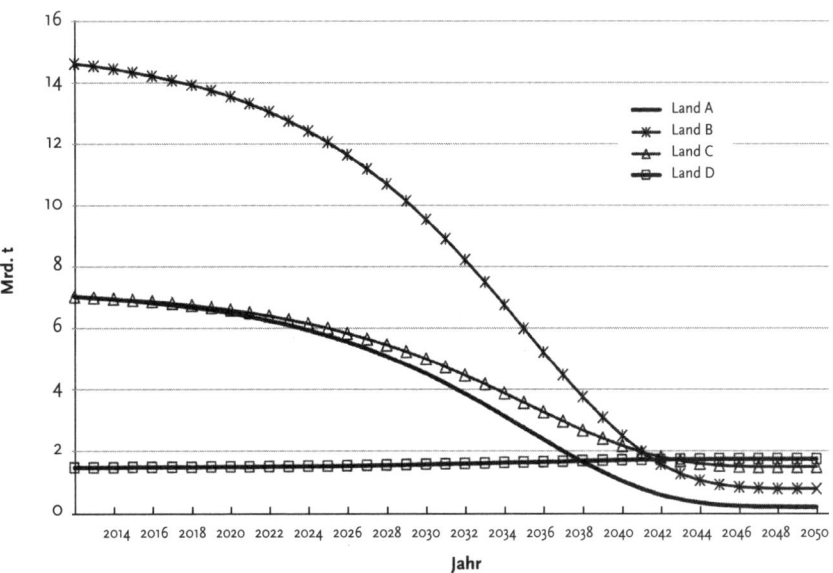

Abbildung 25: Zertifizierte CO_2-Emissionen nach Ländern – ohne Emissionshandel
Quelle: Eigene Darstellung

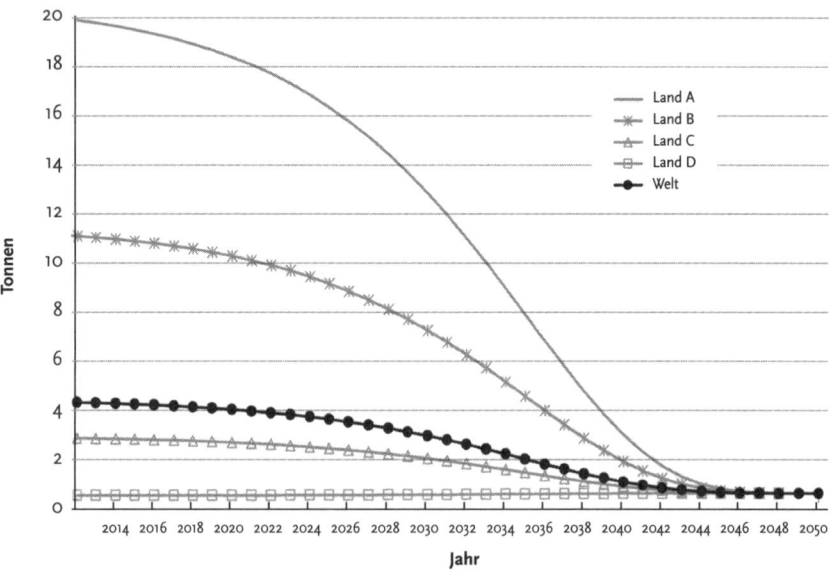

Zertifizierte CO_2-Emissionen pro Kopf nach Ländern und weltweit –
ohne Emissionshandel

Abbildung 26: Zertifizierte CO_2-Emissionen pro Kopf – ohne Emissionshandel
Quelle: Eigene Darstellung

Sinn der Veranstaltung ist es – neben Klimagerechtigkeit – einen Emissionshandel zwischen Staaten zu ermöglichen, damit CO_2 dort vermieden wird, wo dies mit den geringsten Kosten verbunden ist.

Kurzer Einschub zur Erläuterung des Begriffs **Kosteneffizienz**:
Nehmen wir an, es gäbe auf der ganzen Welt nur zwei menschengemachte CO_2-Quellen; nämlich zwei Kohlekraftwerke. Eines steht in Deutschland und ist mit der neuesten Technik ausgestattet und produziert daher mit einem Wirkungsgrad von 45 %. Das Kraftwerk in Indien hat dagegen nur einen Wirkungsgrad von 35 %.
Da das Kraftwerk in Deutschland bereits die noch günstigen Methoden, um den Wirkungsgrad zu erhöhen ausgeschöpft hat, kostet die Vermeidung der nächsten Tonne CO_2 dort 5.000 €. In Indien könnte man mit relativ einfachen Techniken den Wirkungsgrad erhöhen. Dort würde die Vermeidung der

nächsten Tonne CO_2 daher nur 1.000 € und der übernächsten Tonne 1.200 € kosten.

In einem Klimaabkommen wurde vereinbart, dass jedes Land eine Tonne CO_2 vermeiden soll. Das kostet dann also weltweit 6.000 €. Hätte es einen Emissionshandel gegeben, hätte man übereinkommen können, dass Indien die gesamten zwei Tonnen vermeidet, indem Deutschland von Indien eine Tonne als Zertifikat für zum Beispiel 1.300 € abkauft. Die weltweiten Kosten für die Vermeidung von zwei Tonnen CO_2 wären damit 2.200 € statt 6.000 €. Kostengünstiger ist die Vermeidung von zwei Tonnen CO_2 in dieser Welt nicht zu haben. Es liegt also Kosteneffizienz vor. Aber damit nicht genug: Aufgrund der geringen weltweiten Vermeidungskosten sind ambitioniertere Reduktionsziele möglich und Indien kann sich mit dem Erlös aus dem Emissionshandel die erforderliche Technologie auch leisten.

In diesem einfachen Beispiel könnte man sich noch vorstellen, dass der Emissionshandel zwischen den zwei Kohlekraftwerken stattfindet. In der Realität ist dies aber aufgrund der Vielzahl der CO_2-Quellen nicht möglich. Bei einem Emissionshandel zwischen Staaten wird sich eine gute Politik in erster Linie an den durchschnittlichen Vermeidungskosten seines Landes orientieren. Nach einem Verkauf von Zertifikaten muss sie in einem zweiten Schritt durch zum Beispiel eine Erhöhung einer CO_2-Abgabe dafür sorgen, dass nicht mehr CO_2 emittiert wird als Zertifikate dann noch vorhanden sind. Die Einnahmen aus dem Zertifikateverkauf kann sie auf vielfältige Weise nutzen. Zum Beispiel: Investitionen in Bildungsinfrastruktur, Senkung von Steuern und Abgaben, Auszahlung als Energiegeld pro Kopf an die Bevölkerung als sozialer Ausgleich für die Erhöhung der CO_2-Abgabe, Förderung der Grundlagenforschung mit CO_2-Einsparungspotential, usw.

Allerdings ist es auch denkbar, dass ähnlich dem Mechanismus Joint-Implementation (JI) innerhalb des Kyoto-Protokolls, ein Land an ein anderes Land Zertifikate abgibt, wenn das Land konkrete Emissionsminderungsinvestitionen im abgebenden Land finanziert. In unserem Beispiel könnte der Anlagenhersteller, der die Technologie für die Vermeidung der zweiten Tonne herstellt (mit hoher Wahrscheinlichkeit ein deutsches Unternehmen), an den deutschen Staat herantreten und anbieten, diese Technologie an das indische Kohlekraftwert zu liefern, wenn der deutsche Staat dies finanziert (für z. B. 1.250 €). Im Gegenzug müssten sich Deutschland und Indien darauf einigen, dass Indien Zertifikate in Höher einer Tonne an Deutschland für zum Beispiel 50 € abgibt. Über dieses Verfahren haben Investoren einen Anreiz, kostengünstige CO_2-Reduktionsmöglichkeiten weltweit ausfindig zu machen. Hätte das Kohlekraftwerk in Indien die Technologie für die zweite Tonne jedoch sowieso eingebaut, gehen Indien potenzielle Erlöse für den Verkauf einer Tonne im Rahmen des Emissionshandels verloren. Das abgebende Land muss sich also gut überlegen, ob es sich um eine Investition handelt, die sonst unterblieben wäre.

In unserem Vier-Länder-Beispiel wollen wir von folgenden zwei Transaktionen ausgehen: Land C kauft in 2018 von Land D 0,3 Mrd. t und Land A kauft in 2032 von Land B 0,6 Mrd. t. Die Konten würden dann folgendermaßen aussehen:

Jahr t	Land A (Einwohner in Mrd. 0,350)				Land B (Einwohner in Mrd. 1,300)				Land C (Einwohner in Mrd. 2,425)				Land D (Einwohner in Mrd. 2,825)				Welt (6,90)	
	ZE_t	H_t	ZM_t	Basis für VS_t	ZE_t	H_t	ZM_t	Basis für VS_t	ZE_t	H_t	ZM_t	Basis für VS_t	ZE_t	H_t	ZM_t	Basis für VS_t	ZE_t	VS_t
	Mrd. t	Mrd. t	Mrd. t	Mrd. t	Mrd. t	Mrd. t	Mrd. t	Mrd. t	Mrd. t	Mrd. t	Mrd. t	Mrd. t	Mrd. t	Mrd. t	Mrd. t	Mrd. t	Mrd. t	%
BJ	7,00		0,22	6,78	14,50		0,81	13,69	7,00		1,52	5,48	1,50		1,77	−0,27	30,0	−0,59
2013	6,96		0,22	6,74	14,42		0,81	13,61	6,97		1,52	5,45	1,50		1,77	−0,27	29,85	−0,68
2014	6,91		0,22	6,70	14,33		0,81	13,51	6,93		1,52	5,41	1,50		1,77	−0,27	29,68	−0,78
2015	6,86		0,22	6,64	14,22		0,81	13,41	6,89		1,52	5,37	1,51		1,77	−0,26	29,48	−0,90
2016	6,80		0,22	6,58	14,10		0,81	13,29	6,84		1,52	5,32	1,51		1,77	−0,26	29,25	−1,03
2017	6,73		0,22	6,52	13,96		0,81	13,15	6,79		1,52	5,27	1,51		1,77	−0,26	28,99	−1,19
2018	6,66		0,22	6,44	13,81		0,81	12,99	7,02	0,30	1,82	5,20	1,21	−0,30	1,47	−0,26	28,70	−1,37
2019	6,57		0,22	6,35	13,63		0,81	12,82	6,95		1,82	5,13	1,22		1,47	−0,25	28,37	−1,57
2029	4,81		0,22	4,59	10,08		0,81	9,26	5,53		1,82	3,71	1,29		1,47	−0,18	21,70	−6,35
2030	4,52		0,22	4,30	9,49		0,81	8,67	5,29		1,82	3,47	1,30		1,47	−0,17	20,59	−7,30
2031	4,20		0,22	3,98	8,85		0,81	8,04	5,04		1,82	3,22	1,31		1,47	−0,16	19,41	−8,40
2032	4,47	0,60	0,82	3,65	7,58	−0,60	0,21	7,36	4,77		1,82	2,95	1,32		1,47	−0,14	18,14	−9,66
2033	4,12		0,82	3,30	6,87		0,21	6,65	4,48		1,82	2,66	1,34		1,47	−0,13	16,80	−11,11
2034	3,75		0,82	2,93	6,13		0,21	5,91	4,19		1,82	2,37	1,35		1,47	−0,12	15,42	−12,78
2035	3,37		0,82	2,56	5,37		0,21	5,16	3,88		1,82	2,07	1,37		1,47	−0,10	14,00	−14,69
2046	0,84		0,82	0,03	0,27		0,21	0,05	1,84		1,82	0,02	1,47		1,47	0,00	4,42	−68,35
2047	0,83		0,82	0,01	0,23		0,21	0,02	1,82		1,82	0,01	1,47		1,47	0,00	4,35	−78,61
2048	0,82		0,82	0,00	0,22		0,21	0,00	1,82		1,82	0,00	1,47		1,47	0,00	4,33	−90,40
2049	0,82		0,82	0,00	0,21		0,21	0,00	1,82		1,82	0,00	1,47		1,47	0,00	4,32	−100,00
2050	0,82		0,82	0,00	0,21		0,21	0,00	1,82		1,82	0,00	1,47		1,47	0,00	4,32	−100,00
Σ	151				284				173				52				660	

Abbildung 27: CO_2-Konten Vier-Länder-Beispiel – mit Emissionshandel

Quelle: Eigene Darstellung

5.3 Eine neue Weltklimaordnung: Weltweiter Emissionshandel zwischen Staaten

Mit Emissionshandel ergeben sich folgende grafischen Verläufe:

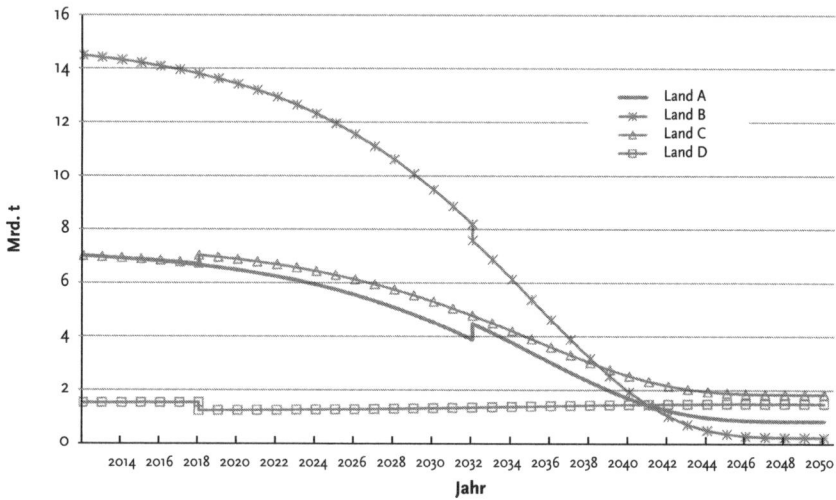

Abbildung 28: Zertifizierte CO₂-Emissionen nach Ländern – mit Emissionshandel
Quelle: Eigene Darstellung

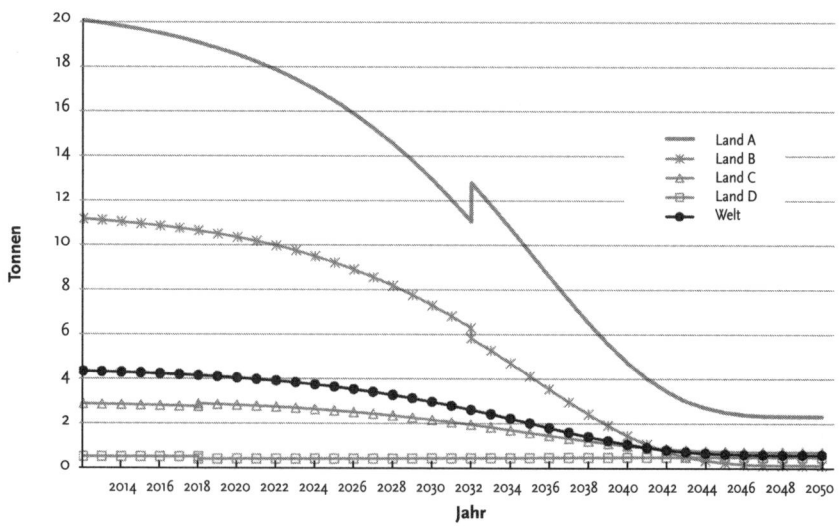

Abbildung 29: Zertifizierte CO₂-Emissionen pro Kopf nach Ländern – mit Emissionshandel
Quelle: Eigene Darstellung

Ist ein Emissionshandel legitim?

Das CO_2-Budget wird auch mit Emissionshandel eingehalten. Der aufmerksame Leser fragt sich jedoch vielleicht: Wird Klimagerechtigkeit auch mit Emissionshandel erreicht? Wenn ein Land von einem anderen Land Rechte kauft, ändert sich die Zielmenge beider Länder und damit unterscheiden sich die Pro-Kopf-Mengen in 2050 zwischen den Ländern, wie es auch Abbildung 29 zeigt.

Hier gilt es zwei Dinge zu unterscheiden:

(1) Der Rechtezuteilung sollte ein gleicher Pro-Kopf-Ausstoß zu Grunde liegen. Wenn man das Einfrieren der Bevölkerungszahlen akzeptiert, wird dies in unserem Modell bis 2050 erreicht. Die absolute Klimagerechtigkeit aufgrund der tatsächlichen Bevölkerungsentwicklung bleibt danach weiter ein Thema.

(2) Die tatsächlichen Emissionen pro Kopf – nachdem ein Emissionshandel statt gefunden hat – dürfen sich in 2050 unterscheiden, da ja dort CO_2 vermieden werden soll, wo dies am kostengünstigsten möglich ist. Basis für den Emissionshandel sind aber die Mengen, die sich bei einer gerechten Zuteilung ergeben.

Der Emissionshandel ist zudem legitim, weil

(1) durch ihn Schwellen- und Entwicklungsländern teilweise die erforderlichen Mittel zufließen, um sich die Technologien für ein gutes Leben ohne Treibhausgase auch leisten zu können und auch Schritt für Schritt selbst die Kompetenz für die eigene Entwicklung solcher Technologien zu erwerben. Es muss zudem einem Land frei stehen, einen Lebensstil zu pflegen, der an sich weniger Treibhausgase verursacht.

(2) er eine gewisse Flexibilität bietet, die es zum Beispiel Ländern wie den USA ermöglicht, ihren relativ steilen Reduktionspfad etwas zu entschärfen. Die USA können sogar längerfristig mehr CO_2 pro Kopf ausstoßen als zum Beispiel Deutschland. Allerdings müssen sie für diesen »American way of life« auch einen gerechten Preis bezahlen und damit anderswo die entsprechende Reduzierung finanzieren. Wir sind der Mei-

nung, dass die USA sich mit diesem Gedanken anfreunden kann, da er durchaus der amerikanischen Tradition von Freiheit in Verantwortung entspricht.

Vorteil des Regensburger Modells: Transparente Verhandlungen

Ein weiterer großer Vorteil des Regensburger Modells – neben der schrittweisen Umsetzung von Klimagerechtigkeit und der Ermöglichung eines Emissionshandels: Auf Klimaschutzkonferenzen werden nicht mehr über 190 starre nationale Reduktionsziele verhandelt, die politisch sehr schwer durchsetzbar sind, sondern transparente und gerechte Regeln, die für alle gelten. Geht man von Klimagerechtigkeit auf der Basis eingefrorener Bevölkerungszahlen und von einem vorgegebenen Emissionsbudget aus (worüber schon weitgehend Einigkeit herrscht), muss sich die Weltgemeinschaft oder eine »Koalition der Willigen« im Prinzip *nur noch* auf drei Parameter einigen: anfänglicher Veränderungssatz, Eskalationssatz und weltweite Emissionen in 2050. Wollen es die Politiker komplizierter, können sie jedoch auch für jedes Land oder Ländergruppen spezifische Mengenveränderungssätze festlegen, die ebenfalls das CO_2-Budget bis 2050 einhalten.

Sanktionsmöglichkeiten müssen vorhanden sein

Bei einem weltweiten Emissionshandel zwischen Staaten gibt es allerdings das umsetzungstechnische Problem, dass man nur im Nachhinein (ex post) überprüfen kann, ob ein Staat genügend Zertifikate besessen hat. Stellt man fest, dass dies nicht der Fall ist, braucht man einen Strafmechanismus. Einfach zu fordern, dieser Staat muss entsprechende Zertifikate nachkaufen, funktioniert nicht immer, da es sein kann, dass keine freien Zertifikate mehr am Markt für das bereits abgelaufene Jahr vorhanden sind. Eine Möglichkeit bestünde darin, die fehlende Menge mit dem Preis der Zertifikate plus einem Aufschlag (weil durch die zusätzliche Nachfrage der Zertifikatspreis ja höher gewesen wäre) zu bewerten und eine entsprechende Strafzahlung zu verhängen. Verweigert ein Staat die Strafzahlung müssen Sanktionsmöglichkeiten vorhanden sein, wie zum Beispiel Handelssanktionen oder der Betrag wird mit Zinsen von zukünftigen Verkaufserlösen einbehalten. Der Kauf und Verkauf von Zertifikaten muss auf jeden Fall über eine zentrale Clearingstelle abgewickelt werden. Somit kennt man die gezahlten Preise und weiß, wer im Besitz welcher Zertifikate ist.

5.3.3 Die vergessenen Treibhausgase

In diesem Buch haben wir meist vereinfachend nur das CO_2 betrachtet, welches durch Verbrennung fossiler Brennstoffe in die Atmosphäre gelangt. Diese CO_2-Emissionen machen gut 55 % des durch den Menschen verursachten (anthropogenen) Treibhauseffekts aus. Weitere gut 10 %-Punkte entstehen durch die Verringerung der Biomasse zum Beispiel durch Regenwaldrodung. Rund 5 %-Punkte stammen aus der Herstellung von Zement. Ca. 3 %-Punkte verursachen brennende Kohleflöze. Knappe 25 %-Punkte tragen Methan und Lachgas bei und knapp 2 %-Punkte sogenannte F-Gase wie die Fluorchlorkohlenwasserstoffe (FCKW). Auch diese Treibhausgase müssen nach Möglichkeit in den Emissionshandel zwischen Staaten integriert werden:

Veränderung von Biomasse

Über Satelitenmessung lässt sich die vorhandene Biomasse eines Landes abschätzen.[133] Verringert sich diese Biomasse, muss das Land Treibhausgaszertifikate zukaufen. Erhöht sie sich, zum Beispiel durch Aufforstungsmaßnahmen, kann das Land sogar Zertifikate verkaufen. Damit wird auch si-

---

133. Allerdings mit großen Unsicherheiten. So ist zum Beispiel die Rodung und anschließende Wiederaufforstung eines Waldes nicht unbedingt klimaneutral, weil nicht nur die oberirdische Biomasse CO_2 speichert, sondern auch das unterirdische Wurzelwerk und nicht jede Biomasse gleich viel CO_2 bindet. Außerdem könnte es in Folge der Klimaerwärmung zu einem vermehrten Abbau von Biomasse durch Mikroorganismen kommen. Daher müssen bei der Abschätzung der Zunahme CO_2-speichernder Biomasse hohe Sicherheitsabschläge gemacht werden.

chergestellt, dass die Nutzung von Biomasse zum Beispiel zur Erzeugung von Treibstoffen tatsächlich nachwächst.

Ein massives weltweites Aufforstungsprogramm könnte ein wichtiger Schlüssel für die Einhaltung des Zwei-Grad-Ziels sein und die Reduktion der Verbrennung von fossilen Brennstoffen etwas strecken. Das Regensburger-Modell bietet dazu die richtigen Anreize.

Zementherstellung

Kalkstein, der neben Ton, Sand und Eisenerz die Hauptbasis für Zement bildet, enthält CO_2, welches frei wird, wenn man das Stoffgemisch zu Zement brennt. Ob eine Einbeziehung in den Emissionshandel sinnvoll ist, können wir hier nicht abschließend beurteilen.

Brennende Kohleflöze

Unter der Erde brennen weltweit Kohleflöze, die CO_2 ausstoßen, Städte und Siedlungen bedrohen und Menschen krank machen. Meist hat der Mensch die Brände verursacht. Kommen Kohleflöze mit Sauerstoff in Verbindung wird eine chemische Reaktionen in Gang gesetzt, die Wärme erzeugt. Erhöht sich die Temperatur über 80 °C, kann sich Kohle selbst entzünden. Besonders weit verbreitet ist dieses Phänomen in China und Indien, wo durch illegalen »Krabbel- und Wühlbergbau« ständig Sauerstoff an die Flöze gelangt. Auch diese CO_2-Emissionen müssen geschätzt und in den Emissionshandel einbezogen werden. Das Löschen dieser Feuer ist teuer und erfordert Hochtechnologie. Durch die frei werden Zertifikate ließe sich dies finanzieren.

Methan und Lachgas

Schwierig ist die Sache auch bei Methan und Lachgas. Wo entstehen diese Gase?[134]

Methan entsteht überall dort, wo organisches Material unter anaeroben (ohne Sauerstoff) Bedingungen abgebaut wird. Natürlicherweise geschieht das vor allem in Feuchtgebieten (Sumpfgas), aber auch im Verdauungstrakt von Wiederkäuern (vor allem Kühe). Außerdem entweicht Methan bei der Förderung und Verteilung von Erdöl und insbesondere Erdgas, im Bergbau und bei der anaeroben Verrottung von organischen Abfällen, Papier und Pappe in Mülldeponien.

Aus landwirtschaftlichen Quellen stammen knapp ⅔ der Gesamtemissionen an Methan. Insbesondere schlägt hier der wachsende Viehbestand (zunehmender Fleisch- und Kuhmilchkonsum) und der zunehmende Nassreisanbau zu Buche.

Lachgas entsteht natürlicherweise durch mikrobiologische Umsetzungen von Stickstoffverbindungen in Böden und Gewässern. Dieser Prozess wird durch die Stickstoffdüngung der Böden stark erhöht. Darüber hinaus wird Lachgas auch bei der Verbrennung pflanzlicher Biomasse (Brandrodung in den Tropen) und fossiler Energieträger freigesetzt.

Methan und Lachgas, das durch die Nutzung fossiler Brennstoffe entsteht, kann im Rahmen des Emissionshandels entsprechend den CO_2-Emissionen zugerechnet werden. Das, was aus Viehmägen heraus kommt, beim Reisanbau und in Mülldeponien entsteht, müsste geschätzt werden. Lachgas, dass durch Stickstoffdüngung den Böden entweicht, könnte aufgrund des Kunstdüngerverbrauchs abgeschätzt werden.

Das Methan, das durch den Klimawandel zum Beispiel durch das Auftauen von Permafrostböden entsteht, kann leider nicht in den Emissionshandel integriert werden, da sich kein direkter Verantwortlicher findet.

---

134. Teilweise entnommen aus: Bayerisches Landesamt für Umwelt: Umweltwissen Treibhausgase, Stand März 2008.

6 Wir haben keine Chance – also nutzen wir sie

Fassen wir zusammen:

Es geht um nicht weniger als die Zukunft der Menschheit. Wir stehen vor einem Scheideweg: Schlagen wir einen Entwicklungspfad ein, der mit erfolgreichem Klimaschutz unseren Wohlstand weitgehendst sichert und eine Chance bietet, die Armut in der Welt zu verringern, oder setzen wir am Ende mit erfolglosem Klimaschutz unseren Wohlstand aufs Spiel und verursachen zudem eine dramatische Zunahme weltweiter Verelendung durch einen nicht beherrschbaren Klimawandel.

Die Menschheit steht dabei vor einer Herkulesaufgabe: Wir, die Industrieländer, müssen von einem sehr hohen Niveau des Pro-Kopf-Verbrauchs an Treibhausgasen zu einer praktisch treibhausgasfreien Art zu leben kommen und die Entwicklungs- und Schwellenländer müssen unsere heutige Art und Weise zu leben glatt überspringen. Sie müssen sich damit abfinden, dass sie unseren heutigen »Way of life« nie haben werden. Wir brauchen einen gewaltigen ökologischen Strukturwandel weltweit und dass innerhalb weniger Jahrzehnte.

Nun haben wir auch in den letzten Jahrzehnten einen gewaltigen Strukturwandel erlebt. Alte Branchen sind verschwunden. China hat einen gewaltigen Aufschwung erlebt. Informationstechnologie beherrscht unser Leben und Wirtschaften. Warum soll dies nicht auch bei den Treibhausgasen so sein? Der große Unterschied ist: Der vergangene Strukturwandel war ökonomisch getrieben. Das Neue hat sich einfach betriebswirtschaftlich für die Unternehmen gerechnet oder wurde von den Konsumenten für besser befunden als das Alte.

Treibhausgasfreie Alternativen rechnen sich aber nicht automatisch, da die Folgekosten der Emissionen nicht im betriebswirtschaftlichen Kalkül auftauchen. Auch für Konsumenten bedeuten sie in der Regel einen Verzicht an Komfort oder Entfaltungsmöglichkeiten und sind oft schlicht teurer.

Außerdem scheitern umweltbewusste Konsumenten und Unternehmen am Informationsproblem, wie viele Treibhausgase mit einem Produkt verbunden sind und wo Treibhausgase am kostengünstigsten eingespart werden können.

Auch der Staat scheitert an diesem Informationsproblem, wenn er mit Detailregelungen (Auflagen und Subventionen) eingreift, wie dies sozialistische Planwirtschaften eindrücklich gezeigt haben. Wir stehen vor einer epochalen Entscheidung zwischen einer weltweiten Ökoplanwirtschaft, die an der Herausforderung scheitern wird, oder einem effizienten und innovativen Klimaschutz mit marktbasierten Instrumenten.

Auch eine Kombination aus umweltbewusstem Handeln von Konsumenten und Unternehmen und gut gemeinten staatlichen Detailregelungen wird nicht ausreichen.

Dafür ist die Herausforderung zu gewaltig. Nur mit Marktmechanismen, die CO_2 einen Preis geben und damit ein Maximum an Kosteneffizienz und Innovationen bewirken, haben wir eine Chance, die Kurve gerade noch einmal zu kriegen.

So einfach ist die Sache und doch so schwierig in der politischen Umsetzung. Mit »Durchwursteln« wird es die Menschheit diesmal nicht schaffen. Kann es der Menschheit gelingen rechtzeitig, vernünftig und kooperativ zu handeln? Dafür gibt es keine Garantie. Im Moment ist es eher wahrscheinlich, dass die Menschheit an dieser Herausforderung scheitert, wenn man die internationalen Verhandlungen beobachtet. Auch auf nationaler Ebene ist weit und breit nicht erkennbar, dass die Politik die Bürger auf das Notwendige vorbereitet.

Aber das muss nicht so bleiben. Wer hätte in den 80er Jahren geglaubt, dass der Kommunismus so schnell von der Bildfläche verschwindet? Wer hätte noch vor einigen Jahren geglaubt, dass ein Farbiger amerikanischer Präsident werden kann? Die Umweltkatastrophe im Golf von Mexiko hat die Einstellung der Amerikaner zum Öl bereits verändert. Wenn sich die USA einmal etwas vornimmt, kann sie einiges leisten. Siehe den Flug zum Mond. In China ist eine radikale Umkehr denkbar, weil das nötige Wirtschaftswachstum zur Beherrschung der spezifischen sozialen Probleme und damit zur Erhaltung der Machtbasis der Herrschenden mit fossilen Brennstoffen nicht mehr ausreichend genährt werden kann. Auch der arabische Frühling im Jahr 2011 zeigt: Die Menschheit ist immer für Überraschungen gut. Die Menschheit kann scheitern, hat aber auch das Potenzial, die Herausforderung zu bestehen. Wir haben die Wahl.

7 Anhang 1:
Ein gutes Leben ohne Treibhausgase ist möglich

»Bis 2050 lässt sich die deutsche Stromversorgung vollständig auf erneuerbare Energien umstellen. Dies ist mit der besten bereits heute am Markt verfügbaren Technik möglich. Voraussetzung ist aber, dass der Strom sehr effizient genutzt und erzeugt wird. Das zeigt die Studie des Umweltbundesamtes (UBA) ›Energieziel 2050: 100 % Strom aus erneuerbaren Quellen‹. Um dies bis 2050 zu erreichen, plädiert das UBA für frühzeitige politische Weichenstellungen. ›Je früher, je entschlossener wir handeln, desto mehr Zeit bleibt uns für die notwendigen technischen und gesellschaftlichen Anpassungen‹, so Jochen Flasbarth, Präsident des Umweltbundesamts.

(Auszug aus der Presseerklärung des Umweltbundesamtes vom 07. Juli 2010)

Dies ist für uns ein heikles Kapitel, weil wir ja eigentlich sagen, dass wir uns um die konkreten Technologien oder Lebensweisen ohne Treibhausgase gar nicht mehr kümmern brauchen, wenn der ökonomische Rahmen stimmt. Aber uns Menschen fällt es nun einmal schwer, einfach die Verantwortung an Marktmechanismen abzugeben, ohne ungefähr zu wissen, wo die Reise dann hingeht. Wie sieht mein Leben in 20, 30 oder 40 Jahren aus? Deshalb wollen wir doch **stichpunktartig** Szenarien[135] entwerfen, die ver-

---

135. Hier eine kleine Liste aktueller einschlägiger Studien (entnommen aus energyNews des Bund der Energieverbraucher e.V. vom 15.09.2010):
Prognos, Öko-Institut, Hans-Joachim Ziesing: *Modell Deutschland – Klimaschutz bis 2050. Vom Ziel her denken.* Oktober 2009;
European Renewable Energy Council: *RE-thinking 2050 – A 100 % Renewable Energy Vision for the European Union.* Mai 2010. www.rethinking2050.eu;
Studie »Energie (R)evolution: ein nachhaltiger Welte nergieausblick« von Greenpeace und dem Europäischen Dachverband der Industrie für Erneuerbare Energien (EREC). www.erec.org;

deutlichen, dass ein gutes Leben ohne Treibhausgase möglich ist. Aber bitte kein Missverständnis: Wir plädieren nicht für bestimmte Technologien und Lebensweisen. Am grünen Tisch ist eine Entscheidung über kosteneffiziente Lösungen nicht möglich. Auch fehlen in unseren Szenarien Tausende von heute schon bekannten technischen Möglichkeiten und erst recht die heute noch unbekannten. Lassen wir die Details Marktmechanismen entscheiden. Aus der Geschichte wissen wir, dass Märkte am effizientesten Knappheitsprobleme lösen und innovative Lösungen hervorbringen. Der Markt versagt an mancher Stelle. Das was er kann, sollte man ihn aber auch machen lassen. Wir müssen, wie Eltern, deren Kinder flügge werden, loslassen können und nicht mehr alles im Detail regeln wollen.

> Klimaschutz muss erwachsen werden!

Umweltbundesamt: Studie *Energieziel 2050: 100 % Strom aus erneuerbaren Quellen;* Price-Waterhouse Coopers, Potsdam-Institut für Klimafolgenforschung: 100 % renewable electricity. A roadmap to 2050 for Europe and North Africa. März 2010; European Climate Foundation: Roadmap 2050 – Practical guide to a prosperous low-carbon Europe. April 2010. www.roadmap2050.eu;
Sachverständigenrat für Umweltfragen: 100 % erneuerbare Stromversorgung bis 2050: klimaverträglich, sicher, bezahlbar. Vorläufige Fassung: Mai 2010. www.umweltrat.de;
Eurelectric: Power Choices – Pathways to Carbon-Neutral Electricity in Europe by 2050. www.eurelectric.org;
Zerocarbonbritain2030, Studie vom Centre for Alternative Technology, Juli 2010. www.zerocarbonbritain.com.

7.1 Effizienz und Suffizienz – die Energiequellen der Zukunft

Es gibt eigentlich nur zwei Möglichkeiten die Emission von Treibhausgasen zu reduzieren:

(1) Effizienz[136]

Durch den Einsatz anderer Technologien wird der Ausstoß von Treibhausgasen bei gleichem Nutzen verringert.

(2) Suffizienz

Wir reduzieren unsere Ansprüche.

Die meisten Politiker suggerieren den Menschen, dass alles über Effizienz regelbar ist – Kohls »Blühende Landschaften« lassen grüßen. Wir lassen uns das aber auch gerne erzählen. Die Herausforderung ist jedoch so groß, dass es ohne Suffizienz wohl nicht gehen wird. Arbeiten wir mit Marktmechanismen, können wir jedoch den Bedarf an Suffizienz minimieren, weil sie die Effizienz- und Innovationspotenziale voll ausschöpfen.

---

136. Die Begrifflichkeit ist hier etwas schwierig. Man müsste besser von Produktivität sprechen. *Produktivität* ist definiert als das Verhältnis zwischen Output und Input. Definiert man den Output als Nutzen, wäre CO_2 der Input. Von Effizienz spricht man i.d.R., wenn das ökonomische Prinzip erfüllt ist. Das heißt, ein bestimmtes Ergebnis wird mit minimalem Mitteleinsatz (Kosteneffizienz) oder mit gegebenen Mitteln ein maximales Ergebnis erreicht. Daneben gibt es noch die weiter ober erwähnte Pareto-Effizienz. Das Wortpaar Effizienz und Suffizienz klingt aber schöner und entspricht auch dem allgemeinen Sprachgebrauch.

7.2 Stromerzeugung

Ungefähr die Hälfte des CO_2-Ausstoßes in Industrieländern resultiert aus der Stromerzeugung. Zur Zeit zeichnet sich zudem ab, dass individuelle Mobilität, also das Auto fahren, womöglich in Zukunft auch über Strom läuft. Der Anteil ist damit tendenziell steigend. Die EU hatte also guten Grund, größere Stromerzeugungsanlagen, die auf fossilen Brennstoffen beruhen, in den europäischen Emissionshandel einzubeziehen.

Welche Möglichkeiten der CO_2-freien Stromproduktion haben wir langfristig?

Fangen wir mal ganz grundsätzlich (naturwissenschaftlich) an:

Die Erde ist kein isoliertes System – zum Glück. Ansonsten würden wir aufgrund von Entropie, durch die Umwandlung von Ordnung in Unordnung, von verfügbarer Energie zu nicht mehr verfügbare Energie (Zweiter Hauptsatz der Thermodynamik), auf der Erde nicht existieren können.

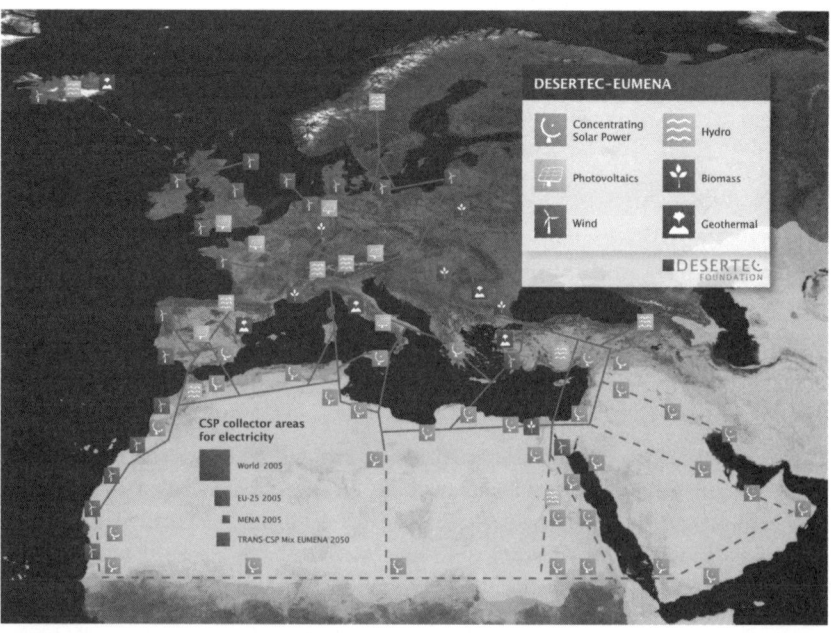

Abbildung 30: Potenziale der Sonneneinstrahlung
Quelle: DESERTEC Foundation / www.desertec.org

Unsere Erde bekommt von außen ständig Energie über die Sonnenein-strahlung zugeführt. Nur durch diese Tatsache ist es möglich, dass auf der Erde verfügbare Energie vorhanden ist. Man darf nicht vergessen: Auch Öl, Gas und Kohle ist gespeicherte Sonnenenergie. Allerdings erhöht der Mensch durch ihre Nutzung die Entropie im System Erde, weil die Ressour-cen nach ihrer Nutzung größtenteils nicht mehr in den natürlichen Kreis-läufen regeneriert werden können. Anders ist es bei der Nutzung von Bio-masse, Wind und direkter Sonneneinstrahlung.

Nutzung der direkten Sonneneinstrahlung

Das technische Potenzial der Sonneneinstrahlung ist riesig. Die jährliche Sonneneinstrahlung auf die Erde entspricht ungefähr dem 10.000-fachen des weltweiten Primärenergiebedarfs[137]. Das oberste Quadrat in Abbildung 30 zeigt, dass theoretisch nur ein kleiner Teil der Sahara (ca. die Größe Ös-terreichs) nötig wäre, um den weltweiten Stromverbrauch zu decken. Für die direkte Nutzung der Sonneneinstrahlung zur Stromerzeugung stehen grundsätzlich zwei Wege zur Verfügung: Photovoltaik oder solarthermische Anlagen.

Bei solarthermischen Anlagen zur Stromerzeugung wird über Spiegel die Sonne auf einen Punkt konzentriert und dort eine Flüssigkeit zum Ver-dampfen gebracht. Dieser Dampf treibt dann wieder eine Turbine an, wie wir es auch aus den konventionellen Kraftwerken kennen. Diese Anlagen sind natürlich besonders sinnvoll in sonnenreichen Gegenden. Von dort könnte der Strom mit Hochspannungs-Gleichstrom-Leitungen mit vertret-

---

137. Wikipedia (leicht abgewandelt): Als *Primärenergie* bezeichnet man in der Energie-wirtschaft die Energie, die mit den natürlich vorkommenden Energieformen oder Energiequellen zur Verfügung steht, etwa als Brennwert von Kohle/Rohöl/Gas oder Wind. Im Gegensatz dazu spricht man von *Sekundärenergie* oder Energieträgern, wenn diese erst durch einen (mit Verlusten behafteten) Umwandlungsprozess aus der Primärenergie gewandelt werden. Die nach eventuellen weiteren Umwandlungs- oder Übertragungsverlusten vom Verbraucher nutzbare Energiemenge bezeichnet man schließlich als *Endenergie*.

baren Verlusten zu uns transportiert werden[138]. Grundsätzlich könnte aus Wüstenstrom über Elektrolyse auch Wasserstoff hergestellt werden, der dann in die Industrieländer über Pipelines oder mit Tankschiffen transportiert wird. Eine Wasserstoffwirtschaft könnte prinzipiell Erdgas und Öl ersetzen.

Wind

Theoretisch könnten wir unseren gesamten derzeitigen Strombedarf auch durch Windenergie decken – insbesondere durch Windräder auf dem Meer (Off-Shore-Anlagen). Spätestens dann wären gewaltige Investitionen insbesondere in die Speicherung von Strom notwendig, weil sich leider die Windstärke nicht nach dem momentanen Strombedarf richtet (siehe nächsten Abschnitt). Ein Stromanteil aus Wind von 20–25 % könnte vermutlich auch das bestehende Netz verkraften. Allerdings ergibt sich daraus ein erhöhter Regelstrombedarf. D. h., es müssen zum Beispiel mehr Gaskraftwerke (am besten GuD-Kraftwerke[139]) zur Verfügung stehen, die bei Windflaute schnell angeworfen werden können.

Es wird aber auch an Flugdrachen gearbeitet, die in hohen Höhen den dort stetiger und stärker wehenden Wind ausbeuten können. Dabei kann der Drache entweder selbst Propeller besitzen oder durch die Zugkraft des Halteseils wird Strom erzeugt. Das kalifornische Start-Up-Unternehmen Makani Power will bis 2015 einen marktreifen Drachen mit 35 Meter Spannweite und einem Megawatt Leistung entwickeln. Die Drachen sollen sich auch zu Windfarmen kombinieren lassen.

---

138. Siehe auch: DESERTEC-Foundation (www.desertec.org).
139. Wikipedia: Ein **Gas-und-Dampf-Kombikraftwerk** ist ein Kraftwerk, in dem die Prinzipien eines Gasturbinenkraftwerkes und eines Dampfkraftwerkes kombiniert werden. Eine Gasturbine dient dabei als Wärmequelle für einen nachgeschalteten Abhitzekessel, der wiederum als Dampferzeuger für die Dampfturbine wirkt.

7 Anhang 1: Ein gutes Leben ohne Treibhausgase ist möglich

Speicherung nicht grundlastfähigen[140] Stroms aus erneuerbaren Energien

Strom aus Sonne und Wind ist auf den ersten Blick nicht grundlastfähig, weil der Strom meist nicht kontinuierlich erzeugt werden kann. Aber auch dafür gibt es Lösungen: Überschüssiger Strom aus erneuerbaren Energien kann gespeichert werden. Eine Möglichkeit wäre, über Elektrolyse Wasserstoff und bei Bedarf über Brennstoffzellen wieder Strom zu erzeugen. In letzter Zeit wird aber auch unter dem Begriff Windgas diskutiert, den Wasserstoff im bestehenden Erdgasnetz zwischenzuspeichern. Bis zu 5 % Wasserstoffanteil wäre möglich. Oder man wandelt den Wasserstoff in synthetisches Methan um und könnte dieses damit ohne Begrenzung in das Erdgasnetz einspeisen. Eine andere Möglichkeit sind unterirdische Druckluftspeicher. Das Deutsche Zentrum für Luft- und Raumfahrt experimentiert mit Betonspeichern. Im andalusischen La Calahorra, wo das mit 150 Megawatt Gesamtleistung weltgrößte solarthermische Kraftwerk Andasol beheimatet ist, wird mit Salzspeichern gearbeitet. Später werden wir noch darauf eingehen, dass die Batterien von Elektroautos einen riesigen Speicher abgeben könnten.

Energie aus dem Meer: Gezeiten- und Wellenkraftwerke sowie OTEC

Ein Gezeitenkraftwerk ist ein Wasserkraftwerk, das die Lageenergie des wechselnden Wasserspiegels des Meeres – im küstennahen Bereich also des Tidenhubs zwischen Ebbe und Flut – und die kinetische Energie des Gezeitenstromes zur Produktion von elektrischem Strom nutzt.[141] Laut E.ON[142] besteht weltweit ein technisches Potenzial von jährlich 450 Terawattstunden (entspricht ca. 40 Atomkraftwerken). Neben der Nutzung der

---

140. Wikipedia: **Grundlast** bezeichnet die Netzbelastung, die während eines Tages in einem Stromnetz nicht unterschritten wird. Kraftwerke im Grundlastbereich laufen, vereinfacht gesagt, rund um die Uhr, um den Mindestverbrauch zu decken. Siehe auch Abbildung 31.
141. Wikipedia.
142. http://www.eon.com/de/businessareas/35194.jsp.

Gezeitenströme (verursacht durch die Gravitationseffekte von Sonne und Mond), kann auch Wellenkraft (durch den Wind verursacht) genutzt werden.

An tropischen Meeren kann man sich auch den Temperaturunterschied zwischen Tiefenwasser und Oberflächenwasser zu Nutze machen. Die Technologie heißt **Ocean thermal energy conversion** (***OTEC***). Neben Stromerzeugung kann hier auch Trinkwasser gewonnen werden.

Biomasse

Auch Biomasse ist Sonnenenergie. Bei der Verbrennung von Biomasse wird zwar CO_2 frei; wächst die gleiche Menge Biomasse wieder nach, wird das CO_2 jedoch wieder gebunden. Welche Potenziale schlummern in der Biomasse?[143]

Zwei von weltweit 40 Millionen Quadratkilometern Waldfläche könnten, in nachhaltiger Forstwirtschaft genutzt, den weltweiten Jahresölbedarf decken. Zwanzig Prozent des weltweiten derzeitigen jährlichen Zuwachses an Biomasse könnten den Primärenergiebedarf der Menschheit decken. Dabei ist noch nicht der vermehrte Anbau von schnell wachsenden Energiepflanzen mit hohen Hektarerträgen berücksichtigt.

Zur Biomasse zählen Energiepflanzen, Ernterückstände (Stroh, Restholz) sowie organische Reste (Gülle, Industrierestholz, Klärschlamm). Rechnet man mit einem jährlichen Hektarertrag von 50.000 Kilowattstunden (entsprechend zwölf Tonnen Trockenmasse je Hektar), so wachsen auf den 10,4 Millionen Hektar deutscher Waldfläche jährlich gut zehn Prozent des deutschen Primärenergiebedarfs (circa 4.000 Milliarden Kilowattstunden). Auf den doppelt so großen landwirtschaftlichen Flächen wächst Biomasse mit einem Energieinhalt, der weiteren 20 % des derzeitigen deutschen Energiebedarfs entspricht.

Damit ist klar, in welchem Rahmen sich sich die Biomasse-Erzeugung im dicht besiedelten Deutschland bewegen könnte: Zwischen heutigen drei Prozent und fiktiven 30 %. Wenn wir durch Effizienz und Suffizienz

---

143. http://www.energieverbraucher.de/de/Erneuerbare/Biomasse/Potenziale__535/.

unseren Energiebedarf senken, steigt der potenzielle Eigenversorgungsgrad und wir sind zudem weniger abhängig von Importen.

Zur Stromerzeugung wird Biomasse vor allem in Kraft-Wärme-Kopplungs-Anlagen eingesetzt.

Zu beachten ist jedoch, dass das vermehrte Anpflanzen von Energiepflanzen auf Äckern Lebensmittel **und** Energiepflanzen verteuern kann. Dies ist aber nur ein Problem, wenn die Verwendung aufgrund staatlicher Subventionen oder Auflagen geschieht. Setzt die Politik stattdessen auf eine Emissionsabgabe oder einen umfassenden Emissionshandel, wird dies nur in dem Maße geschehen wie dies sinnvoll ist. Der Beimischungszwang bei Treibstoffen, den die EU vorsieht, führt dazu, dass, koste es was es wolle, der entsprechende biogene Treibstoff hergestellt werden muss. Bekommen Treibhausgase einen Preis, geschieht dies nur solange, bis diese an einer anderen Stelle billiger eingespart werden können.

Geothermie (Erdwärme)[144]

Die Temperatur dicht unter der Erdoberfläche beträgt im Mittel etwa 10 °C und nimmt zum Erdinneren hin um etwa 3 °C pro 100 m Tiefe zu. Das technische Potenzial der Erdwärme umfasst ein Mehrfaches des derzeitigen Primärenergiebedarfs der Welt.

Die Erdwärme ist zwar keine regenerative Energieform im engeren Sinne, da sie sich nicht erneuert. Ihr Potenzial wird aber noch für Jahrmillionen nutzbar sein.

Ein Vorteil der Geothermie gegenüber anderen erneuerbaren Energieträgern ist die Grundlastfähigkeit. Erdwärme ist jahreszeitenunabhängig verfügbar und kann mit sehr unterschiedlichen technischen Verfahren gewonnen werden.

Stromerzeugung durch Erdwärme ist im Verhältnis zur Wärmeversorgung noch nicht lange verbreitet, obwohl das neuartige Kalina-Verfahren[145]

---

144. http://www.geothermie-zentrum.de.
145. Die am 02.06.2009 in Unterhaching bei München eingeweihte Geothermieanlage (derzeit größte deutsche Anlage), arbeitet mit diesem Verfahren.

heute schon eine Nutzung von Temperaturen ab ca. 90 °C ermöglicht. Hierzu wird die Wärme des Wassers an ein Ammoniak-Wasser-Gemisch abgegeben. Da dieses schon bei wesentlich niedrigeren Temperaturen als Wasser verdampft, kann der Prozess bereits bei niedrigen Temperaturen eingesetzt werden. Mit dem entstandenen Dampf kann genauso wie üblicherweise mit Dampfturbinen Strom erzeugt werden.[146]

Wasserkraft

Mit Wasserkraftwerken werden knapp 16 % der weltweit erzeugten elektrischen Energie gewonnen. Wasserkraft ist derzeit die wichtigste erneuerbare Energiequelle, die zur Stromversorgung der Erdbevölkerung beiträgt. Die anderen erneuerbaren Energieformen wie Sonne, Wind, Erdwärme und Biomasse tragen derzeit zusammen rund 2,1 % bei. In einigen Ländern dürfte es noch ein hohes Wachstumspotenzial für Wasserkraft geben – allerdings müssen andere ökologische und soziale Folgen mit bedacht werden.

In Deutschland wird ca. 5 % der erzeugten elektrischen Energie aus Wasserkraft gewonnen. In der Schweiz ca. 60 % und in Österreich ca. 66 %. In Deutschland sollen die Potenziale allerdings schon sehr ausgereizt sein.

End-of-pipe-Technologie: CO_2-Speicherung – Carbon Capture and Storage (CCS)

Technisch lässt sich bei der Verbrennung von Kohle in Kraftwerken (auch bei Industrieprozessen, bei denen CO_2 entsteht) ein Teil des entstehenden CO_2 abscheiden. Dieses könnte dann im Untergrund verpresst werden. Die Abscheidung und Verpressung ist jedoch mit einem hohen Energieaufwand verbunden, so dass der Wirkungsgrad von Kohlekraftwerken um 10–15 Prozentpunkte sinken und die Kosten dementsprechend steigen würden.

Bei den Prozessemissionen in der Stahl-, Zement- und Kalkproduktion könnte CCS unter Umständen die einzige Möglichkeit sein, um zu verhindern, dass CO_2 frei gesetzt wird.

---

146. http://www.geothermie-unterhaching.de.

Würde man bei der Verbrennung von Biomasse CCS anwenden, wäre es damit möglich, CO_2 aus der Atmosphäre wieder zurück zu holen (negative Emissionen).

Derzeit wird erforscht, ob eine dauerhafte Verbringung im Untergrund möglich ist bzw. welche Gefahren damit verbunden sein können. So könnte CO_2 beim Austreten aus dem Untergrund lebensbedrohlich sein, da es schwerer als Luft ist.

Kernenergie

In Deutschland hatte die Kernenergie vor Fukushima einen Anteil von 22 % an der Stromerzeugung; weltweit ca. 14 %. Probleme der Kernspaltungsenergie sind die ungelöste Endlagerungsfrage und die Gefahr einer Kernschmelze mit der Freisetzung von radioaktivem Material – letzteres haben Tschernobyl und Fukushima auf erschreckende Weise demonstriert. Das sogenannte Restrisiko ist real geworden. Außerdem sind die Uranvorräte beschränkt. Würde man die gesamte heutige Stromerzeugung aus fossilen Brennstoffen durch Kernenergie ersetzen, wären die Uranvorräte ohne Wiederaufbereitung bereits 2026 erschöpft.[147]

In unserem Zusammenhang ist es wichtig, dass zumindest einigermaßen Wettbewerbsgleichheit zwischen den Energieträgern herrscht. Wir wollen, dass fossile und erneuerbare Energien ihre tatsächlichen Kosten tragen müssen. Das muss auch für die Kernenergie gelten. Heute müssen sich die Betreiber von Kernkraftwerken nicht gegen die vollen wahrscheinlichen Kosten eines Größten anzunehmenden Unfalls (GAU) versichern. Theoretisch haften zwar die Betreiber zu 100 % – ohne Versicherung ist diese Haftung aber nichts wert. Damit liegen hier ebenfalls externe Effekte vor, weil im Ernstfall wir alle die *Kosten* eines GAUs tragen müssten. Auch hier sagen die Preise nicht die Wahrheit. Die derzeitige Begrenzung der Betriebshaftpflicht in Deutschland auf 256 Millionen € sollte daher schrittweise angehoben werden. Dies wäre insbesondere wichtig in Ländern, die noch nicht

---

147. http://www.greenpeace.de/fileadmin/gpd/user_upload/themen/atomkraft/uranreport2006_lf.pdf.

politisch den Ausstieg beschlossen haben. Auch bei der (nicht geklärten) Endlagerungsfrage muss der Steuerzahler zur Zeit teilweise die Kosten tragen (zum Beispiel: verbleibender Zinsvorteil durch Rückstellungen).

Neben der Kernspaltung gibt es auch die Möglichkeit, über Kernfusion Energie zu gewinnen. Allerdings gibt es bei dieser Technologie noch viele technische und physikalische Probleme zu lösen. Derzeit wird nicht vor 2050 mit einsatzfähigen Reaktoren gerechnet. Daher wollen wir hier nicht weiter auf Vor- und Nachteile eingehen.

Steigerung des Wirkungsgrades bei der Stromerzeugung

Auch bei der Stromerzeugung selbst sind wesentliche Effizienzsteigerungen möglich, indem zum Beispiel der Wirkungsgrad[148] erhöht wird. Moderne Steinkohlekraftwerke erreichen einen elektrischen Wirkungsgrad[149] von 45 % gegenüber 38 % bei alten Kraftwerken. Einer weiteren Steigerung sind physikalisch allerdings Grenzen gesetzt. So gehen 55 % der in der Steinkohle enthaltenen Energie in einem konventionellen Kohlekraftwerk als Abwärme verloren. Kraft-Wärme-Kopplungs-Anlagen (*KWK-Anlagen*) erreichen dagegen Wirkungsgrade bis zu 95 %, weil sie die Abwärme bei der Stromerzeugung zum Beispiel zum Heizen oder als Prozesswärme[150] nutzen. Damit kann mit KWK-Anlagen grundsätzlich Strom und nutzbare Abwärme mit wesentlich weniger CO_2 produziert werden als Strom mit großen Kohlekraftwerken. Noch besser ist es natürlich, wenn als Brennstoff in KWK-Anlagen Biomasse eingesetzt wird. Solange die Preise nicht die ökologische Wahrheit sagen, rechnen sich KWK-Anlagen heute ohne staatliche Förderung jedoch nur, wenn eine optimale Nutzung der Abwärme möglich ist. Technisch wäre es sogar möglich, aus Hunderten von kleinen KWK-Anla-

---

148. Effizienzsteigerung in dem Sinne, wie wir es anfangs definiert haben: Gleicher Endnutzen bei weniger CO_2. Neben einer Wirkungsgraderhöhung führt zum Beispiel auch der Einsatz erneuerbarer Energien zu diesem Ziel.
149. Anteil der Endenergie an der eingesetzten Primärenergie.
150. *Prozesswärme* ist Wärme, die für zahlreiche technische Prozesse und Verfahren (Trocknen, Garen, Schmelzen, Schmieden usw.) benötigt wird.

gen – auch Mikro-KWK-Anlagen in Kellern von Ein- und Mehrfamilienhäusern –, die dort stehen, wo auch Wärme gebraucht wird, durch Vernetzung ein virtuelles Großkraftwerk entstehen zu lassen, das zentral gesteuert wird. Damit könnten KWK-Anlagen intelligent in die Stromproduktion eingebaut werden. Insbesondere könnten sie auch Spitzenlaststrom und Regelenergie produzieren, da die kurzfristig überschüssige Wärme in vielen dezentralen Warmwasserspeichern gepuffert werden könnte.

Gas- und Dampfturbinen-Kraftwerke (**GuD-Kraftwerke**) arbeiten mit Erdgas (Biogas wäre natürlich auch möglich) und erreichen aufgrund ihrer spezifischen Technologie Wirkungsgrade bis zu 58 %. Auf der einen Seite wird beim Verbrennen von Erdgas wesentlich weniger CO_2 freigesetzt als bei Kohle. Auf der anderen Seite ist zu beachten, dass bei der Förderung und beim Transport von Erdgas relativ viel Methan emittiert wird – ebenfalls ein Treibhausgas.

Intelligentes Stromnetz (smart grid)

Unser heutiges Stromnetz ist ziemlich dumm, weil Otto-Normal-Verbraucher, wenn sie Strom aus dem Netz ziehen, keine Rückmeldung erhalten, wie ausgelastet das Stromnetz im Moment ist. Die Netzauslastung hat aber eine enorme wirtschaftliche Bedeutung, da besonders die Spitzenlasten hohe Kosten verursachen. Die Netze müssen nämlich so ausgelegt sein, dass sie die Spitzenlast aushalten, auch wenn diese nur wenige Minuten am Tag erreicht wird. Zu Spitzenzeiten müssen außerdem für nur kurze Zeit schnell Kraftwerke angeworfen werden, die den Spitzenlaststrom produzieren. In der Vergangenheit hat es sich nur bei Großabnehmern gelohnt, laufend den Stromverbrauch zu messen (Leistungsmessung). Diese Großabnehmer können dann Geld sparen, wenn sie es vermeiden, gerade zu Spitzenzeiten ebenfalls viel Strom aus der Leitung zu ziehen. Beim Normalabnehmer wird nur einmal im Jahr der Zähler manuell abgelesen – wie viel der Einzelne an der Spitzenlast beteiligt war, blieb unbekannt. Heute sind erschwingliche Messgeräte – sogenannte smart-meter (intelligente Zähler) – verfügbar, die es erlauben den Stromverbrauch kontinuierlich zu messen und die Ergebnisse sofort dem Netzbetreiber und dem Kunden verfügbar zu machen. Damit ist auch hier mehr Kostenwahrheit möglich. Es sind Tarife möglich, die einen Anreiz bieten, in den Spitzenlastzeiten auf übermäßigen Stromverbrauch zu verzichten. Wenn es damit gelingt, den Lastverlauf (siehe Abbildung 31) zu glätten, können wir alle sehr viel Geld sparen. Das könnte ein Trost dafür sein, dass aus Klimaschutzgründen der Strompreis steigen wird. Die Bundesregierung hat im Rahmen des 2007 beschlossenen Meseberger Energie- und Klimaschutzprogramms den Weg für innovative Messgeräte geebnet.

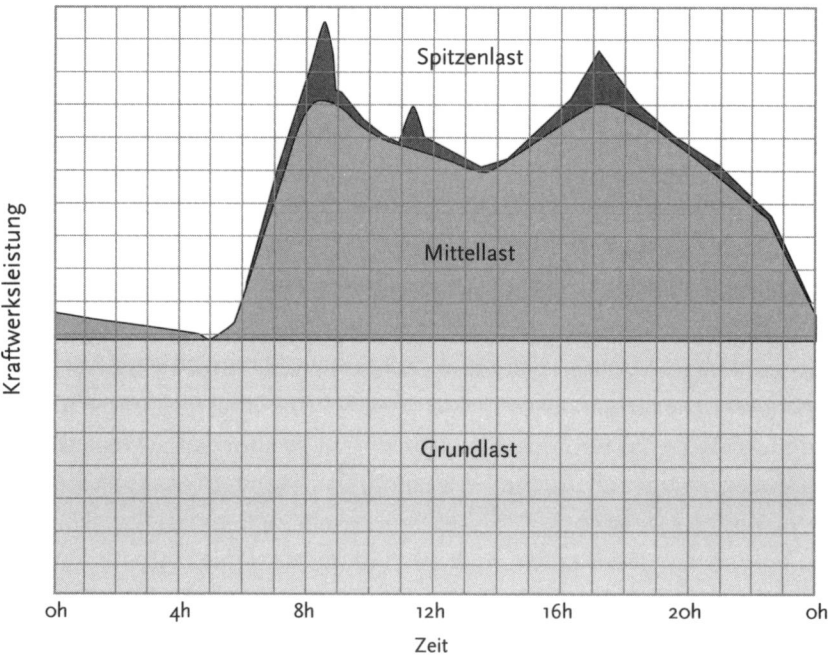

Abbildung 31: Lastverläufe im Stromnetz
Quelle: Wikipedia »Spitzenlast«

Aber ein intelligentes Stromnetz[151] könnte noch viel mehr. Erneuerbare Energien, wie Photovoltaik und Wind, haben die unschöne Eigenschaft, dass sie nicht grundlastfähig sind. Leider richtet sich die Windstärke und

---

151. Der Verband kommunaler Unternehmen (VKU) hat unter www.SmartWerk.net ein Portal zu diesem Thema eingerichtet.

die Sonneneinstrahlung nicht nach dem Strombedarf. Grundsätzlich ist das kein Problem: Es müssen eben nur genügend andere Kapazitäten bereit stehen, die einspringen können. Bei kurzfristigen Flauten müssen zum Beispiel Gasturbinenkraftwerke sogenannte Regelenergie zur Verfügung stellen, die schnell angefahren werde können. Aber das kostet natürlich. Falls sich die Entwicklung beim Auto in Richtung Elektroantrieb entwickeln sollte, böte sich jedoch die Möglichkeit, mit einem intelligenten Stromnetz die Batterien der Elektroautos als Zwischenspeicher zu nutzen (Vehicle to Grid genannt). Überall müssten Steckdosen verfügbar sein, die auch erkennen, wer angesteckt ist. Habe ich meine Einwilligung erteilt, wird in Spitzenlastzeiten Strom entnommen und ich werde dafür angemessen entlohnt. In Zeiten mit wenig Stromabnahme, aber zur Verfügung stehender Windenergie, werden die Batterien kostengünstig geladen.

Dieses System könnte man noch weiter denken: Im Haushalt könnten Geräte, wie der Kühlschrank oder der Backofen, durch den Netzbetreiber abgeschaltet werden, wenn für wenige Minuten eine Spitzenlast droht. Auch damit könnten die Stromerzeugungs- und -verteilungskosten insgesamt wesentlich sinken. Spitzenlaststrom kann schnell mal mehrere Euro pro kWh kosten. Der Durchschnittsendpreis für Grundlaststrom liegt dagegen bei ca. 3 ct pro kWh. Hier besteht also ein großes Kosteneinsparpotenzial und auf Regelenergiekraftwerke, die mit fossilen Brennstoffen arbeiten, könnte weitgehend verzichtet werden. Für Friedman[152], ein bekannter amerikanischer Journalist, vereinigen sich damit zwei gewaltige Ströme: Die Revolution der Informationstechnologie und die der Energietechnologie.

Aber damit ist die Geschichte für ein intelligentes Stromnetz noch nicht zu Ende. Über die oben schon erwähnten Hochspannungs-Gleichstromleitungen könnte ein weltweites Netz (super-grid) gespannt werden, für das *die Sonne nicht mehr untergeht*. Neun europäische Staaten planen bereits ein super-grid für die Nordsee, »North Seas Countries' Offshore Grid Initiative«. Damit sollen Windkraft und Gezeitenkraftwerke in der Nordsee mit den Puffermöglichkeiten der Wasserkraft in Norwegen verbunden werden. Natürlich könnte man dieses Netz auch mit dem Wüstenstrom aus Afrika verbinden.

---

152. Siehe Literaturempfehlungen S. 237: Friedman, Was zu tun ist.

7.3 Tausendundeine Möglichkeit
für mehr Effizienz und Suffizienz

Ein wichtiger Weg zu weniger CO_2 ist ein geringerer Energieverbrauch. Wir müssen Technologien einsetzen, die mit weniger CO_2 auskommen und wir müssen unsere Ansprüche auf den Prüfstand stellen, ob sie die damit verbunden Kosten auch wert sind. Ernst Ulrich von Weizsäcker hat in seinen Büchern »Faktor Vier« und »Faktor Fünf« an vielen Beispielen gezeigt, dass bereits heute technisch eine Reduktion um 75 % möglich ist. Vom Kühlschrank, Waschmaschine, Spülmaschine, Trockner, über Umwälzpumpen, Beleuchtung, …, ist mehr möglich als wir glauben.

Hier eine kleine Auswahl der Ansatzpunkte eher aus dem privaten Bereich (bei der Produktion von Gütern und Dienstleistungen gibt es natürlich ebenfalls unendlich viele Möglichkeiten):

Hintergrund	Umsetzung
BELEUCHTUNG Einige Beispiele, welche Lichttechnik wie viel Licht (Lumen) aus einem Watt Strom herausholt: 	Lichtquelle	lm/W (mittel)	lm/W (max)
---	---	---
Glühlampe (60 W)	12	13
Halogenlampe (12 V / 55 W)	28	28
Energiesparlampe (23 W)	60	80
Leuchtstofflampe (36 W)	75	90
Leuchtdiode (LED)	51	186
Natriumdampf-Niederdrucklampe	175	200 | Obwohl Energiesparlampen sich meist sogar rechnen, haben sie sich noch nicht völlig durchgesetzt. Hindernisse sind die höheren Anschaffungskosten, das Aussehen, die Art des Lichts, Angst vor Elektrosmog / Quecksilber und Unkenntnis. LEDs erleben einen ungeahnten Aufschwung und könnten Energiesparlampen bald den Rang ablaufen. Das Einsparpotenzial in der Straßenbeleuchtung durch entsprechende Leuchtmittel (Natriumdampf-Niederdruck-Lampen, LED etc.) oder Halbnachtschaltungen liegt bei bis zu 80 %; rechnet sich aber bei derzeitigen Strompreisen oft noch nicht.	Man kann natürlich Glühlampen einfach verbieten, wie dies die EU schrittweise vorsieht. Wir halten das für einen zu weitgehenden Eingriff in die individuelle Entscheidungsfreiheit. Es sollte jedem selbst überlassen bleiben, die für ihn passende Beleuchtungsart auszuwählen. Vielleicht setzt der eine oder andre in seinem Kinderzimmer lieber Glühlampen ein. Werden der Beleuchtung ihre Klimafolgekosten angelastet, verlieren die hohen Anschaffungskosten von Energiesparlampen und LED (bald auch OLED) ihren Schrecken und mancher Stadtkämmerer wird auf den Einsatz effizienterer Leuchtmittel in der Straßenbeleuchtung drängen.

Hintergrund	Umsetzung
FERNSEHER LCD- und Plasmabildschirme haben einen geringeren spezifischen Energieverbrauch als die alten »Röhren«. Dieser Vorteil ist aber schnell dahin, wenn man aufgrund der schlanken Bauart eine größere Bilddiagonale wählt oder viel »Hertz« einkauft. Außerdem gibt es auch zwischen den Flachen enorme Unterschiede; besonders sparsam sind zur Zeit LCD-Bildschirme mit LED oder OLED-Hintergrundbeleuchtung. Letztere sind natürlich teurer.	Man könnte natürlich große Bildschirme verbieten. LED-Hintergrundbeleuchtung und entsprechende Forschung subventionieren. Vielleicht sollte man das Übel doch lieber an der Wurzel packen und die Klimafolgekosten einpreisen.
FLEISCH Für das Klima ist Fleisch nicht gleich Fleisch. Das Ökoinstitut Freiburg hat berechnet, dass die Produktion von 1 Kilo Schweinefleisch 3,5 Kilo CO_2-Äquivalente verursacht; bei Rindfleisch sind es vor allem aufgrund der Methan- und Lachgasproduktion in den Därmen der Kühe 13,3 Kilo. Um ein Kilo Fleisch erzeugen zu können braucht man ca. 16 Kilo Getreide. Würden wir uns mehr direkt von den Feldfrüchten ernähren, könnten wir daher viele Treibhausgase einsparen. 1 Kilo Ökogemüse verursacht zum Beispiel nur 0,13 Kilo CO_2-Äquivalente. Weltweit gibt es zusätzlich das Problem, dass für die Viehzucht Regenwälder abgeholzt werden. Wenn das Fleisch dann auch noch tausende von Kilometern transportiert wird, verbessert sich die Bilanz nicht gerade.	Jetzt können wir natürlich Aufklärungskampagnen starten oder Bezugsscheine für Rindfleisch ausgeben. Zielführender dürfte es sein, wenn Nahrungsmittel, deren Produktion über alle Herstellungsstufen und Transportwege hinweg mit weniger CO_2 auskommt, einfach billiger sind als die treibhausgasintensiven Produkte. Es sollte auch jedem selbst überlassen bleiben, ob er auf Rindfleisch oder auf die nächste Flugreise verzichtet.
KOCHEN Wasser sollte man lieber mit einem Wasserkocher erhitzen. Die Nachwärme von traditionellen Herdplatten, Schnellkochtöpfe und den Topfdeckel sollte man nutzen. Besonders energiesparend sind Gas- oder Induktionsherde.	Preist man die Klimafolgekosten ein, kommt der kühle Rechner schnell zum CO_2-sparenden Kochen und Kühlen.
KÜHLEN Bei Kühl- und Gefrierschränken lässt sich eine Menge sparen. Manche Kühlgeräte der Energieeffizienz-Klasse A++ brauchen gegenüber Geräten der A-Klasse nur knapp die Hälfte an Energie. Allerdings sind erstere auch deutlich teurer. Im Winter könnte man sich die Kälte über ein Lüftungssystem auch von draußen holen.	
URLAUB Eine Flugreise von Deutschland in die Karibik entspricht ungefähr 30.000 km Auto fahren. Skifahren auf durch Schneekanonen beschneiten Hängen verbessert nicht die individuelle CO_2-Bilanz.	Nun könne man durch Aufklärungskampagnen den Leuten alles mies machen. Zielführender erscheint es uns, die Klimafolgekosten einzupreisen. Wer trotzdem in die Karibik will, ermöglicht es dann anderen entsprechend mehr CO_2 einzusparen. Skigebiete mit Schneesicherheit durch Schneekanonen sind dann teurer als andere. Öfter Urlaub in der Region wird vielleicht zum Renner, aber nicht zur Doktrin.

Hintergrund	Umsetzung
WASCHMASCHINEN/GESCHIRRSPÜLER Waschmaschinen brauchen die meiste Energie zur Erwärmung des Wassers. Mit einem Mischer an das Warmwassernetz angeschlossen, sinkt der Stromverbrauch um 50 bis 80 %, vorausgesetzt das Warmwasser steht ohne große Vorlaufverluste zur Verfügung und wird nicht elektrisch erwärmt. Ideal ist Warmwasser aus der thermischen Solaranlage. Dies gilt übrigens auch für Spülmaschinen. Je geringer die Waschtemperatur desto geringer natürlich auch der Energieverbrauch – meist wird heißer gewaschen als nötig. Spezielle Niedrigtemperatur-Waschmittel sind bereits auf dem Markt.	Wir können natürlich eine Wäschewaschverordnung erlassen die in der genau geregelt ist, wann eine Waschmaschine mit Vorschaltgerät eingesetzt werden muss. Unter welchen Umständen Ablufttrockner erlaubt sind. Für die Genehmigung müssen detaillierte Angaben über den Gebäudezustand (Schimmelgefahr) und Wohnraum pro Person gemacht werden, damit die Behörde auf solider Grundlage entscheiden kann. Oder lassen wir es vielleicht doch lieber jeden selbst entscheiden, was für ihn das Sinnvollste ist?
Wäsche sollte man natürlich am besten auf der Leine trocknen. Wenn dies nicht möglich oder gewollt ist, gibt es sinnvolle Alternativen: Erdgas-Wäschetrockner sparen durch den Einsatz von Primärenergie 50 % CO_2 gegenüber mit Strom betriebenen Trocknern.	
Auch ein Raumlufttrockner oder ein Trockner mit Wärmepumpe spart CO_2.	
HEIZUNGSUMWÄLZPUMPEN Besonders energiesparende Umwälzpumpen (sog. Hocheffizienzpumpen, die nur pumpen, wenn sie gebraucht werden und dann auch nur mit der benötigten Drehzahl) mit elektrischem Leistungsbedarf bis unter 5 Watt sind in der Anschaffung teurer als konventionelle mit 40 bis 100 Watt Leistungsaufnahme.	Bei Einpreisung der Klimafolgekosten werden viele Hausbesitzer bald auf dieses Einsparpotenzial stoßen.
STAND-BY Viele Geräte brauchen noch Strom, auch wenn sie gar nicht genutzt werden: Netzteile aller möglichen Geräte, ob Handy oder Laptop-Ladegerät, Halogentrafo oder Kochplatte etc. Natürlich könnte man in die Netzteile auch einen Schalter einbauen oder sie energieeffizienter konstruieren; aber das kostet zusätzliches Geld.	Man könnte natürlich eine Stand-By-Verordnung erlassen, die genau regelt was wann und wo erlaubt oder nicht erlaubt ist; zielführender ist unserer Meinung eine Zurechnung der Klimafolgekosten. Mancher Komfort und manche Funktion von Elektrogeräten kommt dann auf den Prüfstand.
Kann man auf Stand-By-Komfort verzichten, weil man den Fernseher zum Beispiel nicht unbedingt mit der Fernbedienung einschalten muss, lässt sich der Energieverbrauch auch reduzieren.	
WARMWASSER Muss man immer beim Händewaschen das Warmwasser aufdrehen? Altbekannt: Duschen verbraucht meist weniger Energie als Baden. Badewannen mit guter Wärmeisolierung sparen Energie. Duschen mit Wärmetauscher im Abfluss können die abfließende Wärme gleich wieder für den Zulauf nutzen.	Eine Wärmetauscher im Abfluss oder eine besonders effiziente Zirkulationspumpe kostet zusätzliches Geld. Muss ich für meinen CO_2-Konsum zahlen, nehme ich das vielleicht gern in Kauf. Auch sonst werde ich mit Warmwasser sparsamer umgehen (Geld ist die beste Gedächtnisstütze).

Hintergrund	Umsetzung
Der Schweizer Pumpenhersteller Biral hat eine Warmwasserzirkulationspumpe auf den Markt gebracht, die effizient und intelligent ist. Sie ist selbstlernend und merkt sich die Verbrauchsgewohnheiten der Nutzer. Außerdem verwendet sie die extrem stromsparende Permanent-Magnet-Technologie. Wer eine übliche Zirkulationspumpe ganzjährig laufen lässt, verbraucht fast 300 Kilowattstunden Strom. Die Biral-Pumpe reduziert den Verbrauch auf ganze 4,3 Kilowattstunden jährlich, kostet aber stolze 435 €.	
AUTOFAHREN Kurzstrecken vermeiden (Motor wird nicht warm), Getränkekisten nicht spazieren fahren, Fahrgemeinschaften bilden, Luftdruck überprüfen, spritsparende Fahrweise (mit fast Vollgas beschleunigen und bei 1.500 Umdrehungen bereits hoch schalten, im niedrigen Drehzahlbereich fahren, vorausschauend fahren)	Die Evangelische Akademie Bad Boll bietet doch tatsächlich Kurse für effizientes Fahren vor allem für Taxifahrer an. Solange sich eine kirchliche Einrichtung dazu bemüßigt fühlt, sind wir von nachhaltigem Klimaschutz noch weit entfernt.
REPARIEREN, WIEDERVERWENDEN, RECYCELN STATT ENDGÜLTIG ENTSORGEN Mit der Brille der CO_2-Bilanz wäre manche Reparatur besser als ein Neukauf. Zum Beispiel *verbraucht* ein durchschnittliches Auto 25 % der Energie während seiner Existenz bei der Herstellung. Für viele elektronische Geräte wird gar keine Reparatur mehr angeboten, sondern gleich ausgetauscht. So lange die Preise nicht die ökologische Wahrheit sagen, lohnt sich reparieren, wiederverwenden oder recyceln für den einzelnen oft nicht. Würde dies vermehrt geschehen, würden sich zudem die Abfallberge verkleinern.	Man könnte ja darüber nachdenken, dass jeder, der ein Produkt wegwerfen will, dafür einen Antrag einreichen muss, in welchem er nachweist, dass eine Reparatur nicht mehr möglich bzw. wirtschaftlich nicht zumutbar ist. Wir hoffen, Sie haben die Ironie erkannt.
BREMSWIDERSTAND Wenn ein Elektromotor per elektronischem Drehzahlumrichter zum Stillstand gebracht wird, dann verbrät im wahrsten Wortsinn ein ohmscher Widerstand die im Motor vorhandene Bewegungsenergie zu Wärme. Das Unternehmen Koch, das seit Jahrzehnten fast nichts anderes produziert als jene Wärmestrahler mit Namen Bremswiderstand, hat nun etwas völlig Neues vorgestellt. Das DES 2.0 (Dynamischer Energiespeicher). Der Trick des DES: Statt ein ohmscher ist ein kapazitiver Widerstand eingebaut, bekannt auch als Kondensator. 1,8 Kilojoule ist dessen Speichervermögen. Genug für viele Antriebe, durch Parallelschaltung mehrerer DES sogar erweiterbar. Abgebremst wird der Motor wie bisher durch einen Drehzahlumrichter. Nur holt er sich die notwendige Energie zuerst aus dem DES-Kondensator, nur den Rest bezieht der Umrichter aus dem Stromnetz. 80 % der Bremsenergie kann damit dem Motor wieder zugeführt werden.	Abertausende Innovationen können den Energieverbrauch auch in der Produktion verringern. Das kostet aber meist Geld. In einigen Fällen würde sich eine Investition sogar rechnen. So lange CO_2 aber keinen Preis hat, lohnt sich der Einsatz von Managementressourcen in diesem Bereich oft nicht. Wenn CO_2 einen Preis bekommt, machen Manager einfach ihren Job und retten damit das Klima.

Hintergrund	Umsetzung
AUTOKLIMAANLAGE Spezielle Pigmente im Lack können die Aufheizung des Fahrzeugs verringern. Damit muss die Klimaanlage im Sommer weniger arbeiten.	Wird umgesetzt sobald es sich rechnet, ansonsten wohl ein Fall für eine staatliche Pigmentverordnung.
WOHNUNGEN HEIZEN MIT ABWASSER Im niederbayerischen Straubing wurde ein Pilotprojekt verwirklicht, bei dem über einen Wärmetauscher im Abwasserhauptsammler eine angrenzende Wohnanlage mit Nahwärme versorgt wird.	Diese Art der Heizung ist betriebswirtschaftlich teurer als das Heizen mit fossilen Brennstoffen.

Abbildung 32: Tausendundeine Möglickeit für Effizienz und Suffizienz
Quelle: Eigene Darstellung

Manche haben grundsätzliche Zweifel, ob erneuerbare Energien unseren Strombedarf langfristig decken können. Dabei vergessen sie aber, dass der Anteil erneuerbarer Energien auch dann steigt, wenn der Stromverbrauch insgesamt zurück geht. 2008 hatten wir einen Anteil von 14,8 % erneuerbarer Energien an der Stromerzeugung. Senken wir den gesamten Stromverbrauch um 75 % und produzieren lediglich genauso viel Strom aus erneuerbaren Energien wie heute, liegt ihr Anteil dann schon bei 59 %. Den Rest schaffen wir locker durch einen weiteren Ausbau der erneuerbaren Energien.

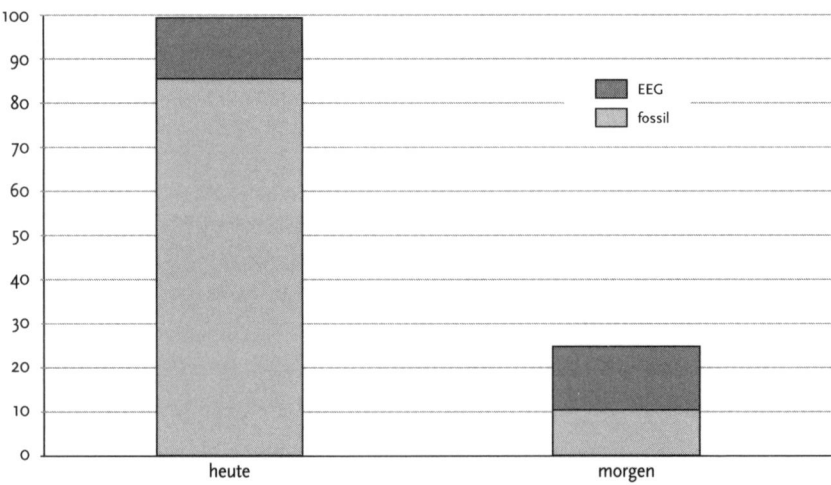

Abbildung 33: Anteil erneuerbarer Energien bei Senkung des Energieverbrauchs
Quelle: Eigene Darstellung

7 Anhang 1: Ein gutes Leben ohne Treibhausgase ist möglich

Nun sagen Sie vielleicht: 75 % weniger Energieverbrauch ist doch irreal. Da unterschätzen Sie jedoch die Findigkeit unserer Ingenieure gewaltig. Ein Vergleich mit der Arbeitsproduktivität macht dies deutlich: In den letzten Jahrzehnten ist die Arbeitsproduktivität jährlich durchschnittlich um 2,6 % gestiegen. Das heißt Jahr für Jahr haben wir aus der gleichen Arbeitsstunde durchschnittlich 2,6 % mehr Output herausgeholt. Jetzt werden Sie sagen: 2,6 % sind keine 75 %. Da unterschätzen Sie nun den Zinseszinseffekt: Nach nur 22 Jahren ist dies eine Gesamtsteigerung der Arbeitsproduktivität um 75 %. Also unsere Ingenieure können das. Nur müssen sie in Zukunft eben die Energieproduktivität steigern und kWh arbeitslos machen statt Menschen. Und was war die Triebkraft für steigende Arbeitsproduktivität? Erfolgreiche Gewerkschaften, die Arbeit immer teurer gemacht haben. Preise lenken eben! Die schlechte Nachricht: Die Früchte der Steigerung der Energieproduktivität können wir jedoch bei uns wahrscheinlich nicht für mehr Wohlstand verwenden, sondern müssen sie dem Klimaschutz *opfern* – so viel Wahrheit muss sein.

7.4 Warmwasser, Raumwärme und Kühlung

Rund 40 % der Endenergie[153] und etwa ein Drittel der CO_2-Emissionen in Deutschland werden für Warmwasser und Raumwärme verbraucht. Welche technischen Potenziale gibt es, um hier die Effizienz zu erhöhen?

Hier gilt der Dreisprung: Dämmen – erneuerbare Energien – moderne Technik.

Auch in unseren Breiten lässt sich der Warmwasserbedarf im Sommer und in der Übergangszeit aus technischer Sicht problemlos zu 100 % durch

---

153. *Endenergie* = Primärenergie – Verluste und Eigenverbrauch im Energiesektor (ca. 30 % der Primärenergie) – nichtenergetischer Verbrauch (ca. 8 % der Primärenergie). *Nutzenergie* = Endenergie – Verluste bei der Bereitstellung der Nutzenergie (ca. 50 % der Endenergie). Die Nutzenergie macht ca. 31 % der eingesetzten Primärenergie aus. Ca. 70 % geht auf dem Weg von der Primärenergie zur Nutzenergie »verloren«.

Sonnenkollektoren (thermische Solarenergie) decken. Voraussetzung ist, dass der Warmwasserspeicher groß genug ist. Ist das Gebäude zusätzlich gut gedämmt (Niedrigenergiehaus), können Solarkollektoren sogar zusätzlich bis zu 40 % der Heizenergie liefern.

Setzt man für die Restenergie auf erneuerbare Energien, wie Pellets oder Erdwärme, kommt man der CO_2-freien Warmwasser- und Heizungsversorgung schon sehr nahe. Außerdem können Wärmepumpen, die durch den umgekehrten Kühlschrankeffekt aus Umgebungswärme (z. B. Erdsonden, Grundwasser, Umgebungsluft) nutzbare Wärme für Heizungen machen, CO_2 einsparen. Allerdings kommt es bei Wärmepumpen sehr auf den richtigen Einsatz und die passenden Umstände (z. B. wie der Strom produziert wurde) an, damit wirklich ein Vorteil für die Umwelt entsteht. Lassen wir die Preise die ökologische Wahrheit sagen und auch Wärmepumpen werden ihre passende Nische zum Wohle des Klimas finden.

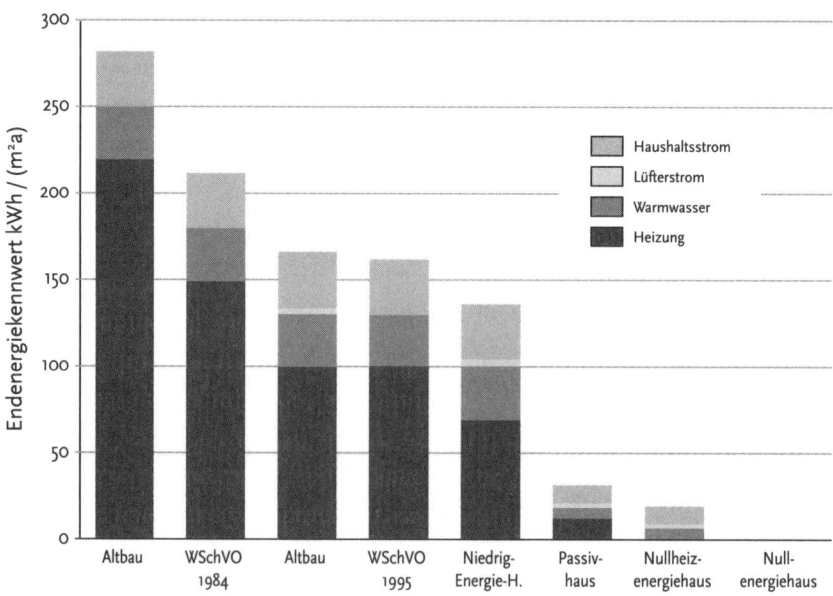

Abbildung 34: Energieverbrauch nach Gebäudeart
Quelle: Passivhaus Institut Darmstadt

Auf die Spitze treiben es Passivhäuser und Nullenergiehäuser. Die Grundprinzipien eines Passivhauses sind eine extrem gute Dämmung der Gebäudehülle, Dreifach-Wärmeschutz-Verglasung, Luftdichtigkeit des Hauses und ein Lüftungssystem, das mindestens ¾ der Energie aus der Abluft wieder zurückgewinnt.

Auch Altbauten kann man zu einem Nullenergiehaus machen. Allerdings dürfte dies sich nicht bei jedem Gebäude lohnen. Aber allein durch den Einbau einer modernen Gastherme oder eines Ölbrenners mit Brennwerttechnologie, welche die Kondensationswärme des Wasserdampfs im Abgas nutzen, oder einer Mini-KWK-Anlage ist viel gewonnen.

Mit einem Mikro-Blockheizkraftwerk (Kraft-Wärme-Kopplung) im Keller wird man zu einem effektiven Stromproduzenten. Insbesondere wenn, wie zuvor beschrieben, viele Mikro-Blockheizkraftwerke zu einem virtuellen Kraftwerk vernetzt werden. Vielleicht ist es aber auch sinnvoller, auf etwas größere Anlagen und Nahwärme zu setzen. Lassen wir es den richtig regulierten Markt entscheiden.

Welche technischen Potenziale gibt es bei der Klimatisierung?

Allein durch eine konsequente Außenbeschattung der Fenster und einen nächtlichen Luftaustausch, kann in vielen Fällen auf eine Klimaanlage völlig verzichtet werden. Es wird auch an Fenstern geforscht, die sich auf Knopfdruck tönen und damit weniger Sonne herein lassen.

Eine andere Lösung sind Luft-Erdwärmetauscher. Sie machen es sich zu Nutze, dass die Erde sich im Sommer viel weniger erwärmt als die Luft. Der Luft-Erdwärmetauscher holt über ein in der Erde vergrabenes Rohrnetz durch die Erde gekühlte Luft in die Räume. Im Winter funktioniert es anders herum. Die Luft aus dem Rohrnetz aus der Erde ist vorgewärmt.

Derzeit wird daran gearbeitet, den Kompressor in Kühlschränken und Klimaanlagen durch einen Metamagneten zu ersetzen. Dieser soll wesentlich weniger Strom verbrauchen.

7.5 Mobilität

Auch hier gibt es einen Dreisprung: Weniger Verkehr – Verlagerung – effizientere[154] Fahrzeuge .

Ungefähr 20 % der CO_2-Emissionen stammen in Industrieländern aus dem Verkehrsbereich. Meistens denkt man dabei gleich an das *geliebte* Auto. Aber es geht auch um den CO_2-Ausstoß der Brummis, des Luftverkehrs, von Schiffen und natürlich auch des öffentlichen Verkehrs. Auch Züge und Busse fahren nicht ohne Energie.

Fast vier Milliarden Tonnen Güter werden inzwischen pro Jahr in Deutschland hin und her transportiert. Die Transportleistung aus Strecke multipliziert mit Gewicht, gemessen in Tonnenkilometern, ist in den letzten zehn Jahren um rund ein Drittel gewachsen – Tendenz weiter steigend, wenn sich nichts ändert. Der Straßenverkehr hat einen Anteil von 70 % an dieser Transportleistung, die Eisenbahnen übernehmen gut 16 % und die Binnenschifffahrt rund 12 %.[155] Laut einem Gutachten für das Bundesverkehrsministerium sollen sich die Tonnenkilometer bis 2050 noch einmal verdoppeln!

Ursache für diesen Anstieg ist das allgemeine Wirtschaftswachstum mit immer weiter zunehmender internationaler Arbeitsteilung, ebenso die Tendenz zur Just-in-time-Produktion[156] und das Outsourcing[157]. Die Zunahme des Güterverkehrs ist dabei kein Naturgesetz. Wenn die Preise die ökologi-

---

154. Mit Effizienz sind hier alternative Treibstoffe oder Antriebe genauso gemeint wie Komfortverzicht (Suffizienz) oder ein geringes Gewicht der Fahrzeuge.
155. http://www.vcd.org/gueterverkehr.html.
156. Güter oder Bauteile werden von den Zulieferbetrieben erst bei Bedarf – zeitlich möglichst genau berechnet – direkt ans Montageband geliefert.
157. Wikipedia: *Outsourcing* (dt. *Auslagerung*) bezeichnet in der Ökonomie die Abgabe von Unternehmensaufgaben und -strukturen an Drittunternehmen. Es ist eine spezielle Form des Fremdbezugs von bisher intern erbrachter Leistung, wobei Verträge die Dauer und den Gegenstand der Leistung fixieren. Das grenzt Outsourcing von sonstigen Partnerschaften ab. In Deutschland wird mit dem Begriff Outsourcing oft die Auslagerung von Arbeitsplätzen in kostengünstigere (weil häufig auch tarifungebundene) Tochtergesellschaften verstanden.

sche Wahrheit sagen, wird manche Outsourcingentscheidung nochmals durchkalkuliert. Manche internationale Arbeitsteilung rechnet sich nur, weil die Klimafolgekosten nicht in die Kalkulation einfließen. Viele wundern sich, dass es sich rechnet, bayerische Milch nach Italien zu verfrachten, dort Mozzarella daraus zu machen und dann über den Brenner wieder zurück nach Bayern zu karren. Das sollte man nicht von Anfang an verdammen – vielleicht ist das sogar sinnvoll. Beurteilen kann man das jedenfalls erst, wenn alle Folgekosten im betriebswirtschaftlichen Kalkül auftauchen.

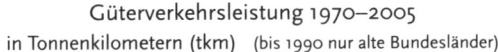

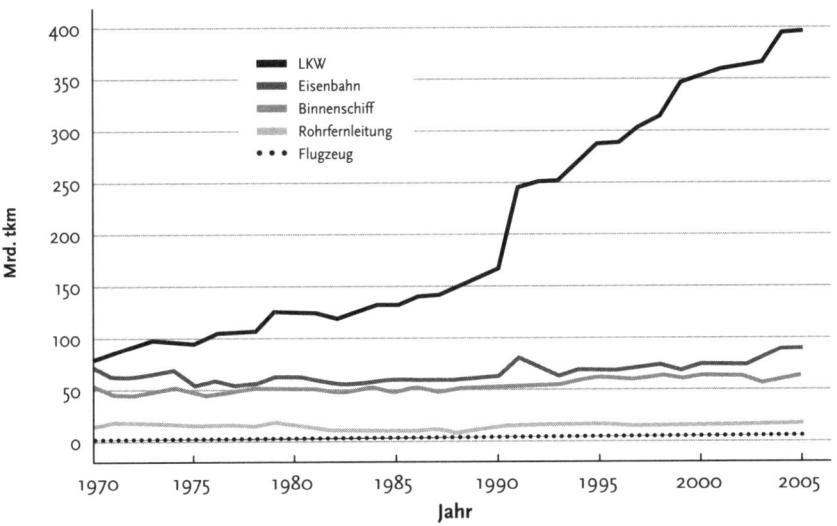

Abbildung 35: Entwicklung Güterverkehr
Legende und Graphen haben die gleiche Reihenfolge.
Quellen: VCD Grafik beruhend auf: DIW, Berlin; ifo, München; Statistisches Bundesamt, Wiesbaden; Prognos/Prog-Trans, Basel und Berechnungen des BGL

Das gilt natürlich auch für die private Mobilität. Wir stehen zwar zum Slogan: »Freie Fahrt für freie Bürger«, aber die andere Seite der Medaille ist die Verantwortung. Nur wenn ich die Folgekosten für meine freie Entscheidung übernehme, geht die Sache in Ordnung. Deshalb unser *Mantra*: Die

Preise für Fahrzeuge und Treibstoffe müssen auch die Folgekosten des CO_2-Ausstoßes signalisieren. Dabei kann am Schluss herauskommen, dass wir auf das Autofahren trotzdem fast nicht verzichten (wollen), weil es uns eben einen hohen Nutzen stiftet. Dann müssen wir in anderen Bereichen umso mehr CO_2 einsparen bzw. umso mehr dafür ausgeben, dass Mobilität mit fast Null CO_2 verbunden ist. Allerdings spricht viel dafür, dass, wenn die Preise die ökologische Wahrheit sagen, auch der Bedarf an individueller Mobilität zurückgehen wird. Es wird zum Beispiel wieder mehr Einkaufsmöglichkeiten in der Nähe geben und der öffentliche Personenverkehr wird attraktiver sein. Im Gegensatz zu moralisierenden Klimaschützern legen wir uns jedoch nicht fest. Lasst das jeden Einzelnen über den Markt entscheiden.

Neben weniger Verkehr bringt auch Verkehrsverlagerung eine Menge CO_2-Einsparung:

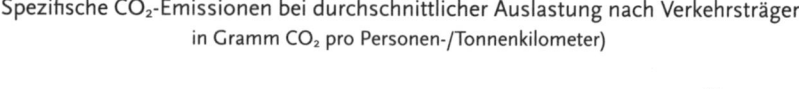

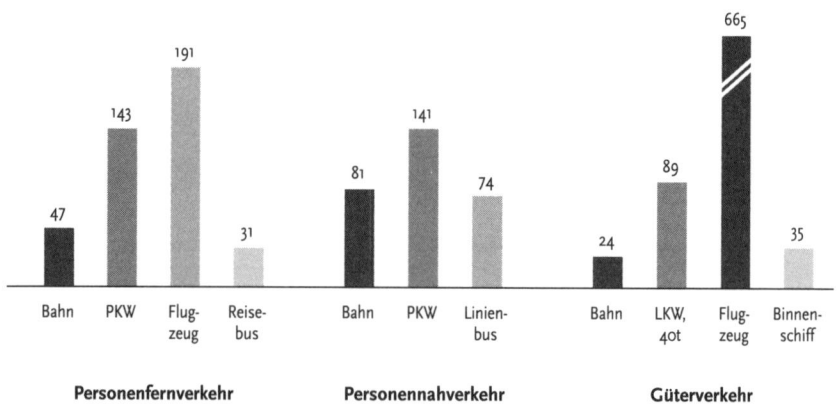

Abbildung 36: Spezifische CO_2-Emissionen nach Verkehrsträger
Quelle: ifeu Heidelberg 2006

Nicht zu vergessen ist das Fahrrad. Eine interessante Weiterentwicklung sind Fahrräder mit Elektroantriebsunterstützung (Pedelec – **Ped**al **E**lectric **C**ycle), die derzeit aufgrund der Weiterentwicklung der Batterietechnologie[158] und von entsprechenden Antrieben auf den Markt drängen. Diese Fahrräder ermöglichen es, unverschwitzt am Arbeitsplatz anzukommen oder auch größere Lasten ohne große Anstrengung zu transportieren. Auch ein effektiver Wetterschutz beim Fahrrad wird möglich.

Auch bei der Verkehrsverlagerung gilt: Sie wird erst im erforderlichen Ausmaß statt finden, wenn CO_2 eingepreist ist.

Neben weniger Verkehr und Verkehrsverlagerung liegt die dritte Effizienz- und Suffizienzquelle in effizienteren Fahrzeugen mit alternativen Antriebstechnologien, leichteren Karosserien, weniger Schnick-Schnack und unter Umständen biogenen Treibstoffen.

Die Effizienzpotenziale der normalen Diesel- und Benzinmotoren sind allerdings schon sehr weit ausgereizt. Fortschritte in diesem Bereich wurden in der Vergangenheit zudem durch Leistungs- und Komfortzuwächse, die sich nicht zuletzt beim Gewicht ausgewirkt haben, aufgezehrt. Der erste Golf wog 800 kg. Der neue Golf VI 1.300 kg. Das Politik-Magazin »Kontraste« hat einen 13 Jahre alten Golf III TDI-Turbodiesel gegen den Golf V TDI-Bluemotion antreten lassen. Das ernüchternde Ergebnis: Golf III 6,43 l und der Golf V 6,63 l auf 100 km. Auch unsere Komfort- und Spaßansprüche an das Autofahren müssen auf den ökonomischen Prüfstand: Sind wir wirklich bereit, den vollen Preis dafür zu zahlen?

Welche Antriebskonzepte gibt es, die CO_2 einsparen oder vermeiden? Gerade in letzter Zeit ist viel vom Hybridauto die Rede. Im Fahrzeug steckt beim Hybrid sowohl ein Verbrennungsmotor als auch ein Elektromotor oder sogar mehrere Elektromotoren in den Radnaben. Zwei Prinzipien können dann zu Energieeinsparung führen:

(1) Elektromotoren können insbesondere beim Beschleunigen die Energie effizienter auf die Straße bringen. Dies liegt u. a. daran, dass sie zum Beispiel kein Getriebe brauchen.
(2) Beim Bremsen wird aus einem Elektromotor ein Generator, der einen Teil der Bremsenergie zurückgewinnt und damit die Batterien auflädt.

---

158. Gerade bei der Batterietechnologie gibt es wahrscheinlich noch einiges Potenzial, zum Beispiel in Form von Lithium-Eisen-Phosphat-Akkumulatoren.

Aus diesen beiden Prinzipien erkennt man, dass insbesondere im Stadtverkehr hohe Einsparungen möglich sind – man spricht von bis zu 40 %. Technische wäre es kein Problem, Autos mit Hybridantrieb herzustellen, die unter einem Liter Treibstoff auf 100 km verbrauchen. Diese Fahrzeuge würden nur noch einen sehr kleinen Verbrennungsmotor enthalten, der lediglich dazu dient in seinem optimalen Drehzahlbereich die Batterien aufzuladen – angetrieben würde dieses Fahrzeug alleine durch Radnabenelektromotoren. Würde der Verbrennungsmotor mit weitgehend treibhausgasfrei hergestellten biogenen Treibstoffen betrieben, wäre die Sache fast CO_2-frei. Allerdings wäre ein solches Auto relativ klein, leicht[159], hätte eine Höchstgeschwindigkeit von ungefähr 100 km/h, wäre wohl insgesamt etwas weniger komfortabel im Vergleich zu den heutigen PKWs und im Vergleich dazu nicht billig. Bei solchen Fahrzeugen müssen wir leider auf ein äußerst unbeliebtes Thema in Deutschland zu sprechen kommen: die Geschwindigkeitsbegrenzung. Ein extrem günstiger Verbrauch ist nur zu erreichen, wenn man Gewicht einspart. Physikalisch kann es dabei aber Probleme bei der passiven Sicherheit geben, die dazu führen, dass man aus Gründen der Verkehrssicherheit an einer Geschwindigkeitsbegrenzung nicht vorbei kommt, um eine Koexistenz eines Ein-Liter-Hybrids mit der Mercedes-S-Klasse zu ermöglichen. Vielleicht ermöglichen aber auch hochfeste Werkstoffe wie Carbon-Fasern eine Koexistenz.

Aber warum überhaupt noch einen Verbrennungsmotor einbauen? Warum nicht gleich reine Elektroautos[160]? Grundsätzlich ist zu sagen: Der Strom für reine Elektroautos kommt aus der Steckdose. Daher ist es für die Klimaverträglichkeit entscheidend, wie der Strom produziert wird. Aber, wie oben beschrieben, ist dieses Problem technisch lösbar und es böte sich sogar die Chance, Millionen von Batterien von Elektro- oder

---

159. Karosserien aus Carbon wären zum Beispiel um ein Vielfaches leichter und zudem noch sicherer als Blech. Die Sicherheit von Carbon kann man bei Unfällen bei Formel-1-Rennen immer wieder bewundern. Vielleicht rechnen sich Carbonkarosserien auch bei Autos im Individualverkehr, wenn die Preise die ökologische Wahrheit sagen.

160. Ein pfiffiges Konzept für ein völlig neuartiges Elektroauto haben zum Beispiel Mannheimer Studenten entwickelt: Elmar. Das Tragwerk ist auf dem Dach und die Elektromotoren stecken in den Radnaben. Schauen Sie doch mal nach unter: www.projekt-elmar.de. Zukunft kann so schön sein.

7 Anhang 1: Ein gutes Leben ohne Treibhausgase ist möglich

Hybridautos als Pufferspeicher in einem intelligenten Stromnetz zu nutzen.

Trotzdem muss man sagen: Elektromotoren bringen zwar gegenüber Verbrennungsmotoren einen höheren Wirkungsgrad auf die Straße, aber die Verluste bei der Stromproduktion und -verteilung und das Gewicht der Batterien müssen in eine Gesamtbetrachtung einfließen. Nur nebenbei: Sagen die Preise die ökologische Wahrheit, nimmt der Markt diese Gesamtbetrachtung automatisch vor – lassen wir das bitte nicht Bürokraten und Politiker machen.

Im Moment haben reine Elektroautos aufgrund der schweren Batterien eine geringere Reichweite als konventionelle Fahrzeuge oder Hybridlösungen. Aber erstens wird daran fieberhaft gearbeitet – die US-Regierung will mehrere Milliarden in die Verbesserung von Lithium-Ionen-Akkus[161] stecken; es wäre auch denkbar an Elektrotankstellen genormte Batterien auszutauschen – und zweitens wer hat gesagt, dass wir ein Anrecht auf eine bestimmte Reichweite haben? Vielleicht fährt man in Zukunft lange Strecken grundsätzlich mit öffentlichen Verkehrsmitteln und ein kleines leichtes Auto braucht man nur noch für die kurze Strecke zum Park-and-ride-Parkplatz? Auch Suffizienz gehört zum Klimaschutz. Wie viel Effizienz und wie viel Suffizienz sollten aber nicht Moralisten, sondern der Markt entscheiden. Auf ihm findet eine sinnvolle Abwägung der Nutzen und Kosten der Alternativen statt.

Können Sie sich noch erinnern: Über Jahrzehnte wurde uns gesagt, dass Wasserstoff der Treibstoff der Zukunft ist. Was ist daraus geworden? Die Konzepte sind relativ ausgereift. Nur betriebswirtschaftlich rechnen sie sich bis heute noch nicht. Es gibt zwei Grundkonzepte, die exemplarisch von zwei renommierten Autoschmieden verfolgt werden: Bei BMW wird Wasserstoff in einem Verbrennungsmotor eingesetzt[162]. Mercedes setzt im Prin-

---

161. Am Beispiel Lithium-Ionen-Akkus kann man sehr gut deutlich machen, dass nicht der Staat bestimmte Technologien durch Subventionen puschen sollte. Es gibt Meldungen, dass die erschließbaren Vorkommen an Lithium sich auf ca. vier Millionen Tonnen belaufen. Heute werden schon 93.000 Tonnen pro Jahr abgebaut.
162. Dabei entstehen auch Stickoxide, die ca. 50 % unter denen eines Ottomotors mit Katalysator liegen.

zip auf einen Elektromotor, der seinen Strom aus der Umwandlung von Wasserstoff in Elektrizität in Brennstoffzellen erhält. Der Ausgangsstoff Wasserstoff kann durch Elektrolyse[163] aus Wasser hergestellt werden – also ist es wieder entscheidend, wie CO_2-arm der Strom produziert wurde. Die Speicherung des Wasserstoffs im Fahrzeug ist eine etwas aufwändige Angelegenheit: Kommt Wasserstoff mit Luft in Verbindung, kann er sich selbst entzünden; aufgrund seiner niedrigen volumenbezogenen Energiedichte, muss er unter hohem Druck gespeichert werden; aufgrund seiner geringen Molekülgröße diffundiert Wasserstoff relativ gut durch verschiedene Materialien. Technisch sind diese Probleme jedoch weitgehend gelöst. Sie verursachen jedoch Kosten und bewirken ein relativ hohes Gewicht des Tanks. Einen Schub könnte das Wasserstoffauto erhalten, wenn sich auch in anderen Bereichen eine Wasserstoffwirtschaft abzeichnen würde. Zum Beispiel, weil Wasserstoff als Pufferspeicher für erneuerbare Energien herangezogen wird oder den Wissenschaftlern bei der künstlichen Photosynthese[164] ein Durchbruch gelingt. Lasst die Preise die ökologische Wahrheit sagen und das Vernünftigste setzt sich durch.

Auch im öffentlichen Personenverkehr (ÖPV) sind Einsparungen möglich und nötig. Bremsenergie kann beim Schienenverkehr konsequent wieder ins Netz eingespeist werden. Das Gewicht der Fahrzeuge kann optimiert werden. Alternative Antriebe und Treibstoffe können auch hier eingesetzt werden. Vielleicht wird man auch auf Höchstgeschwindigkeitszüge verzichten, weil sie sich aufgrund des höheren Energieverbrauchs nicht mehr rechnen. Heute brauchen wir sie, damit die Schiene konkurrenzfähig ist zum Flugzeug. Wenn auch der Kerosinpreis die ökologische Wahrheit sagt, ist dies vielleicht nicht mehr nötig. Dabei schlummern natürlich auch beim Fliegen gewaltige Einsparpotenziale: Das technische Einsparpotenzial von Flugzeugturbinen wird auf 33 % geschätzt. Wenn weniger geflogen wird,

---

163. Wikipedia: Unter *Elektrolyse* (griech. »*mittels Elektrizität trennen*«) versteht man die Aufspaltung einer chemischen Verbindung unter Einwirkung des elektrischen Stroms.

164. Die Wissenschaft arbeitet daran, die natürliche Photosynthese nachzuahmen; statt aus Kohlendioxid und Wasser mit Hilfe von Sonnenlicht Zucker und Sauerstoff zu erzeugen, soll Wasserstoff chemisch produziert werden. Nebenbei könnte u.U. Kohlendioxid aus der Atmosphäre wieder eingefangen werden.

entfallen Warteschleifen über den Flughäfen. Größere Flugzeuge, wie der A380, brauchen auf Langstrecken weniger Treibstoff pro Fluggast. Und natürlich werden irgendwann auch beim Fliegen alternative Treibstoffe ins Spiel kommen (müssen). Das Gesagte gilt natürlich auch für den Schiffsverkehr; ein interessantes Detail: Es werden Flugdrachen für Hochseeschiffe getestet, die eine Treibstoffeinsparung bis zu 35 % bringen können.

Was hat es mit den biogenen Treibstoffen auf sich?

Der Vorteil biogener Treibstoffe ist, dass bei deren Verbrennung nur so viel CO_2 frei wird, wie vorher beim Wachstum gebunden wurde. Vorschnell wird manchmal behauptet, biogene Treibstoffe seien deshalb CO_2-neutral. Das gilt aber nur, wenn erstens die gleiche Menge Biomasse auch wieder nachwächst bzw. vorher nicht der Urwald gerodet wurde und zweitens bei der Herstellung kein CO_2 entsteht. Wenn der Bauer mit seinem Dieseltraktor übers Feld fährt, ist es mit der CO_2-Neutralität schon dahin. Auch Kunstdünger wird sehr energieintensiv hergestellt. Außerdem wird auch bei der Verarbeitung der Biomasse zu Treibstoffen Energie verbraucht, die nicht CO_2-neutral sein muss. Die gesamte Ökobilanz ist also entscheidend. Bevor wir es vergessen zu erwähnen: Der Markt macht die beste Ökobilanz, wenn ihm die richtigen Signale gegeben werden. Ökobilanzen am grünen Tisch greifen meist zu kurz. Verschweigen wollen wir aber auch nicht, dass mit der Einpreisung von Treibhausgasen die Preise nur in Bezug auf Klimaschutz die ökologische Wahrheit sagen. Der verstärkte und intensive Anbau von Energiepflanzen kann jedoch andere negative ökologische Folgen haben, wie Erosion (Maisanbau in Hanglagen) oder Artensterben durch Monokulturen und/oder durch Pestizid- und Herbizideinsatz. Gibt es hier Probleme muss der Staat eingreifen – durchaus auch mit Auflagen. Dies ist übrigens kein originäres Problem von marktbasierten Instrumenten. Auch die Subventionierung von Biogas hat zu einem verstärkten Anbau von Energiepflanzen geführt.

Als biogene Treibstoffe werden Kraftstoffe für Verbrennungsmotoren bezeichnet, die aus Biomasse hergestellt werden. Man unterscheidet zwischen folgenden Treibstoffen:

	Ausgangsstoffe	Herstellung	+ / –
Bioethanol	 Getreide, Kartoffeln, Melasse, Holz ...	Aerobe Vergärung + Destillation	⊕ Beimischung möglich ⊕ bestehendes Verteilsystem ⊖ Ökobilanz im intensiven Anbau
		chemische Aufbereitung bei Zellulose	⊕ Zellulose-Ethanol: Ökobilanz bei Abfallstoffen ⊖ Zellulose-Ethanol: unausgereifte Technologie
Biomethan	 Gülle, Mist, Ernterückstände, Speiseabfälle ...	anaerobe Vergärung	⊕ Ökobilanz bei Abfallstoffen ⊕ Gasnetz als Verteilsystem ⊖ neue Fahrzeugmotoren
Biodiesel	Sonnenblumen, Raps, Alt-Speiseöl ...	Veresterung mit Methanol	⊕ Ökobilanz bei Abfallstoffen ⊕ bestehende Motoren ⊖ Ökobilanz bei Ölpflanzen
Synthetischer Treibstoff (BtL)	 alle Biomassesortimente ...	 Synthesegasproduktion und Verflüssigung (z. B. Fischer-Tropsch)	⊕ bestehende Motoren ⊕ bestehendes Verteilsystem ⊖ Marktreife noch nicht erreicht

Abbildung 37: Biogene Treibstoffe
Quelle: www.bio-sprit.ch

Biogene Treibstoffe der **1. Generation** haben die technologische Marktreife erreicht und werden heute bereits im Verkehr eingesetzt.

Biogene Treibstoffe der **2. Generation** sind noch weitgehend in der Phase von Forschung und Entwicklung. In den Vereinigten Staaten steht Zellulose-Ethanol kurz vor der Markteinführung, in Europa sind erste grössere Produktionsanlagen für BtL-Treibstoffe (Biomass-to-Liquid) in Betrieb.

Fossile Brennstoffe	Biogene Treibstoffe 1. Generation	Biogene Treibstoffe 2. Generation
Benzin	Bioethanol aus Zucker oder Stärke	Bioethanol aus Zellulose Synthetische Krafstoffe (BtL)
Diesel	Biodiesel	
Erdgas	Biogas	

Abbildung 38: Ersatz fossiler Brennstoffe durch biogene Treibstoffe
(Quelle: www.bio-sprit.ch/)

Je nach Klimazone, Technologie oder Verbrennungsmotor gelangt andere Biomasse als Rohstoff zum Einsatz. Die biogenen Treibstoffe der 2. Generation stellen dabei weniger Ansprüche an die Eigenschaften der verwendeten Rohstoffe:

	Bio-ethanol	Biodiesel	Biogas	Bio-ethanol aus Zellulose	Synthe-tischer Treibtoff (BtL)
Stärke- und zuckerhaltige Pflanzen (Zuckerrohr, Rüben, Getreide, Kartoffeln, Mais)	●		O	O	O
Ölhaltige Pflanzen (Raps, Sonnenblumen, Palmöl, Brechnuss), tierische Fette		●	O		O
Feuchte Biomasse (vor allem Gülle und Mist, organische Abfälle)			●		O
Zellulosehaltige Biomasse (Holz, Stroh, Gras, versch. Pflanzenreste)				●	●

● besonders geeignet   O geeignet

Abbildung 39: Geeignete Rohstoffe für biogene Treibstoffe
Quelle: Eigene Darstellung in Anlehnung an www.bio-sprit.ch.

Für die Herstellung von Bioethanol und Biodiesel der **1. Generation** werden vorwiegend Rohstoffe verwendet, die auf fruchtbaren, ackerbaufähigen Böden angebaut werden. Es kann eine Konkurrenzsituation mit der Herstellung von Nahrungsmitteln entstehen. Biogas kann aus Reststoffen aus der landwirtschaftlichen Produktion oder aus nachwachsenden Rohstoffen gewonnen werden. Werden Reststoffe aus der Landwirtschaft (z. B. Gülle und Mist bzw. Hofdünger) und biogene Abfälle aus Haushalten oder Gewerbe verwendet, besteht keine Konkurrenzsituation zur Nahrungsmittelproduktion.

Biogene Treibstoffe der **2. Generation** sollen primär aus Reststoffen aus der land- und forstwirtschaftlichen Produktion hergestellt werden, damit es nicht zur Konkurrenz um Rohstoffe kommt. Bioethanol aus Zellulose kann aus Holz, Stroh oder Gras gewonnen werden. Für die Produktion von synthetischen Treibstoffen (BtL) lassen sich praktisch alle Biomassefraktionen verwenden. Die Umweltbilanz der neuen Treibstoffe ist dann vermutlich günstiger als jene der 1. Generation, mit Ausnahme von Biogas aus Reststoffen, welches heute bereits gut abschneidet.

7.6 Das rechnet sich nicht!

Die vorgestellten Alternativen zeigen: **Ein gutes Leben fast ohne Treibhausgase ist bereits heute schon möglich.** Nun fragen Sie sich vielleicht: Warum machen wir das alles nicht einfach und das Problem ist gelöst? Das ist ganz einfach, wir haben meist von technischen Potenzialen und von der Möglichkeit, die Ansprüche herunterzuschrauben (Suffizienz) gesprochen. Von den Kosten war weniger die Rede. Nun kennt man das ja, dass einem von allen Seiten zugerufen wird: *Das rechnet sich nicht!* Diese Aussage ist einerseits richtig: Würden sich die Alternativen auf individueller Ebene bereits rechnen, hätten wir sie ja schon. Aus volkswirtschaftlicher Sicht ist diese Aussage andererseits nicht ganz korrekt. Was sich davon wirklich rechnet oder auch nicht, kann man heute gar nicht so genau sagen, weil den fossilen Brennstoffen nicht ihre gesamten Kosten zugerechnet werden, die sie verursachen.

Man vergleicht also Äpfel mit Birnen. Internalisiert man die externen Effekte der Verbrennung von fossilen Brennstoffen durch eine Emissionsabgabe oder einen Emissionshandel, würde sich mit der Zeit herausstellen, welche Alternativen sich rechnen und welche nicht. Wollte dies stattdessen die Politik am grünen Tisch entscheiden, auch unter Mithilfe von gut gemeinten Studien, die verzweifelt versuchen, Licht ins Dunkle zu bringen, indem sie Grenzvermeidungskosten der einzelnen Alternativen ermitteln, was aufgrund der Komplexität eine *Mission Impossible* ist, landen wir in planwirtschaftlichen Verhältnissen und werden an der Aufgabe Klimaschutz letztendlich scheitern.

Ein aktuelles Beispiel: Am 13. Juli 2009 haben 12 Unternehmen, darunter E.ON und Siemens, ein»*Memorandum of Understanding‹ zur Gründung einer Desertec Industrial Initiative Planungsgesellschaft (DII) unterzeichnet. Ziel dieser Initiative ist die Analyse und Entwicklung von technischen, ökonomischen, politischen, gesellschaftlichen und ökologischen Rahmenbedingungen zur CO_2-freien Energieerzeugung in den Wüsten Nordafrikas. Dieses von der TREC-Initiative des Club of Rome entwickelte DESERTEC-Konzept beschreibt die Perspektiven einer nachhaltigen Stromversorgung für alle Regionen der Welt mit Zugang zum Energiepotenzial von Wüsten.«[165] Nun könnte man sagen: Es bewegt sich endlich etwas. Auch die Wirtschaft hat erkannt, dass sie in die Zukunft investieren muss. Allerdings sagen die Initiatoren dieser Initiative eindeutig, dass sich das Konzept derzeit nur rechnet, wenn der Staat kräftig subventioniert. Wir plädieren dafür, dass der Staat sich nicht über den Umweg von Subventionen für bestimmte Technologien entscheidet, sondern er in erster Linie dafür sorgen sollte, dass die Preise die ökologische Wahrheit sagen – dann erübrigen sich in der Regel Subventionen. Es bleibt für den Staat bei einem solchen Projekt genügend Arbeit auf diplomatischer und strategischer Ebene übrig, um es zu unterstützen.

Um es noch einmal festzuhalten: Ja, Klimaschutz kostet uns etwas. Wenn wir umgehend den Märkten die richtigen Signale geben, könnte es jedoch reichen, von künftigen Zuwächsen etwas für den Klimaschutz *abzuzwacken*. Je mehr wir auf Marktmechanismen setzen, umso größer ist die Chance für

---

165. Presserklärung vom 13.07.2009 der DESERTEC-Foundation (www.desertec.org).

innovativen Klimaschutz zu geringstmöglichen Kosten. Desto weniger müssen wir von unserem Wohlstand abgeben und desto mehr Chancen bestehen, die Armut in der Welt zu besiegen. Lasst uns die Märkte entfesseln für das Gute und nicht mehr für Spekulanten. Handelt die Menschheit zu spät oder falsch, wird die Sache teuer – wahrscheinlich zu teuer.

8 Anhang 2: Kritik am IPCC

Angesichts der politischen Angriffe Ende 2009 und Anfang 2010 auf die wissenschaftliche Arbeit, insbesondere zum Klimawandel, haben 255 US-Wissenschaftler, unter ihnen 11 Nobelpreisträger, den folgenden Offenen Brief in der führenden wissenschaftlichen Fachzeitschrift Science veröffentlicht. Der Brief wurde von Sönke Kreft und Dr. Gerold Kier, Germanwatch, in das Deutsche übersetzt:

Klimawandel und Integrität der Wissenschaft

Wir sind tief beunruhigt wegen der jüngsten Eskalation politischer Angriffe auf die Wissenschaft im Allgemeinen und auf die Klimawissenschaftler im Besonderen. Alle Bürger sollten einige grundsätzliche, wissenschaftlichen Fakten verstehen. Unsicherheiten sind Bestandteil wissenschaftlicher Aussagen, Wissenschaft kann niemals irgendetwas beweisen. Wenn jemand sagt, dass, bevor die Gesellschaft Taten ergreift, man warten soll, bis die Wissenschaft sich sicher ist, entspricht dies der Aussage, dass die Gesellschaft niemals tätig sein soll. Für eine potenziell so katastrophale Problemstellung wie den Klimawandel bedeutet kein Handeln, dass man ein gefährliches Risiko für unseren Planeten eingeht.

Wissenschaftliche Erkenntnis stammt aus dem Verstehen genereller naturgesetzlicher Zusammenhänge unterstützt durch Laborversuche, Experimente, Beobachtungen der Umwelt und mathematischen sowie rechnergestützten Modellen. Wie alle Menschen machen auch Wissenschaftler Fehler, der wissenschaftliche Prozess ist jedoch dafür konzipiert, diese zu finden und zu korrigieren. Dieser Prozess ist schon so angelegt, dass er auf Gegensätzen beruht – Wissenschaftler erhalten Ansehen und Anerkennung nicht nur für das Unterstützen der Lehrmeinung, sondern umso mehr, wenn sie zeigen, dass der wissenschaftliche Konsens falsch ist und dass es bessere

Erklärungen gibt. Das ist es, was Galileo, Pasteur, Darwin und Einstein getan haben. Wenn aber Schlussfolgerungen gründlich und sorgfältig getestet, beleuchtet und untersucht wurden, erhalten sie den Status von »etablierten wissenschaftlichen Theorien« und werden oft als »Fakten« bezeichnet. Zum Beispiel gibt es überzeugende wissenschaftliche Beweise, dass die Erde ca. 4,5 Mrd. Jahre alt ist (die Theorie zur Entstehung der Erde), dass unser Universum in einem Moment vor ca. 14 Mrd. Jahren geschaffen wurde (die Urknalltheorie) und dass heutige Lebewesen aus Lebewesen der Vergangenheit hervorgegangen sind (Evolutionstheorie). Obwohl diese Aussagen im überwältigen Maß von der Wissenschaft anerkannt sind, wartet Ruhm auf jeden, der sie widerlegen kann. Der Klimawandel fällt in die gleiche Kategorie: Es gibt überzeugende, umfangreiche und übereinstimmende, objektive Belege, dass der Mensch unser Klima derart verändert, dass es unsere Gesellschaften und Ökosysteme, auf die wir angewiesen sind, bedroht.

Viele der kürzlichen Angriffe von Klimawandelverneinern auf die Klimawissenschaft – und noch beunruhigender: auf ihre Personen – sind üblicherweise durch Interessengruppen oder Dogmen getrieben, nicht durch einen ehrlichen Versuch, eine alternative Theorie zu entwickeln, die die Beobachtungen befriedigend erklären kann. Das Intergovernmental Panel on Climate Change (IPCC) und andere wissenschaftliche Syntheseprozesse zum Klimawandel, welche daraus bestehen, dass tausende Wissenschaftler riesige und umfangreiche Berichte produzieren, haben, wie zu erwarten und normal, einige Fehler gemacht. Wenn Fehler angemerkt werden, werden sie verbessert.

Aber während der kürzlichen Ereignisse ist nicht im Entferntesten etwas gefunden worden, das die grundsätzliche Erkenntnis zum Klimawandel ändern würde:

(1) Die Erde erwärmt sich wegen ansteigender Konzentrationen treibhausaktiver Gase in der Atmosphäre. Ein schneereicher Winter in Washington ändert diesen Fakt nicht.

(2) Das Gros dieses Anstiegs im letzten Jahrhundert ist menschlichen Aktivitäten zuzuschreiben, im besonderen der Verbrennung fossiler Treibstoffe sowie der Entwaldung.

(3) Natürliche Ursachen spielen immer eine Rolle bei Klimaänderungen, werden jetzt jedoch in ihrer Bedeutung von menschengemachten Ursachen übertroffen.

(4) Die Erwärmung der Erde wird viele Klimamuster mit einer für die jüngste Erdgeschichte beispiellosen Geschwindigkeit ändern, dies beinhaltet den Meeresspiegelanstieg und Änderungen des Wasserkreislaufs. Ein Anstieg der CO_2-Konzentrationen macht die Ozeane saurer.

(5) Die Wechselwirkung dieser komplexen Änderungen bedroht Küstenbewohner und -städte, unsere Nahrungsmittelproduktion und Wasserversorgung, Wälder, alpine Lebensräume und weit mehr.

Wesentlich mehr könnten die wissenschaftlichen Gesellschaften dieser Welt, nationale Akademien der Wissenschaft und einzelne Wissenschaftler dazu noch sagen bzw. haben dies auch bereits getan, aber die obengenannten Aussagen sollten bereits ausreichend verdeutlichen, warum sich Wissenschaftler über die Dinge Sorgen machen, denen zukünftige Generationen durch ein »Weiter wie bisher« ausgesetzt sind. Wir drängen unsere politischen Entscheidungsträgern und die Öffentlichkeit, vorwärts zu gehen und sofort die Ursachen des Klimawandels, einschließlich des unbeschränkten Verbrennens von fossilen Brennstoffen, zu adressieren.

Wir fordern ebenso ein Ende der McCarthy-artigen Verfolgung unserer Kollegen basierend auf Unterstellungen und unsinnigen Verallgemeinerungen, die Belästigung durch Politiker, die ablenken wollen, um vom Handeln abzuhalten, und der unverblümten Lügen, die über Wissenschaftler verbreitet werden. Die Gesellschaft hat zwei Möglichkeiten: Wir können die wissenschaftliche Erkenntnis ignorieren, unsere Köpfe in den Sand stecken und hoffen, dass wir Glück haben, oder wir können im Interesse des Gemeinwohls handeln, um die Gefahr durch den Klimawandel schnell und substantiell zu reduzieren. Die gute Nachricht ist, dass kluges und effektives Handeln möglich ist. Zögern darf keine Alternative sein.

Unterzeichnerinnen und Unterzeichner:

P. H. Gleick, R. M. Adams, R. M. Amasino, E. Anders, D. J. Anderson, W. W. Anderson, L. E. Anselin, M. K. Arroyo, B. Asfaw, F. J. Ayala, A. Bax, A. J. Bebbington, G. Bell, M. V. L. Bennett, J. L. Bennetzen, M. R. Berenbaum, O. B. Berlin, P. J. Bjorkman, E. Blackburn, J. E. Blamont, M. R. Botchan, J. S. Boyer, E. A. Boyle, D. Branton, S. P. Briggs, W. R. Briggs, W. J. Brill, R. J. Britten, W. S. Broecker, J. H. Brown, P. O. Brown, A. T. Brunger, J. Cairns, Jr., D. E. Canfield, S. R. Carpenter, J. C. Carrington, A. R. Cashmore, J. C. Castilla, A. Cazenave, F. S. Chapin, III, A. J. Ciechanover, D. E. Clapham, W. C. Clark, R. N. Clayton, M. D. Coe, E. M. Conwell, E. B. Cowling, R. M. Cowling, C. S. Cox, R. B. Croteau, D. M. Crothers, P. J. Crutzen, G. C. Daily, G. B. Dalrymple, J. L. Dangl, S. A. Darst, D. R. Davies, M. B. Davis, P. V. de Camilli, C. Dean, R. S. Defries, J. Deisenhofer, D. P. Delmer, E. F. Delong, D. J. Derosier, T. O. Diener, R. Dirzo, J. E. Dixon, M. J. Donoghue, R. F. Doolittle, T. Dunne, P. R. Ehrlich, S. N. Eisenstadt, T. Eisner, K. A. Emanuel, S. W. Englander, W. G. Ernst, P. G. Falkowski, G. Feher, J. A. Ferejohn, A. Fersht, E. H. Fischer, R. Fischer, K. V. Flannery, J. Frank, P. A. Frey, I. Fridovich, C. Frieden, D. J. Futuyma, W. R. Gardner, C. J. R. Garrett, W. Gilbert, R. B. Goldberg, W. H. Goodenough, C. S. Goodman, M. Goodman, P. Greengard, S. Hake, G. Hammel, S. Hanson, S. C. Harrison, S. R. Hart, D. L. Hartl, R. Haselkorn, K. Hawkes, J. M. Hayes, B. Hille, T. Hökfelt, J. S. House, M. Hout, D. M. Hunten, I. A. Izquierdo, A. T. Jagendorf, D. H. Janzen, R. Jeanloz, C. S. Jencks, W. A. Jury, H. R. Kaback, T. Kailath, P. Kay, S. A. Kay, D. Kennedy, A. Kerr, R. C. Kessler, G. S. Khush, S. W. Kieffer, P. V. Kirch, K. Kirk, M. G. Kivelson, J. P. Klinman, A. Klug, L. Knopoff, H. Kornberg, J. E. Kutzbach, J. C. Lagarias, K. Lambeck, A. Landy, C. H. Langmuir, B. A. Larkins, X. T. Le Pichon, R. E. Lenski, E. B. Leopold, S. A. Levin, M. Levitt, G. E. Likens, J. Lippincott-Schwartz, L. Lorand, C. O. Lovejoy, M. Lynch, A. L. Mabogunje, T. F. Malone, S. Manabe, J. Marcus, D. S. Massey, J. C. McWilliams, E. Medina, H. J. Melosh, D. J. Meltzer, C. D. Michener, E. L. Miles, H. A. Mooney, P. B. Moore, F. M. M. Morel, E. S. Mosley-Thompson, B. Moss, W. H. Munk, N. Myers, G. B. Nair, J. Nathans, E. W. Nester, R. A. Nicoll, R. P. Novick, J. F. O'Connell, P. E. Olsen, N. D. Opdyke, G. F. Oster, E. Ostrom, N. R. Pace, R. T. Paine, R. D. Palmiter, J. Pedlosky, G. A. Petsko, G. H. Pettengill, S. G. Philander, D. R. Piperno, T. D. Pollard, P. B. Price, Jr., P. A. Reichard, B. F. Reskin, R. E. Ricklefs, R. L. Rivest, J. D. Roberts, A. K. Romney, M. G. Rossmann, D. W. Russell, W. J. Rutter, J. A. Sabloff, R. Z. Sagdeev, M. D. Sahlins, A. Salmond, J. R. Sanes, R. Schekman, J. Schellnhuber, D. W. Schindler, J. Schmitt, S. H. Schneider, V. L. Schramm, R. R. Sederoff, C. J. Shatz, F. Sherman, R. L. Sidman, K. Sieh, E. L. Simons, B. H. Singer, M. F. Singer, B. Skyrms, N. H. Sleep, B. D. Smith, S. H. Snyder, R. R. Sokal, C. S. Spencer, T. A. Steitz, K. B. Strier, T. C. Südhof, S. S. Taylor, J. Terborgh, D. H. Thomas, L. G. Thompson, R. T. Tjian, M. G. Turner, S. Uyeda, J. W. Valentine, J. S. Valentine, J. L. van Etten, K. E. van Holde, M. Vaughan, S. Verba, P. H. von Hippel, D. B. Wake, A. Walker, J. E. Walker, E. B. Watson, P. J. Watson, D. Weigel, S. R. Wessler, M. J. West-Eberhard, T. D. White, W. J. Wilson, R. V. Wolfenden, J. A. Wood, G. M. Woodwell, H. E. Wright, Jr., C. Wu, C. Wunsch, M. L. Zoback

Link Originalschreiben > www.sciencemag.org/cgi/content/full/328/5979/689

Ziel

Die Wissenschaft sagt uns, dass wir zwischen 2010 und 2050 lediglich noch 750 Mrd. t CO_2 weltweit emittieren dürfen (Zwei-Grad-Ziel), um das Schlimmste zu verhindern. Das bedeutet eine weit über 90%-ige Reduktion der Emissionen in den heutigen Industrieländern und weltweit eine 80%-ige Reduktion bis 2050.

Dies ist nur über einen sozial- und wirtschaftsverträglichen ökologischen Strukturwandel erreichbar.

Mittel

Umweltbewusstes Handeln (Moral)	Staatliche Detaillenkung (Auflagen, Subventionen)	Nichtstun		Marktbasierte Instrumente
		Technischer Fortschritt	**Ölpreis**	(Dynamisierte(r) CO_2-Abgabe oder Emissionshandel)
⇨ Individuell nicht rational; aufgrund der Herausforderung eine Überforderung der Bürger, Unternehmen und staatlichen Stellen. ⇨ Nicht kosteneffizient ⇨ Hohe Informationskosten ⇨ Induziert hohe soziale Kontrolle – passt nicht zu einer freien Gesellschaft	⇨ Additiver Umweltschutz (end of pipe) ⇨ Wenig innovativ ⇨ Nicht kosteneffizient ⇨ Hohe Informationskosten ⇨ Hoher Grad staatlicher Detaillenkung	⇨ Es gibt keinen Automatismus. ⇨ Auch Massenproduktion der CO_2-effizienteren Alternativen ist nicht immer billiger – sonst gäbe es diese Massenproduktion bereits.	⇨ Ölpreis wird nicht so hoch steigen, dass Öl, Gas und Kohle unter der Erde bleiben. ⇨ Werden verstärkt Alternativen eingesetzt, sinkt der Ölpreis.	⇨ Hohe Planungssicherheit – daher wird ein Strukturwandel statt Strukturbrüche induziert. Erreicht die Umweltabgabe bzw. die Mengenreduzierung ihr wirksames Niveau – existieren die Alternativen bereits. ⇨ Kosteneffizient – politisch gewünschter Klimaschutz wird zu geringst möglichen volkswirtschaftlichen Kosten erreicht. ⇨ Geringe Informationskosten – Preise sind die effizientesten Informationsvermittler in einer hocharbeitsteiligen Gesellschaft. ⇨ Klimafreundliches Handeln wird individuell rational. Millionen von Akteuren suchen aus egoistischen Gründen nach der besten Möglichkeit CO_2 einzusparen – Innovationen sind programmiert. ⇨ Marktbasierte Instrumente verwirklichen gleichzeitig ein hohes Maß an individueller Freiheit und individueller Verantwortung, wie es kein anderes Instrument in einer freiheitlichen (Massen-)Gesellschaft kann.
⇨ **Scheitern an der Aufgabe**				⇨ **Induzierung eines ökologischen Strukturwandels** **»Nur der Egoismus kann das Klima retten«**

⇒

Aufgabenteilung (Weg)

Moral	Staatliche Detaillenkung	Technischer Fortschritt	Marktbasierte Instrumente
✓ Legitimierung staatlicher Rahmensetzung an der Wahlurne (odysseusche Selbstbindung). ✓ Beispielhaftes umweltbewusstes Handeln von Vorreitern. ✓ Umweltbewusstes Handeln bei durch den Staat nicht sinnvoll regelbaren Entscheidungen.	✓ Schnelle und konkrete Gefahrenabwehr (hot spots). ✓ In Fällen, denen Marktmechanismen schwer zugänglich sind. ✓ Heutige Regelungsdichte im Umweltrecht könnte deutlich reduziert werden. ✓ Umweltsubventionen könnten stark abgebaut werden. ✓ Auflagen zur Erhöhung der Transparenz sind sinnvoll: Effizienzklassen, Energiepass, Bio-Siegel, etc.	✓ Öffentliche Förderung von Grundlagenforschung weiterhin nötig und wichtig. ✓ Bei richtiger Rahmensetzung kann der Staat sich bei anwendungsbezogener Förderung zurückhalten. Die Wirtschaft hat dann ein starkes Eigeninteresse an Innovationen, die weniger Treibhausgase bewirken.	✓ Induzierung eines sozial- und wirtschaftsverträglichen Ökologischen Strukturwandels. ✓ Auf Grund der Effizienz marktbasierter Instrumente, ist der Spielraum für eine nationale Vorreiterrolle größer als bei anderen Instrumenten. ✓ Mittelfristig brauchen wir jedoch auch international einen Preis für CO_2. Am besten durch einen Emissionshandel zwischen Staaten.

10 Literaturempfehlungen

Friedman, Thomas L.: Was zu tun ist: Eine Agenda für das 21. Jahrhundert. Suhrkamp 2009.

Göppel, Josef und Pfeiffer, Joachim: Konjunktur durch Natur. Wege zu mehr Beschäftigung mit marktwirtschaftlicher Umweltvorsorge. Mankau 2005.

Kemfert, Claudia: Die andere Klima-Zukunft. Innovationen statt Depressionen. Murmann 2008.

Radermacher, Franz-Josef/Beyers, Bert: Welt mit Zukunft. Überleben im 21. Jahrhundert. Murmann 2007.

Mäder, Dr. Claudia: Kipp-Punte im Klimasystem. http://www.umweltdaten.de/publikationen/fpdf-l/3283.pdf. Umweltbundesamt 2008.

Weimann, Joachim: Die Klimapolitik-Katastrophe. Deutschland im Dunkel der Energiesparlampe. Metropolis 2008.

Weizsäcker von, Ernst Ulrich: Erdpolitik. Ökologische Realpolitik als Antwort auf die Globalisierung. Primus Verlag 1997.

Weizsäcker von, Ernst Ulrich; Lovins, Amory B. und Lovins, Hunter L.: Faktor Vier: Doppelter Wohlstand – halbierter Naturverbrauch. Der neue Bericht an den CLUB OF ROME. Droemer Knaur 1995.

Weizsäcker von, Ernst Ulrich; Hargroves, K. und Smith, M.: Faktor Fünf: Die Formel für nachhaltiges Wachstum. Droemer Knaur 2010.

11 Abbildungsverzeichnis